JN120348

「奥州街道・日光街道 徒歩の旅絵日記」

長坂 清臣
Kiyoomi Nagasaka

文芸社

はじめに

江戸時代、奥州街道は奥州道中と呼ばれ、厳密には江戸の日本橋から白河宿までの江戸幕府道中奉行が直轄した街道を指しますが、一般的には白河以北の青森県三厩（みんまや）宿までを含めています。また日本橋から宇都宮宿までは日光街道と区間が重複しています。そのため、この『奥州街道・日光街道 徒歩の旅絵日記』では、津軽半島の龍飛岬から三厩宿を経由して宇都宮宿までを「奥州街道徒歩の旅」、日光から宇都宮宿を経由して日本橋までを「日光街道徒歩の旅」としてまとめました。

江戸時代からの奥州街道は国道4号線を中心とした道路に置き換えられた場所が多いのですが、その開発から免れた旧道は野趣に満ちた場所が多々ありました。特に盛岡以北の藤島宿から沼宮内宿の間は、主要道路から外れて草地になっているような道がありました。この様な道を探しながら歩くのが街道歩きの醍醐味です。しかし私は天候に恵まれませんでした。この区間を歩いた時に大雨警報が発令され、激しい風雨に何度か遭遇しました。そのため三戸宿から金田一宿への途中にある蓑ケ坂、福岡宿から一戸宿への途中にある浪打峠などを通過するのを諦めて、迂回路を選択せざるを得ませんでした。列車が運休になる様な状況であり、やむを得ない判断だったと思っています。これは何度も経験していることですが、雨の時にぬかるんだ舗装されていない道に入ると、靴が泥の中に足首くらいまでもぐるので、まともに歩くことが出来ないのです。しかし、この魅力的な区間を歩けなかったことは苦い思い出として心の中に残っています。

平泉を過ぎてからは、松尾芭蕉の「おくのほそ道」に関する足跡に出会うことが多々ありました。平泉以外にも、一関宿、古川宿、桑折宿、芦野宿、草加宿など挙げればきりがありません。そこには歌碑や説明板があり、地元では松尾芭蕉が昔訪れたことを誇りにしているようでした。松尾芭蕉以外では渋民宿での石川啄木、花巻宿での宮沢賢治、佐久山宿では源平合戦の英雄、那須与一らの足跡が見られました。中でも私のお気に入りは、須賀川宿で見た特撮映画で名高い円谷英二監督のウルトラマンシリーズに登場した怪獣の像です。小学生だった頃にテレビで見ていたのを懐かしく思い出しながら通りました。

奥州街道は立派な松並木や一里塚が数多く残っていて、いかにも昔の街道の雰囲気を感じさせる場所がたくさんありました。一里塚は両塚が現存している所が多く、その間を通ることで間違いなく当時の街道を歩いていることが実感できます。以前に歩いた東海道や中山道、山陽道や長崎街道、薩摩街道を思い出しても、現存する一里塚の数では群を抜いています。そして日光街道の杉並木は、その規模の大きさと個々の木の太さ、高さに圧倒されました。こちらも奥州街道に劣らず、たくさんの一里塚がありました。奥州街道・日光街道は、きれいな景色や昔ながらの建物を見て通り過ぎるだけでは惜しい道です。地元の歴史や文化、生活感まで味わいながら訪れるのがいいと思います。

私が写真ではなく簡単なスケッチをしながら歩くのは、気に入った対象と対話をするように、出来るだけ長い時間向き合っていたいからです。何時の頃からかは忘れましたが、私は旅をする時にカメラを持たなくなりました。スマホや携帯電話は元々所持していません。時代の流れからは明らかに取り残されていますが、私は自分の頭の中に、記憶を定着する手段としてスケッチをしながら歩いています。これが私の旅のやり方です。

奥州街道・日光街道 徒歩の旅絵日記 目次

奥州街道 徒歩の旅

日光街道　徒歩の旅

奥州街道　徒歩の旅

津軽半島の最北端、龍飛岬から三厩宿を通り宇都宮宿まで

奥州街道宿場一覧

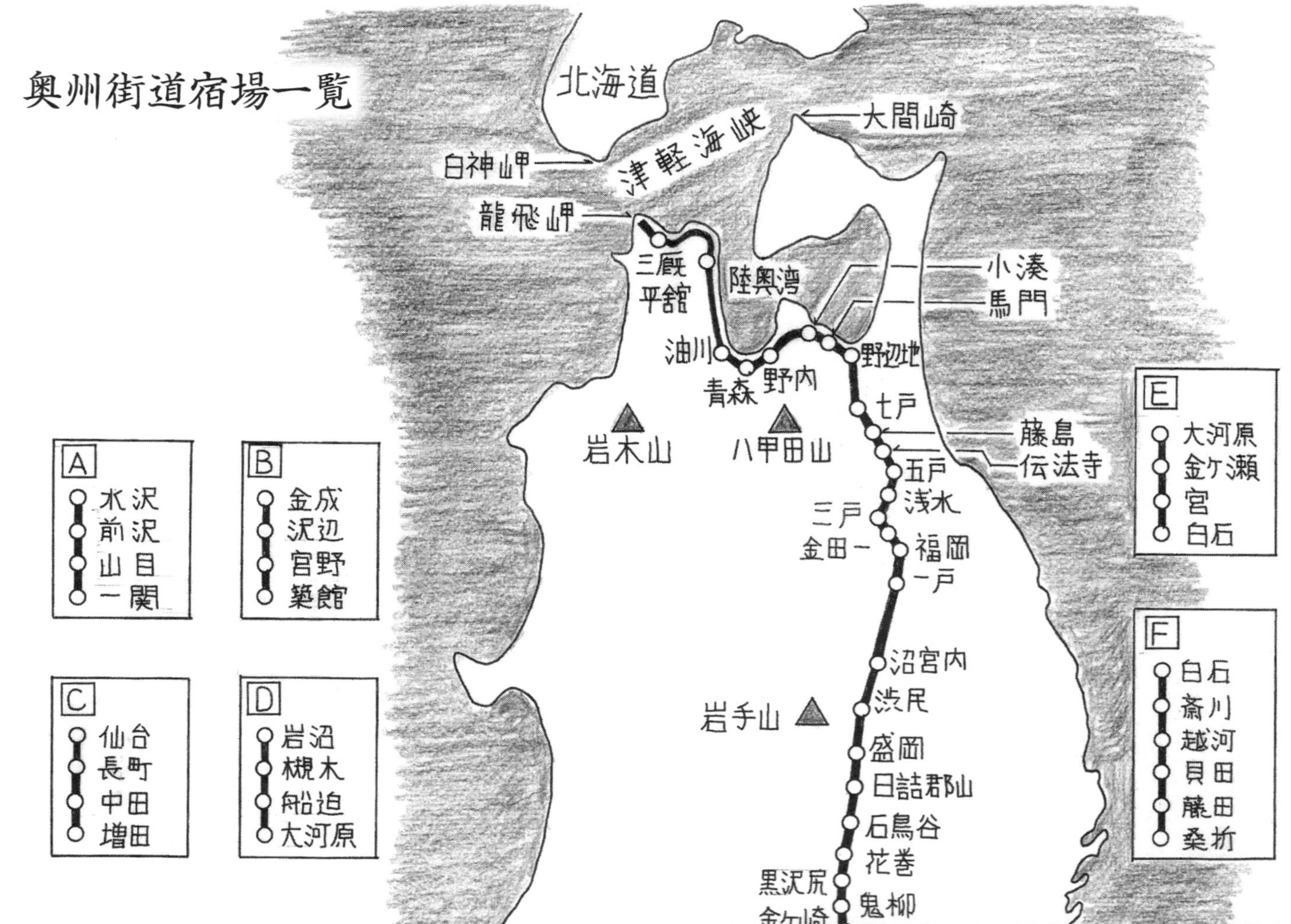
北海道
大間崎
津軽海峡
白神岬
龍飛岬
三厩
平舘
陸奥湾
小湊
馬門
油川
青森
野内
野辺地
七戸
藤島
伝法寺
岩木山
八甲田山
五戸
浅水
三戸
金田一
福岡
一戸
沼宮内
渋民
岩手山
盛岡
日詰郡山
石鳥谷
花巻
黒沢尻
鬼柳
金ケ崎
A
水沢
前沢
山目
一関
B
金成
沢辺
宮野
築館
C
仙台
長町
中田
増田
D
岩沼
槻木
船迫
大河原
E
大河原
金ケ瀬
宮
白石
F
白石
斎川
越河
貝田
藤田
桑折

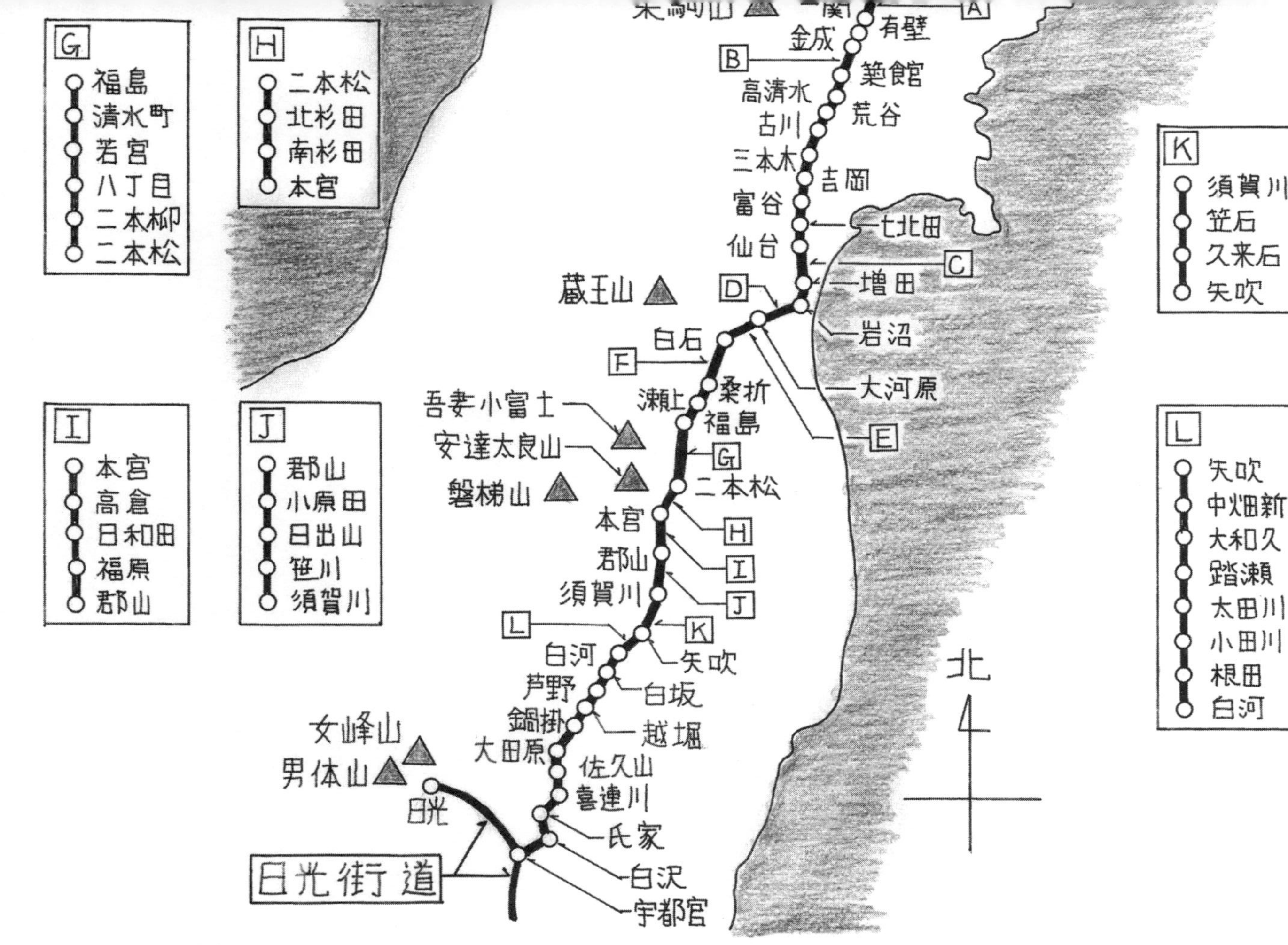

G
福島
清水町
若宮
八丁目
二本柳
二本松
H
二本松
北杉田
南杉田
本宮
I
本宮
高倉
日和田
福原
郡山
J
郡山
小原田
日出山
笹川
須賀川
K
須賀川
笠石
久来石
矢吹
L
矢吹
中畑新田
大和久
踏瀬
太田川
小田川
根田
白河
A
有壁
金成
B
築館
高清水
荒谷
古川
三本木
吉岡
富谷
七北田
仙台
C
増田
蔵王山
D
岩沼
白石
F
大河原
E
桑折
瀬上
福島
吾妻小富士
安達太良山
G
二本松
磐梯山
本宮
H
郡山
I
須賀川
J
L
K
矢吹
白河
白坂
芦野
鍋掛
越堀
女峰山
太田原
佐久山
男体山
喜連川
日光
氏家
日光街道
白沢
宇都宮
北

旅のはじまり

北海道・青森県地図

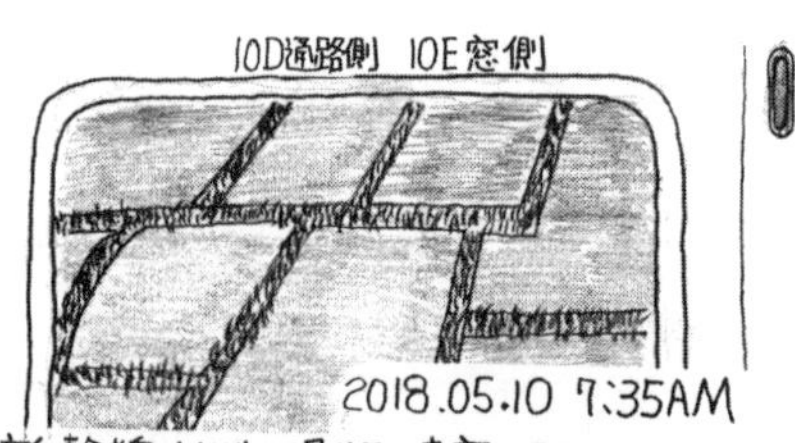

旅のはじまり

２０１８年５月10日

「奥州街道徒歩の旅」が始まった。先ずは、津軽半島の最北端、龍飛岬へ向かう。今回の旅では、何が待っているのだろう。

「奥州街道徒歩の旅」が始まった。第1回目の今回は、津軽半島最北端の龍飛岬から盛岡まで歩く予定だ。街道を歩くので、この道中記ではかつて宿場町だった所は○○宿と呼ぶことにする。日本橋から三厩（みんまや）宿に至る道は一般的には奥州街道と呼ばれているが、青森県の三厩宿から油川（あぶらかわ）宿までは、松前藩主が参勤交代で通ったことから松前街道とも呼ばれている。また、宇都宮宿から日本橋までは日光街道と重複している。

ＪＲ大宮駅で新函館北斗行きの新幹線に乗り、奥津軽いまべつ駅で下車。この駅は青森県にあるが、ＪＲ北海道の管轄である。山に囲まれていて、音が全く聞こえないくらい静かだ。まだ5月上旬なので寒い。駅から出ると「日本一小さい新幹線のまち」と書かれ、荒馬（あらま）踊りが描かれた石碑があった。囃子に合わせて男女がペアで踊る荒馬まつりは今別町の伝統芸能である。この石碑を描きながら三厩行のバスを待つ。

バスに乗り込むと先客がいて、高齢の女性が一人で座っていた。共に終点のＪＲ三厩駅で降りたが、バスの運転手さんからこの方はここからタクシーで龍飛岬まで行くので、一緒に行くことを勧められた。私は1時間半後のバスで龍飛岬へ行く予定なので、駅舎でもスケッチしながら過ごすつもりでいたが、結局この方と行動を共にすることにした。しかしタクシーを呼ぶにも駅前に公衆電話がなく、この女性も私と同じで携帯電話を所持していない。困ったなと思ったが、三厩駅の駅員さんにタクシーを呼びたい旨を相談すると、親切にもご自分の携帯電話を貸してくれたので大変助かった。一緒にタクシーに乗り話をすると、この方は御年90歳で一人旅をしていて、今日は八戸から来たとのこと。以前、青函トンネル内を歩いたことがあるとのことである。三厩駅ではタクシーに乗るのを助けるつもりでいたが、私など遥かに及ばない旅の先達であった。

龍飛岬

龍飛岬　階段国道

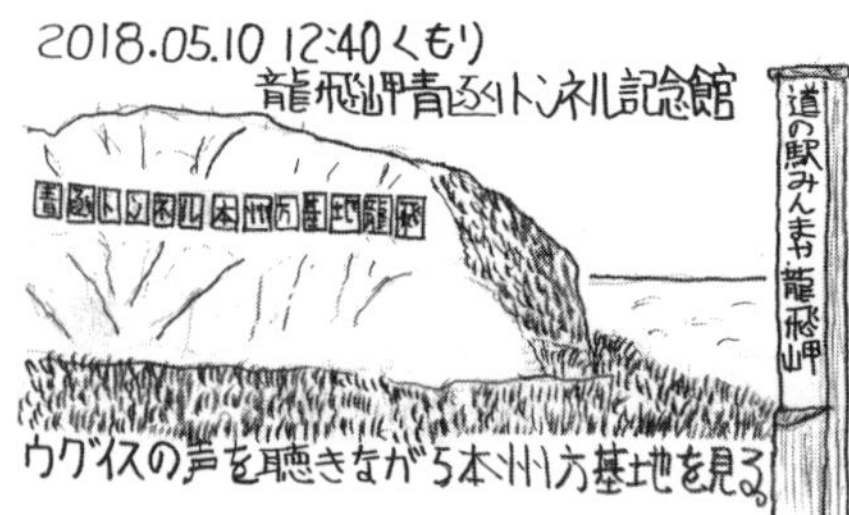

2018.05.10 12:40 くもり
龍飛岬青函トンネル記念館
青函トンネル本州方基地龍飛
道の駅みんまや龍飛岬
ウグイスの声を聴きながら本州方基地を見る。

2018.05.10 13:50
青函トンネル記念館
海面下140mから
戻ってきた。トンネルの
全長は53.8Km。
この体験坑道は
楽しかった。

龍飛岬

2018年5月10～11日

北海道が見えた。一番の思い出は、息が出来ないくらいの、すごい風に見舞われたことだ。ここは正に「風の岬」だった。

三厩駅から一緒にタクシーに乗った高齢の女性は龍飛岬が展望できる場所まで行くが、私はその手前にある「青函トンネル記念館」で降りた。近くの山の中腹に「青函トンネル本州方基地龍飛」と大きな文字が掲げられている。この辺りが青函トンネル工事中の本州側の作業基地だったようだ。記念館では青函トンネルが出来るまでの記録を上映していて、大変な難工事であることが分かった。そして青函トンネルは、列車が通る本坑の他に先進導坑と作業坑があることを知る。トンネルの全長は約54㎞。私は何時の日か、トンネル内を北海道まで歩く機会があれば参加したいと思うが、1日で歩くには少々きつい長さである。また新幹線が開通してから海底の駅は廃止しているので、全区間を歩く企画は難しいだろう。記念館を一通り見学した後、体験坑道に入るためにオレンジ色のケーブルカーに乗り坑道へ降りた。そこは作業抗を利用して作られた施設で、海面下140ｍの世界である。工事に使われた機械などが展示されていた。客は私ひとりだけなので、係の方に丁寧に説明していただいた。本坑のトンネル内に敷設された線路は三線軌条で、現在は新幹線と貨物列車を運行している。

記念館を見学した後は、日本で唯一の階段国道に向けて出発。強い風が吹く高台の道を歩いて行くと「津軽海峡冬景色歌謡碑」があった。赤いボタンがあるので押すと、大音響で歌手の石川さゆりさんが歌う「津軽海峡・冬景色」が流れてきた。そして観光バスから降りた観光客が大勢来たので、ボタンが次々に押されて「津軽海峡・冬景色」はエンドレス状態になった。この喧騒とした状況から逃げるように石碑から離れ、3分程歩くと国道339号線の階段国道に到着。国道は必ずしも車道とは限らないようだ。下りて行くと帯島が見えて、その奥に北海道がぼんやりと見える。北海道は私の生まれ故郷で、今から55年程前に青函連絡

龍飛岬　帯島と北海道

船で津軽海峡を渡り、家族で埼玉県に引っ越してきたことが懐かしく思い出された。

海まで下りて行くと、岬の先端から帯島に行く橋が架かっていた。それを渡ると「津軽海峡亭」という食堂があり、歩いて行けるのはここまでのようだ。食堂の前には、猫が２匹日向ぼっこをし

2018.05.10 14:35
龍飛岬 津軽海峡亭
ここが来れるところでは
一番端のようだ。
猫が2匹
出迎えてくれた。
民宿食堂 津軽海峡亭

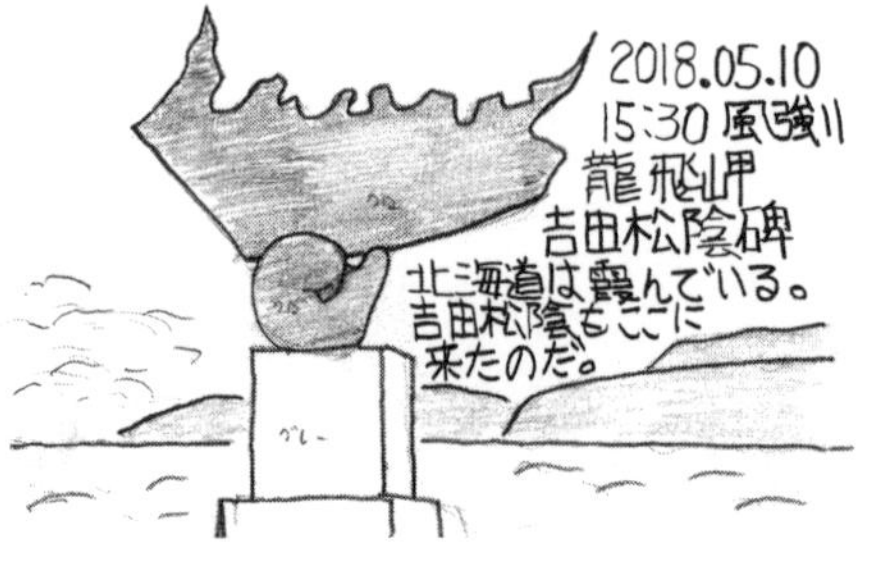
2018.05.10
15:30 風強い
龍飛岬
吉田松陰碑
北海道は霞んでいる。
吉田松陰もここに
来たのだ。

龍飛岬　ホテルの部屋から日本海を望む

ながら座っていた。顔に傷が付いているので野良猫だと思うが、それにしても厳しいところで暮らしているものだ。冬に凍えているこの猫たちを想像すると、再び「津軽海峡・冬景色」の歌詞が頭の中を流れていく。「こごえそうな鴎見つめ泣いていました……」。「頑張って生きろ、野良猫達よ」と心の中で応援をした。この後、龍飛埼灯台や吉田松陰碑に寄るが、風が冷たいのに加えて雨が落ちてきたので宿泊する宿へと急いだ。

「ホテル竜飛」に到着したのは16時。冷え切った体を温めようと風呂に直行する。露天風呂に入ると帯島方面が開けていて北海道が望めた。

夜の3時頃にものすごい暴風雨の音で目が覚める。朝にはまだ時間があるので、少しでも天候が穏やかになっていることを願い再び眠りにつく。5時に起きると、雨は止んでいるが風は強烈だ。部屋の窓から日本海が見えるが、沖では白波が立

つ荒々しい光景だった。

ホテルを8時に出発。玄関を出るとあまりに風が強いので息が苦しい。高台の道を歩くのは無理なので、階段国道を下りて海沿いの道を歩いて行くことにした。公衆トイレに寄ると「日本一の風を受けるトイレです」と書かれている。「なるほどその通りだ」と実感した龍飛岬だった。ここでは冬季でも降った雪が風に吹き飛ばされて、深く積雪することはないらしい。

観光案内所龍飛館に寄ると、開館まで20分程時間があるので近くの太宰治文学碑を見に行った。そこは公園になっていて動物のオブジェが置いてあり、それらを描き留めていると、龍飛館の方が手招きをしている。私が入館するのを躊躇していると思ったらしい。パンフレットによると、明治35年頃から平成11年まで「奥谷旅館」として営んでいて、昭和9年の宿帳には津軽三味線の大家、高橋竹山の名が筆頭に記されており、後年に太宰治や棟方志功ら数多くの作家や画家が宿泊したとのことだ。一番興味を抱いたのは昭和時代の龍飛岬周辺の写真で、この地域の昔の暮らしぶりの一端を知ることができた。

1　三厩宿

三厩　三厩湾と集落

2018.05.11 9:40
奥に見えるのは龍飛岬帯島
三厩湾はカモメが飛び、岩に当った波が砕け散る。

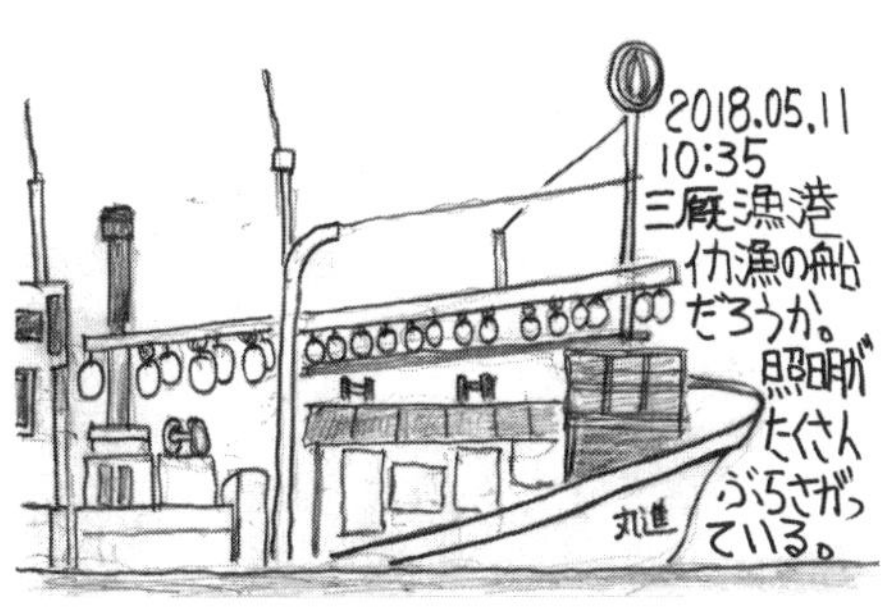

三厩

2018年5月11～12日

「漁師の店」に寄り海鮮丼を食べた。酢飯にのっていた本マグロとタコとサーモンの刺身は旨かった。

三厩湾を左手に見て国道339号線を歩く。高台と違って風は少し弱くなったが、沖は白波が目立ち、雲の流れが速くて空模様は不安定な感じだ。色々な形をした岩や島が次々と現れ、その上をカモメが乱舞している。道沿いには時折集落が現れ、漁港にはイカ釣り漁船と思われる照明をたくさんぶら下げた船が停泊していた。

藤島地区では、歌手の都はるみさんが唄う「涙の連絡船」が流れていた。食料品などを販売する車が住民に来た事を知らせているらしい。情緒があっていいなあと思いながらゆっくりと歩くが、右足に痛みを感じ始めた。新調した靴が足に合っていないらしい。幸い今日は三厩宿泊まりなので16㎞程しか歩かないのが救いだ。今回の旅ではこの痛みに大変苦しめられるのだが、この時はまだ知る由もなかった。

2018.05.11 11:20 三厩 藤島
あやしい空模様の中を歩いている。

道路脇に小さな食堂があった。名前を「漁師の店」という。今日のメニューは海鮮丼と本まぐろ丼の2つとのこと。海鮮丼を注文したが、これが旨かった。本マグロとタコとサーモンの刺身が酢飯にのっている。女将さんと会話をし、今日から龍飛岬を起点に奥州街道を歩いて東京まで行く旨を伝えると、この食堂にも津軽海峡を泳いで渡った人が寄ったことがあるとのこと。すごい人がいるものである。

津軽海峡は潮の流れが速く、本マグロの好漁場で有名だ。「竜飛三厩産津軽海峡本まぐろ」のパンフレットによると、まぐろ漁船は竜飛今別漁業協同

三厩　義経寺

組合と三厩漁業協同組合に所属し、水揚げされた海域により、それぞれ「竜飛産」、「三厩産」の津軽海峡本まぐろとして出荷され、そのほとんどは一本釣りによるとのこと。「漁師の店」で食べた海鮮丼は1800円だったが、本マグロは旨く刺身好きの私は大満足だった。

義経寺(ぎけいじ)に寄った。この寺は義経伝説と江戸時代の仏師、円空にゆかりがある。高台にあり、階段を上って行くと風が強烈に吹き抜けるので寒かった。この後、津軽海峡美術館に向かうが、地図には確かに記載されているのに何故か見つからない。諦めて今日宿泊する「龍飛旅館」に向かい15時に到着。まだ早いので建物の前にある公園で過ごしていると、入り口の戸が開いて女将さんらしき人が私の名前を呼ぶ。近づくと、寒いから中に入れと言う。正直、風が強くて凍えていたので助かった。先程の龍飛岬観光案内所龍飛館の方といい、津軽の人は親切だ。

翌日は４時40分に起床。丁度太陽が昇ってきた。朝食の前に付近を散歩する。風は時々強く吹くが快晴。旅館を描きながら、今日は蟹田まで約41㎞の長丁場なのできつい一日になることを覚悟した。それに右足の裏に大きなまめが出来て痛みがひどい。７時に「龍飛旅館」を出発。少し行くと厩石があった。源義経が岩窟にいた３頭の駿馬を得て北海道に渡ったとされる伝説の舞台であり、三厩の地名の由来でもある。奥州街道の旅を通して、源義経に関する逸話にはこの後も何度か出会うことになる。

2018.05.12
4:40 三厩
龍飛旅館
太陽が出て目覚
めた。風はまだ強
いようだ。
カモメの鳴声が
聴こえる。
今日は蟹田まで
41km歩く。

龍飛旅館
2018.05.12 6:00AM 龍飛旅館

2018.05.12
7:15AM
三厩
厩石
この岩が
地名の
由来。
風強烈。

今別

今別　高野崎

2018.05.12 9:00 三厩湾 鋳金崎方面を見る。今別の街は街道の雰囲気が感じられた。蟹田まで先は長いので急いで歩いている。

2018.05.12 9:20
宇賀神社
ももだろうか。きれいなピンク色が赤い鳥居を覆っている。
宇賀神社

今別

今別町と言えば「荒馬（あらま）の里」だ。荒馬踊りの勢いが風を巻き起こすのか、高野崎では強烈な風に見舞われた。

2018年5月12日

三厩湾沿いに歩き今別町の市街地を通る。２０２０年の東京オリンピックでモンゴルフェンシングチームの合宿地との旗が掲げられていた。大きな旧家があり昔の街道筋の雰囲気が漂う。今別町は津軽三味線の寄席芸人「太田家元九郎」さんの出身地である。私の地元の演芸会に出演した事があるのでよく覚えていた。都内の寄席でも何度か観たが、「断ることができねんだ。何たって日本代表だかんな」で始まる三味線芸と、最後に締める「じょんから節」が懐かしい。今別町は日本の代表としてモンゴルチームをおもてなしするのだろう。元九郎さんの三味線でモンゴルチームを迎えれば大いに盛り上がること間違いなしだが、今ではそれがかなわないのが残念だ。

2018.05.12
11:45
岩屋観音堂
昼食とする。
岩の洞の中に
観音堂がある。
陸奥湾の
波音を聴
きながら。

三厩湾を構成する一方の岬が龍飛岬なら、もう一方は高野崎である（旅のはじまりの項・地図参照）。その高野崎に着いたのは10時半。風が強烈に吹き抜けていて、やっと立っていられる状況だった。灯台があり、ここから見る海は正面が津軽海峡、左が三厩湾、右が平舘（たいらだて）海峡である。崖の下では磯遊びが出来るが、この風では危なくて下りて行くのは無理だ。津軽半島の両端は正に風の岬だった。

高野崎を後にして「赤根沢の赤岩」に寄ると、紅色が混じる風変わりな岩が草地に置かれていた。さらに30分程歩き、海に面した岩の窪みにある岩屋観音堂で休憩。波音を聴きながらおにぎりを食べた。再び歩き出すと、平舘方面から歩いて来た旅人と挨拶を交わす。左手の海は三厩湾から平舘海峡になった。

2　平舘宿

平舘　黒松並木と田植え前の水田

2018.05.12 13:30 国道280号松前街道
正面は下北半島。陸奥湾にはイルカがいるようだ。

2018.05.12
14:10
平舘神社
足が痛いが、なんとかここまで来た。

平舘

２０１８年５月12日

平舘海峡と黒松の並木を見ながら歩いた。実質歩き始めてまだ2日目なのに、右足の裏に出来たマメが非常に痛い。

左手に下北半島を見ながら国道２８０号線を平舘海峡沿いに歩く。先ずは平舘宿を目差すが、その途中にある１km程続く黒松並木がすばらしかった。やはり街道には松並木が似合う。松並木の奥に水田が広がっていて、水が張られているので田植えをする直前の状態だ。松並木の下の草地に松ぼっくりがたくさん転がっていた。後ろを振り向くと堤防に松前街道の行先が標示され、左に竜飛、右に青森と書かれていて、その横にイルカが描かれている。陸奥湾には4月から6月にかけてカマイルカと呼ばれる小型のイルカがイワシを追って日本海から回遊する。今は5月なので平舘海峡を通過しているイルカがいるかも知れない。双眼鏡で海を見るが、それらしき姿は確認できなかった。

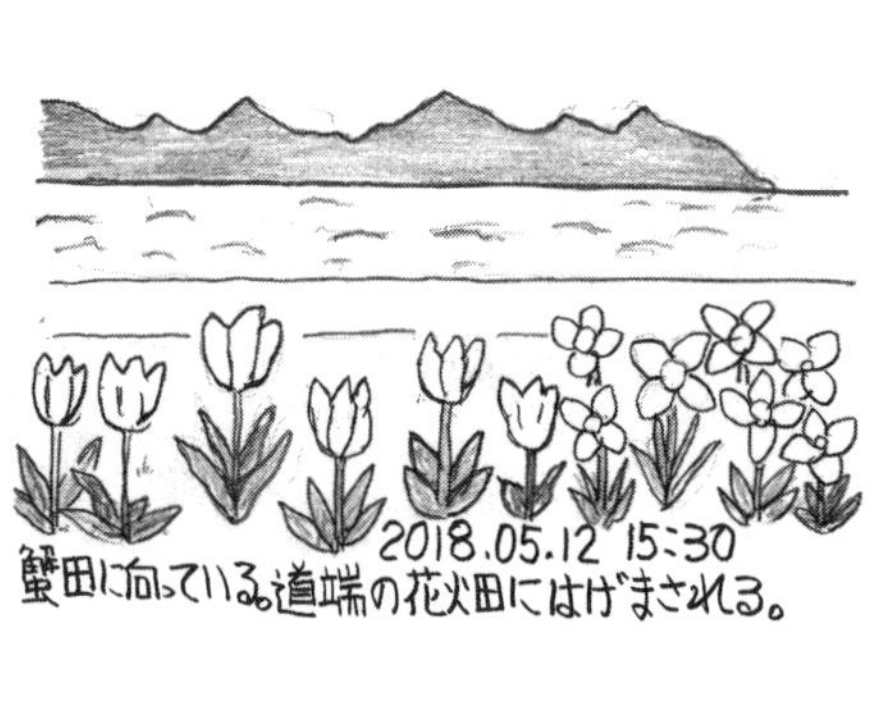

2018.05.12 15:30
蟹田に向っている。道端の花畑にはげまされる。

平舘灯台に着いたのは14時。近くには「道の駅たいらだて」がある。休みたいのは山々だが、今日の宿泊先である蟹田まではここからまだ約16km歩かなければならない。立ち寄ることなく通り過ぎた。その後、平舘神社に寄り休憩したが、急いで歩いているので右足の裏にできたマメは痛みが増してきた。

チューリップなど、道端に作られた花畑に慰められながら進む。スケッチをしながら歩く私にとって、一日に40km以上の旅はかなりきつい。何とか奥州街道二番目の平舘宿を通過したが、歩き始めてから実質2日目で早くも試練に見舞われている。暗くなる前に本日宿泊する宿に到着しないとまずいので急がざるを得ない。

蟹田

蟹田　国道280号線から望む陸奥湾と雲海に浮かぶ山並み

2018.05.12
16:10
もうすぐ蟹田
急がなくては！
ここまで40kmは歩いただろうか。
かなり疲れた。
松前街道 青森県

2018.05.13 5:10AM 蟹田中村旅館
丸窓がすてきな部屋に泊まった。

蟹田

２０１８年５月12～13日

雲海に浮かぶ八甲田山を正面に望み、ＪＲ津軽線と並行するように歩いた。

平舘宿を過ぎてから速足で歩いたので、蟹田の中村旅館に17時10分に着くことができた。靴を脱ぐと右足の靴下はマメの水疱が破れて濡れていた。スケッチの仕上げを終えてから風呂に入り、夕食を食べるのがいつものパターンだが、直ぐに汗を流したくて風呂に入る。右足の痛さを我慢して浴槽に浸かり、足のマッサージをした。その後、夕食を食べながら今日の感想をまとめるので非常に慌ただしい。食事を終えて部屋に戻り、20時半にようやくスケッチの仕上げを終えた。何とも疲れた一日だった。天気予報によると、明日は雨とのこと。朝の散歩はしないので、ゆっくり朝寝坊ができそうだ。

2018.05.13 7:05 蟹田駅近く

津軽線を列車が通っていった。風がないので助かる。今日の陸奥湾はおだやかだ。

日々の習慣とは恐ろしいもので、翌日は4時50分に起床。丸窓が素敵な室内を描いて時を過ごす。足の負担を少しでも軽減するために出来るだけ早く出発したいので、朝食は6時と早い。昨日女将さんに、無理を承知で30分食事時間の繰り上げをお願いしたら、快く引き受けていただいた。

6時50分に宿を出発。雨は降っていないが空模様はかなり怪しい。風がないので陸奥湾は穏やかだ。JR津軽線と並行して国道280号線を進むと行先案内標示があり、今日の目的地の青森まで30㎞、三内丸山遺跡まで32㎞と書かれている。この遺跡は三層の掘立柱構築物で名高いが、以前訪れたことがあるので今回は寄らない。青森市街地方面を見ると雲海の上に大きな山塊が見える。頂にはまだ残雪があり、方角から判断して八甲田山だと思われた。

蓬田　漁師の家

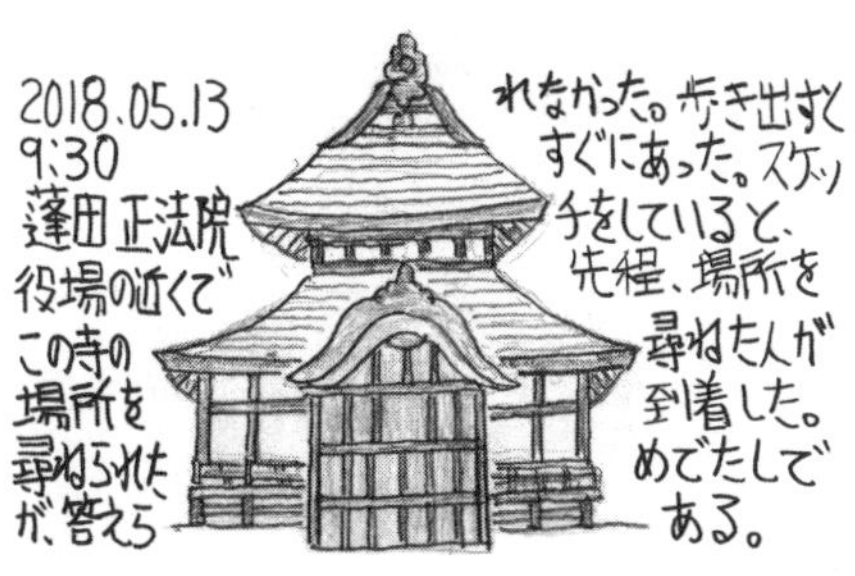

蓬田 正法院
役場の近くで

れなかった。歩き出すと
すぐにあった。スケッ

先程、場所を
尋ねた人が

めでたしで

2018
05.13 10:40
国道沿いにすごい黒松あり。

蓬田

陸奥湾沿いの道には漁師の家々が並び、地元の匂いが感じられた。それは単に潮の匂いだけではなく、生活の匂いである。

２０１８年5月13日

「たまつ海の情報館」に着いた時に雨が降り出したので雨具を着る。きれいなトイレがあるので、歩く旅人には助かる。ここは蓬田（よもぎた）村で、蓬田村観光ガイドブックによると、「北緯41度の村」をアピールしている。地図で確認すると、この建物付近が丁度北緯41度線上である。「日本縦断徒歩の旅」をしていると緯度の数値には敏感になる。そして寒くなってきたので厚手のシャツに着替えた。

蓬田村役場まで来た時、私の横に車が止まり、車内の人から正法院への行き方を尋ねられた。「地元の住人でないので分からない」と答えたが、それから30秒程歩くと、その正法院があるではないか。直ぐに道路に戻り車を探したが見当たらなかった。境内に入り本堂を描いていると、先程の車が入って来たので再び会話をする。今日は法事で来たとのことだ。

2018.05.13
11:20
クロ オレンジ
アオ
陸奥湾沿いに歩く。
堤防に浮きが積まれていた。背後の山は
雪がまだ残っている。また雨が降りだした。

正法院を出て国道２８０号線を歩いて行くと、すごい黒松があった。平舘の黒松並木をはじめ、黒松は松前街道の主役を担っている。道の横にはチューリップが咲いていて、私はいい季節の中を歩いていた。

車道歩きに飽きたので陸奥湾沿いの脇道へ行く。そこには漁師の家があり、青や茶色のトタン板で出来たカラフルな家や大きくて立派な家が並んでいた。海に面しているので、家に船が入る造りの家もあった。日曜日のせいか散歩をしている人が多く、挨拶を交わしながら歩く。堤防に置かれたフジツボが付着した浮き球を見ていると、単に潮の匂いだけではなく地元の生活の匂いが辺り一面に漂っているように思われた。

3　油川宿

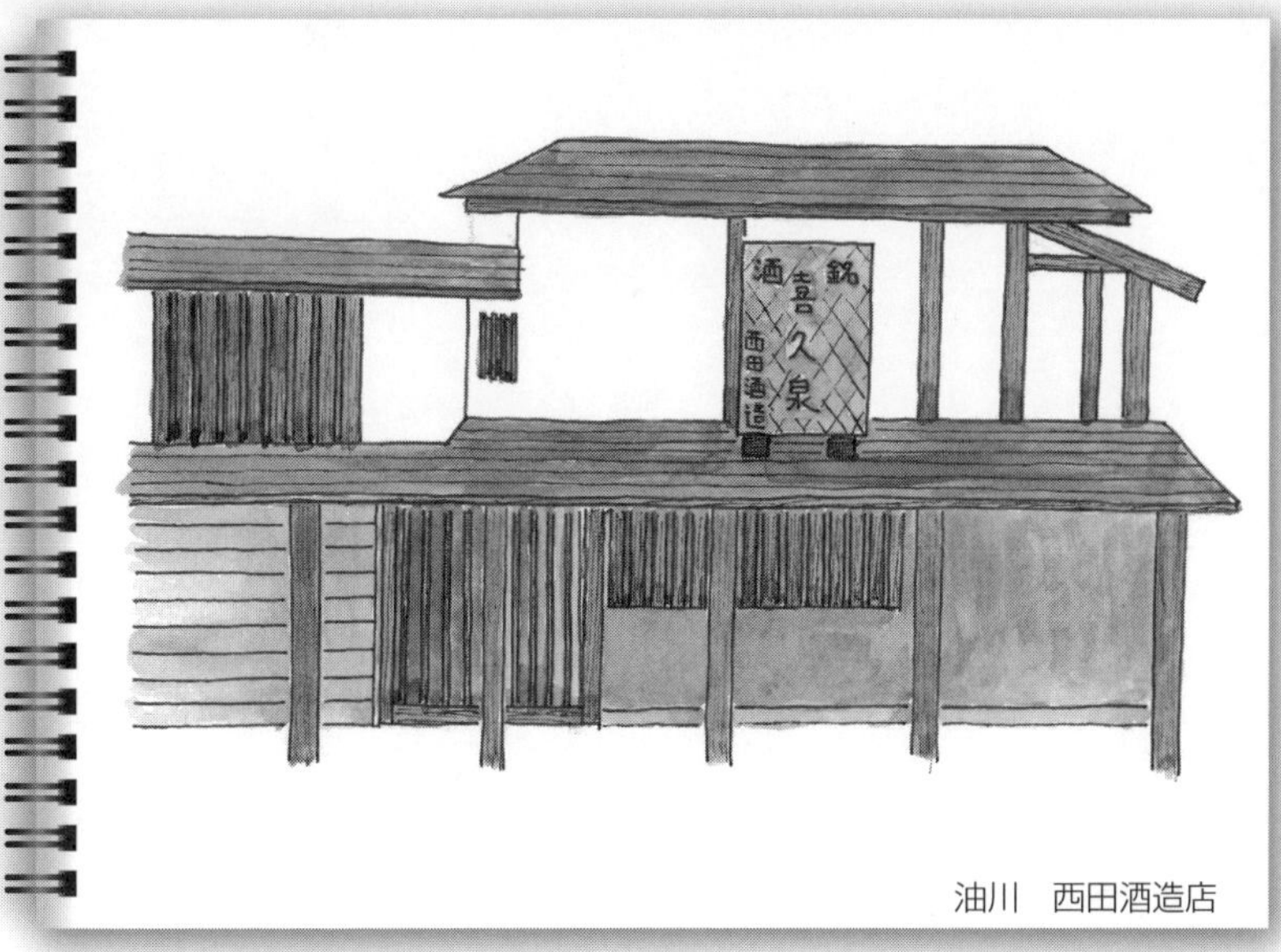

油川　西田酒造店

油川

油川宿は羽州街道と松前街道が合流する宿場町。何時の日か、羽州街道を歩くこともあるだろう。

２０１８年５月１３日

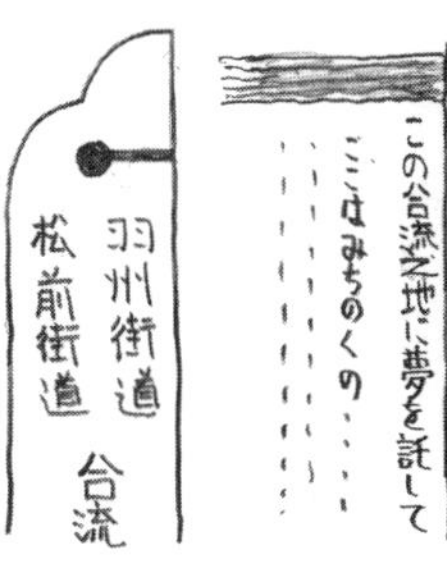

油川宿に着いたのは13時半。雨が強くなってきたので、ＪR油川駅で休むことにした。きれいな駅舎で、トイレがあるのがありがたい。椅子に座ると、足に血液が下りてくる感じがして痛みが一段とひどくなった。右足のマメはかなり悪化しているようだ。10分間程休憩したが、椅子から立ち上がり歩き出す一瞬が特に痛くて、立ったままの姿勢でしばらくの間じっとしていた。

「羽州街道 松前街道 合流之地」碑と説明板があった。ここが羽州街道と松前街道の起終点とのこと。羽州街道は福島県の桑折宿から分かれて出羽国（山形県、秋田県）を経由して油川宿に至る街道で、約５００km とのことだ。東海道の江戸から京都までと同じくらいの長さである。桑折宿は奥州街道の宿場町なのでいずれ通るが、まだまだ先のようだ。その時にも追分の碑を見ることになるだろう。

碑の横には「西田酒造店」がある。白色と黄土色をした外壁で、窓の茶色の面格子が外観によく似合っている。この建物には「こみせ」と呼ばれる長い庇があり、積雪時にも店の前を容易に通行できる工夫がなされていた。この地域の冬の様子が建物から伝わってくる。上越地方には「雁木」と呼ばれる同様の造りがある。ここでは自分の敷地を提供して他人を助ける優しい文化が根付いているようだ。旅を始めてまだ4日目だが、出会った津軽の人達は皆が親切だった。看板には金文字で「銘酒 喜久泉」と書かれている。何時の日か飲む機会を逃さないために覚えておこう。私はこの建物を描くため10分間程同じ場所に立っていたが、スケッチを終えて再び歩き出そうとした時、あまりの右足の痛さに第一歩目が踏み出せない。膝に手を当てじっと我慢した後にゆっくりと歩き出した。15分程歩くと、ようやく普通に歩けるようになった。

4　青森宿

青森　JR青森駅ホーム

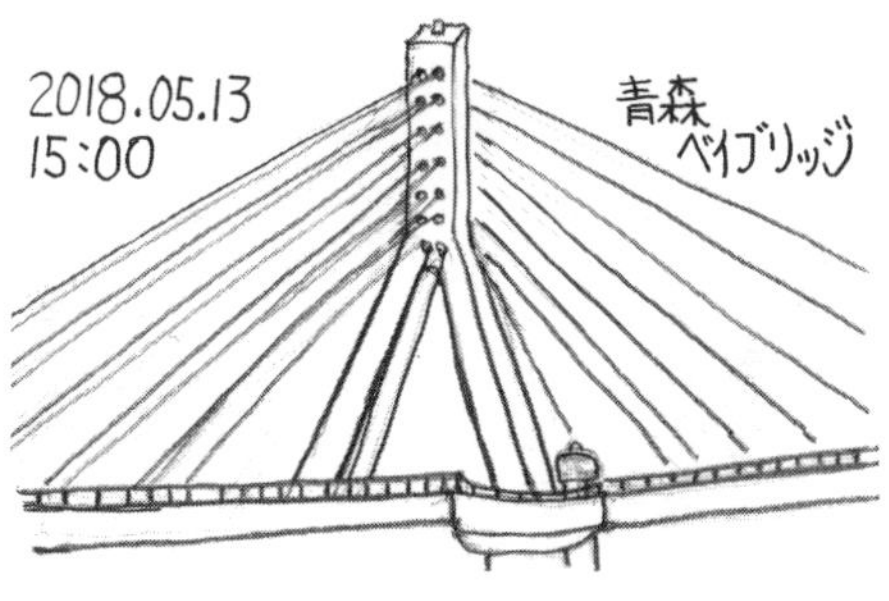

八甲田丸
青　森
HAKKODA MARU AOMORI
2018.05.13 15:40 青森 八甲田丸
私が北海道から引越した時に初めて乗った
青函連絡船は大雪丸だった。55年前の話である。

青森

２０１８年５月13～14日

港に停泊する「八甲田丸」を見て、50年以上前に家族そろって青函連絡船に乗り、本州に渡った当時を思い出した。

油川宿を出ると青森市街地までは６㎞程なので車の通行量が多くなってきた。青森ベイブリッジに到着したのは15時で、その頃に雨はあがった。そしてＪＲ青森駅の陸橋を渡っていると下にホームが見えて、津軽線の蟹田行と奥羽本線の弘前行の列車が並んで停車していた。三厩宿からの旅は津軽線と陸奥湾に挟まれた道を歩いて来た。津軽線とはここでお別れだが、陸奥湾とはもう少しお付き合いが続く。

陸橋を渡ると港に八甲田丸が停泊していた。青函連絡船を知ることができる施設で内部が公開されていて、私は20年程前に入館したことがある。その時は港に「津軽海峡・冬景色」の歌が大音響で流れ続けていたが、今はその様なことはなく落ち着いた雰囲気だ。私は北海道の出身で、埼玉県に移住した後も、親類に会いに行く時に何度か青函連絡船を利用した。青森港では期待に満ちた気持ちで乗船し、帰りの函館港では蛍の光のメロディーを聴きながら寂しい気持ちになったものだ。「八甲田」の名前も思い出深い。青森・上野駅間は「急行八甲田」をよく利用した。航空機の使用は社会人になってからである。昔を思い出しながら宿泊するホテルへと歩いて行った。

ホテルの大浴場に入り右足の裏のマメを見ると、水疱が破れ、皮がむけて赤くなっている。我が足ながら見るからに痛々しいが、浴槽に浸かると本当に痛い。こんな状態で今回の旅の目的地である盛岡宿まで無事に行けるのだろうか。部屋に戻り、とりあえずビールを飲むことで問題を先送りしたが、私の心には不安が渦巻いていた。

2018.05.13
20:20 青森
ホテルの部屋で
足の裏を見る。
大きく皮が
むけている。歩く
と非常に痛い。
ビールを飲みながら
対策を考える。

5　野内宿

野内　貴船神社

青森合浦公園
3本立の松はめずら
しいとのこと。
2018.05.14
9:50 野内
番所跡
津軽三関の
ひとつ

野内

2018年5月14日

貴船神社の小さな本殿に、今日の安全と足の回復を祈願した。足が痛くても、心に余裕を持たないと楽しい旅にならない。

足の痛みは治まらないが、青森宿のホテルを7時半に出発。三角形が特徴のランドマークである観光物産館「アスパム」の横を通り、合浦公園を歩いて行くと「三誉の松」があった。主幹は根本から3本が立ち上がる姿をしている。松は幹がある程度伸びたら、その後は勝手気ままに幹や枝が伸びていくイメージがあるが、この黒松は最初から気ままに育った感じだ。この松は合浦公園のシンボルツリーである。

陸奥湾沿いの道を歩いて行くと、9時半に野内宿に到着。当古寺に寄った後、野内番所跡を見た。盛岡（南部）藩に対するために設けられた番所である。秋田藩に対する碇ヶ関、大間越関と共に津軽三関と呼ばれたとのこと。碇ヶ関は油川宿から分かれた羽州街道沿いに、大間越関は日本海に面した場所に設けられた。

2018.05.14 11:05
国道4号線 善知鳥トンネル
トンネルを抜けると浅虫温泉だ

少し街道から離れるが貴船神社に寄る。近くに行くと勇ましい姿の狛犬が鎮座していて、その奥に本殿へ続く長い階段があった。足が痛いので上るのを躊躇したが、弱気な気持ちに一発ムチをいれる。階段を上がると赤い鳥居の奥に小さな本殿があった。旅の安全と足の回復を祈願する。足の痛みが治まらないと心に余裕が持てないので、周りの景色に目が向かなくなり、ひたすら歩くだけの単調な旅になってしまう。

青い森鉄道と並行して海沿いの道を進むと善知鳥トンネルが見えた。これを通れば浅虫の温泉街が現れるはずだ。この日は晴れて日差しが強く、涼しさを求めて躊躇することなくトンネルに飛び込んで行った。

浅虫温泉

浅虫温泉　青い森鉄道 浅虫温泉駅の足湯

2018.05.14
12:25
ほたて広場
に寄る。
青森は「ほたて」
で有名なよ
うだ。

青森ほたて
ほたて広場

ここに食堂がある
が、たくさんの人が
待合室にいた。
今日の宿泊は
浅虫温泉なので
夕食にでないかな。

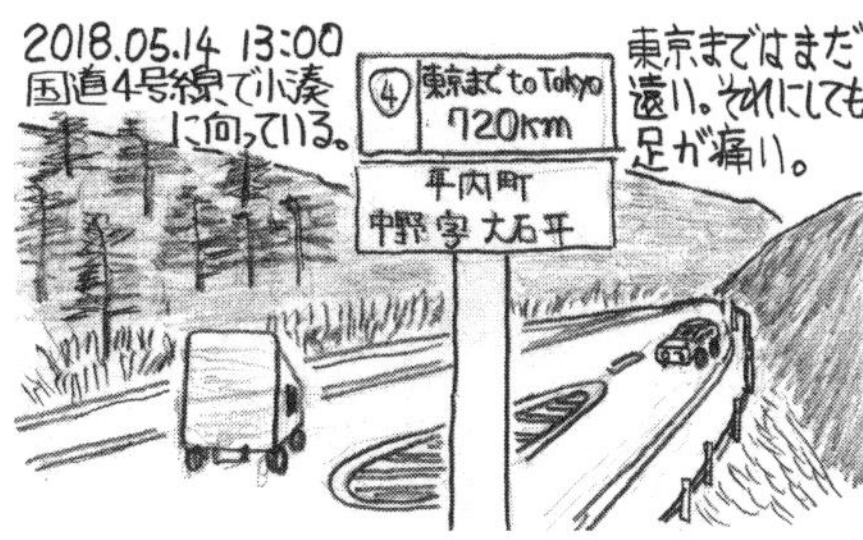

浅虫温泉

２０１８年５月14～15日

浅虫温泉駅の前に足湯があった。「混浴」との表示板があるが、女子高校生達が大勢で浸かっているので、躊躇してしまった。

浅虫温泉　湯ノ島と青森市街地を望む

善知鳥トンネルを抜けると、浅虫温泉街の建物群が見えてきた。青い森鉄道の浅虫温泉駅に寄り、ベンチで昼食のおにぎりを食べる。今日の宿泊はこの浅虫温泉だが、時間はまだ早いので小湊駅まで歩き、列車で戻る計画だ。

ここから小湊宿へは、海沿いの道から離れて夏泊半島をショートカットするように内陸部へと入って行く（「旅のはじまり」の項・地図参照）。国道4号線と並行する旧道を、「ほたて大橋」を横に見ながら進むと「ほたて広場」と書かれた塔が立つ施設があった。陸奥湾はホタテ貝の水揚げで名高い。案内板があり、ここには黒石藩が境界警備のために設けた土屋御番所があったとのこと。先へ進むと旧道はやがて国道4号線に合流。そこに「東京まで720㎞」の標示板が立っていた。

小湊駅に着いたのは14時50分。14時56分発の列車にかろうじて間に合ったと安堵したが、青森方面行は15時20分発とのこと。計画を立てた時に見た時刻表が古かったようだ。

再び浅虫温泉駅に戻り、駅前広場にある足湯に行くと、大勢の女子高校生達が並んで足を浸けていた。「混浴」の表示板があるので私が一緒に入っても問題ないが、足湯とはいえ彼女達の中に分け入る度胸は持ち合わせていない。駅のベンチに座って足湯が空くのを待っていると、八戸駅方面行のアナウンスが流れてきた。彼女達は一斉に足湯からあがり誰もいなくなった。やっと私の出番がきた。湯温は結構高い。皮のむけた右足が痛く、寒くなってきたので早々に切り上げて、今日の宿「ホテル秋田屋」へ向かった。

私の部屋はツインの広い洋室に6帖の和室が続く間取りである。温泉に浸かり、部屋で美味しい食事をしてくつろぎ、束の間の贅沢を楽しんだ。

翌朝は4時50分に起床。朝食前に近くの海岸を散歩した。直ぐ近くに湯ノ島があり、その左側に青森市街地が見える。三角形のアスパムやベイブリッジが肉眼でも確認できた。波は穏やかで、風がなくて快晴だ。8時半にホテルを出発。ロビーにある勇ましい姿のねぶたが、私を見送ってくれた。

2018.05.14 20:50
浅虫温泉ホテル秋田屋
に泊まる。
ツインの洋室に6畳
の和室。夕食は旨かった
私にはぜいたくな部屋
だ。

2018.05.15 7:45AM 浅虫温泉 出発前。
ホテル秋田屋に泊まり、ロビーで「ねぶた」を見る。

6　小湊宿

小湊　小湊川のほとりからの景色

2018.05.14 14:00 国道4号線を歩いている。
田んぼは田植を待っている。もうすぐ小湊。
青い森鉄道の列車が通過した。

2018
05.15
9:35
小湊資料館で見た「高橋竹山」の生涯は迫力があった。
平内町指定天然記念物
ご家中のマツ

小湊

平内町の歴史民俗資料館で津軽三味線の名手初代「高橋竹山」の生涯を知る。演歌「風雪ながれ旅」のモデルがここにいた。

２０１８年５月14～15日

浅虫温泉駅から電車で小湊駅に移動して旅を再開。先ずは駅の近くにある平内町（ひらないまち）歴史民俗資料館に寄る。ここでは初代高橋竹山に関連する資料が展示されていた。高橋竹山は小湊宿のある平内町の生まれで、津軽三味線の名手として名高い。資料館で生い立ちや演奏を知る。歌手の北島三郎さんが歌う「風雪ながれ旅」は、高橋竹山がモデルとされている。年末の紅白歌合戦で演出された紙吹雪は、東北や北海道で吹雪の中、門付けの旅をしているイメージなのだろう。「風雪ながれ旅」に比べて、私の旅の何と楽なことよ。高橋竹山から強い心を注入された気がして資料館を出たが、足の痛さに思わずうずくまる。一度止まると歩き出す瞬間に痛みが走るので、ついひるんでしまう。高橋竹山の強い心が、私には全く浸透していないようで実に情けない。

国道４号線を歩いて行くと、小湊川のほとりから奇妙な山容の引ノ越山が見え、遠くの山々はまだ雪が残っていた。青い森鉄道と並行するように県道２１５号線を歩き、時折通る列車に面白いキャラクターが描かれているのでスケッチを試みるが、列車はあっという間に通り過ぎるので描けなかった。清水川駅で休んでいると、駅構内の敷地に青い森鉄道の会社の車が停車していた。同じキャラクターが車体に描かれているのでスケッチをする。名前は「モーリー」と言い、青い色の木が車掌の帽子をかぶっている絵柄である。窓の向こうから私に手を振っているようで微笑ましい。しかしスケッチしている最中にこの車もどこかへ行ってしまった。

7　馬門宿

馬門　藩境塚

2018.05.15 13:00
陸奥湾の向こうの下北半島が大きくなってきた。
2018.05.15 13:25
国道4号線を歩いている。野辺地町に入ると東京まで700kmの標示あり。この標示は0.1kmごとに立っている。
4
東京から from Tokyo
700km

馬門

ここは津軽藩と南部藩の境界。塚に碑が立っていて、「従是東南盛岡領」、「従是西北津軽本次郎領分」と書かれていた。

２０１８年５月１５日

私が持参している道路マップにはコンビニの場所が記載されている。馬門（まかど）宿に行くまでに1店舗あるので、そこで昼食を購入する予定でいたが、いざ来てみると改装工事中だった。これには参った。昼食抜きを覚悟したが、やはり腹が減ってきた。正午を過ぎた頃に営業中のラーメン屋さんがあったので事なきを得た。昼食を終えて歩き出すと、東京から７００㎞の標示を見つけた。国道4号線を歩き始めてから気づいたのだが、０・１㎞ごとに東京までの道のりを示す標示板が立っている。恐らく道路のメンテナンスのためだろうと考えながら歩いて行くと、馬門御番所に到着。木造の建物で中は便所になっているので、歩く旅人には大変ありがたい。

ここから海側に下りていく道に従い歩いて行くと藩境塚があった。ここが津軽藩と南部藩の藩境である。塚には各々「従是西北津軽本次郎領分」、「従是東南盛岡領」と書かれている。両塚の間には小さな水の流れがあるが、これが境界らしい。スケッチをした時は邪魔な側溝だと思い、描くのを省いてしまった。近くにあった案内板を最初に読まなかった私のミスである。スケッチの場合、余計なものを省略することはよくあるが、一番肝心な境界の基準を描かないとは大失態だ。しかし馬門宿を代表する1枚は、陸奥湾と風力発電塔が立ち並ぶ下北半島を背景にして、２つの藩境塚が並ぶこの景色であることに変わりはない。ここは下北半島の付け根に近いので、対岸は直ぐ近くに見えていた。

8　野辺地宿

野辺地　野辺地駅の行先標示板と日本最古の鉄道防雪林

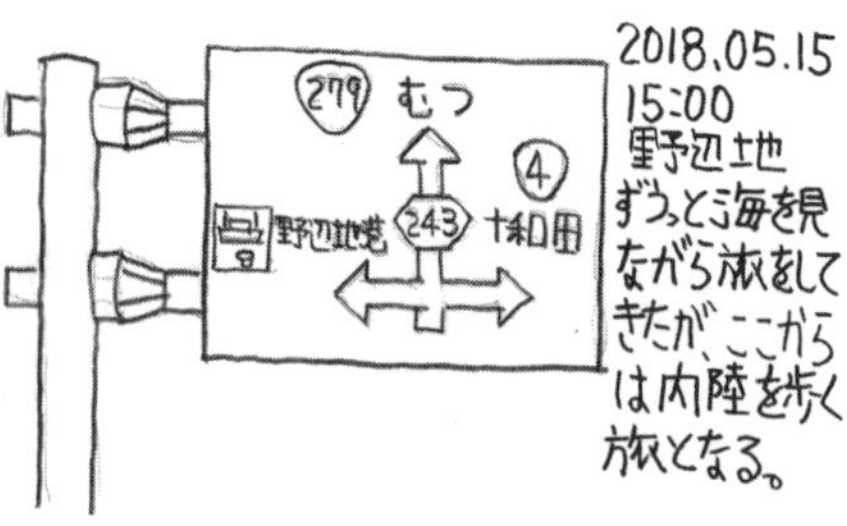

279 むつ
4 十和田
243
2018.05.15
15:00
野辺地
ずうっと海を見ながら旅をしてきたが、ここからは内陸を歩く旅となる。

2018.05.15
15:50 野辺地駅。後は日本最古の鉄道防雪林

野辺地

2018年5月15～16日

野辺地駅の奥に「日本最古の鉄道防雪林」があった。針葉樹林の壁が、風雪から線路を守っていた。

野辺地町は下北半島の付け根の部分に位置していて、半島方面への分岐標示をよく見かけた。私が下北半島を訪れたのは約20年前の5月だった。寒立馬（かんだちめ）を見たかったからである。寒立馬は下北半島東端の尻屋崎（「旅のはじまり」の項・地図参照）に放牧されていて、足が短くてずんぐりした体形をした馬である。吹雪の中にたたずむ寒立馬の写真を見て無性に会いたくなった。その際に半島北端の大間崎まで足を伸ばした。大間崎はすごい風で海は荒れていた。今回の旅では津軽半島の龍飛岬から高野崎まで強烈な風に見舞われた。津軽海峡に面した青森県の岬は、日本海と太平洋を結ぶ風の通り道だった。

青い森鉄道の野辺地駅に着いたのは15時半。ここはＪＲ大湊線の起点の駅でもある。大湊線は下北半島側へ北上する路線で終点は大湊駅。他のＪＲ線と接続しない路線だ。演歌「風雪ながれ旅」の中で、北島三郎さんが「アイヤー、アイヤー、津軽、八戸、大湊」と唄っていたのを思い出す。私はその演歌の世界を歩いている様な気がした。野辺地駅の裏に「日本最古の鉄道防雪林」があり、杉がビシッと整列するように立っている。東北線は明治24年に全通したが、野辺地付近は雪のため度々不通になるので、明治期に植林され豪雪から町の線路を守っている。

この日は野辺地駅前の松山旅館に宿泊。部屋に入り痛めた右足の裏を見ると、マメからは膿が流れ、中指の爪が黒く変色していた。爪が剥がれたらまずいので旅館から爪切りを拝借した。

9　七戸宿

七戸　松並木と牧場

2018.05.16 11:20 七戸 国道4号線横の牧場
それにしても暑い。
カッコウの鳴声だけ
が救いだ。

七戸

暑い中を歩いたが、松並木が続く道は涼しい風が通り抜けて心地よい。木々の間から放牧された馬が見え隠れしていた。

2018年5月16日

2018.05.16 11:30 新幹線七戸十和田駅付近
まだ雪が残こる大きな山が見えてきた。

9　七戸宿

2018.05.16 13:20
国道4号線沿い。
松並木の木陰は
気持ちよい風が通り抜
ける。松にツタがは
いあがっている。付近
の田んぼは田植が
終わっている。
十和田まであと
8km。
奥州街道

７時に野辺地の宿を出発。ここまで陸奥湾を見ながら歩いて来たが、野辺地宿を出ると内陸を歩く旅となる（奥州街道宿場一覧参照）。カマイルカを見ることが出来なかったのが心残りだ。終着地の東京日本橋まで海を見ることはないだろう。両側に牧草地が広がる県道８号線を歩き、やがて国道４号線に合流する。この日は快晴で暑かった。まだ10時半だがコンビニでアイスを購入。歩く旅をしている最中は腹をこわすのを恐れてアイス類を控える私だが、この時は体の中から冷やす物を欲していた。

カッコウやホトトギスの鳴き声に励まされるように国道４号線を歩く。道沿いに松並木が続き、その奥に牧場がある。木々の間に見え隠れする馬を双眼鏡で見ながら進む。今回の旅では大規模な松並木によく出会う。暑い中、日差しを遮ってくれるので大変ありがたい。木陰を通り抜ける風の何と気持ちよいことよ。田植えを終えた直後の水田を見かけるようになった。４日前に歩いた平舘宿では田植え前だったが、少し南に歩いただけで気温が微妙に違うのだろう。

東北新幹線の上を横断すると、七戸十和田駅方面が開けて、山の頂には雪が残っていた。近くの「道の駅しちのへ」に寄りベンチで昼食休憩としたが、ザックに入れたペットボトルのお茶はぬるま湯状態だ。それくらい暑い日だった。５日程前は凍えるような寒さだったのに気温が一変した。まだ５月なのにこの暑さは異常である。食欲は全くないが、おにぎりをぬるいお茶で何とか胃袋に流し込んだ。無理をしてでも食べなくては体がもたない。

十和田

十和田　稲荷神社

アオ
コイグレー
2018.05.17 7:10AM 菜の花でいっぱいの空地あり。
雲の流れが速い。不安定な天気だ。

十和田

2018年5月16～17日

稲荷神社に優しい表情の狐の像が鎮座していた。首にきれいな布が巻かれているので、皆から大切にされているようだ。

地図を見ると七戸宿には南部曲家や七戸城跡が記載されているが、どちらも少し街道から離れているので、寄らないで宿泊地の十和田市を目差す。それに暑さにやられて少々気力が萎えていた。十和田市と言えば十和田湖や奥入瀬渓流が観光地として有名だが、奥州街道からは遠く離れているので行くことはできない。水車小屋のある公園で休憩したが、藤やツツジは今が盛りとばかりに、色鮮やかな花々が咲き誇っていた。そして「土手山のケヤキ」と呼ばれる大木があった。推定樹齢は３００年で、樹高は約26ｍ、幹周りは約５ｍ。松前藩主が参勤交代の折に植えたと伝えられているとのこと。

十和田の市街地に入ると稲荷神社で休憩する。そこに優しそうな表情をした狐の像が鎮座していた。左側の狐は左耳が少し欠けていて口に巻物をくわえている。両方とも首にきれいな布が巻かれていて、皆から大切にされているようだ。稲荷神社と狐の関係だが、狐は穀物を食べるネズミを退治するので守り神になったとの説がある。私が日本全国を旅して分かった事のひとつに、「人は平坦な土地が少しでもあれば、最初にする事は田畑を作り生活の基盤を築く」がある。稲荷神社は稲の豊穣を守る神様を祀っているので、日本全国どの地域にもある理由が分かる気がする。人が生きるのに必要とされている衣食住だが最上位は食である。

宿泊するホテルには16時に到着。ニュースで、今日は5月なのに真夏日だったが明日は雨と報じていた。たくさん汗をかいたので夕食の時に飲むビールは格別に旨く、一気に2本飲んでしまった。

翌日は4時40分に起床。外は雨。朝食付きのプランだったが、昨日購入したカップそばで素早く朝食を終えて6時半にホテルを出発。今日は山間の道を歩くので、雨が本降りになる前に出来るだけ遠くまで歩いておきたい。菜の花が咲き乱れる空き地の横を足早に通り過ぎた。空を見上げると雲の流れが非常に速い。

10 藤島宿

藤島　奥入瀬川と御幸橋

2018.05.17 8:00AM
藤島宿
青森県では川に、この様な
木製の表示をしている。
実にいいな。
藤島川
青森県

2018.05.17
8:10
すごい藤棚あり。

藤島

2018年5月17日

怪しい空模様の下で、奥入瀬川に架かる御幸橋から見た山頂付近に雪が残る山々の姿は美しかった。

雨具を着て、さらに傘をさして歩き、藤島宿に着いたのは8時。私はスケッチをしながら歩くので、手帳が濡れないように、雨具を着ていても傘は手放せない。この辺りは街道筋の雰囲気は感じられないが、「藤島バス停」を見て藤島宿とした次第だ。奥入瀬川に架かる御幸橋からの景色は素晴らしく、まだ雪の残る山は方角から判断して八甲田山だろう。奥入瀬川は十和田湖を源とする二級河川で、上流にある奥入瀬渓流は景勝地として名高い。国交省のホームページによると、河川は上流から小さな河川の合流を繰り返して大きな河川になるが、これら一群の単位を「水系」と呼ぶ。国土保全や経済上特に重要で政令で指定したものを「一級水系」と呼び、その中で大臣が指定した川が「一級河川」となる。「二級河川」は一級水系以外で公共の利害に関係のある河川で、都道府県知事が指定した河川をいう。

昨夜はかなり雨が降ったようで、流れる川は茶色の濁流だ。そこに何故かハクチョウが1羽川岸に立っている。何かの理由で仲間と一緒に北帰行が出来なかったのだろう。1羽だけ取り残されてかわいそうな気がするのは、私も一人旅をしているせいかも知れない。昨日は非常に暑かったが、このハクチョウは大丈夫だろうか。これからさらに暑い季節に向かうので大変だが、仲間が戻ってくるまであと半年の間、夏負けしないで頑張ってほしい。

青森県を歩いていると、橋を渡る度に木柱に川の名前が書かれた表示を何度も見かけた。奥州街道の旅を引き立てているようで実にいい。藤島川にもこれが立っていて、近くに大きな藤棚があった。この時は丁度雨が止んでいて、藤の花からしたたる水滴がきれいだった。そして怪しい空模様の下、上空を流れる雲にせかされるように先へと急いだ。

11 伝法寺宿

伝法寺　花畑

2018.05.17
8:50 伝法寺宿
いろいろな木から
藤がぶら下っている
モミジの木が多く
紅葉の頃はき
れいだろう。

2018.05.17
9:00
伝法寺宿
光明寺
ホトトギスの
声を聴きなが
ら心地よい風
を受けている。

伝法寺

２０１８年5月17日

伝法寺宿は、通りの両側に花壇を持つ家々が多く、5月の一番花がきれいな季節の中を通り過ぎた。

藤島宿を出て県道145号線を歩き、国道4号線に合流する手前で光明寺への案内板があったので、それに従うように進む。寺への途中でモミジの木々があり、藤の花がたくさんぶら下がっていた。今は春なので藤の盛りだが、秋には紅葉がきれいだろう。この藤だが、いろいろな木に絡みついて花をぶら下げている。かなり生命力の強い植物らしい。一方、絡みつかれた木は迷惑そうだ。

光明寺には9時に到着。この付近が伝法寺宿の中心部だったようだ。この頃になると雨があがったので雨具を脱いだが、非常に蒸し暑い中を歩いたのでかなり汗をかいてしまった。本堂の階段に座り、ホトトギスの鳴き声を聞きながら考えた。事前の調査では、この付近には分かりにくいが旧道があり、史跡もあるようだ。私は旧街道を正確に歩くことに必ずしもこだわらないが、昔は街道だった道を探しながら歩くことの楽しさを知っている。少し迷ったが、先程まで降り続いた雨で道がぬかるみ、草が濡れていてズボンがびしょ濡れになるのが嫌なので、無難に舗装された道を歩くことにした。

光明寺を後に伝法寺宿を歩いて行くと、道の両側に花壇を持つ家が多く並んでいた。名前は分からないが、アジサイに形が似た白い花をたくさん付けている木の枝が道にせり出している。その下にはピンク色のツツジ、紫色や黄色をした花も咲き乱れている。緑色の草地を背景にして鮮やかな色彩だ。伝法寺宿は昔の街道筋の雰囲気はあまり感じられないが、これらの花のおかげで印象に残る宿場となった。

12 五戸宿

菊駒
駒菊
入魂

五戸　菊駒酒造

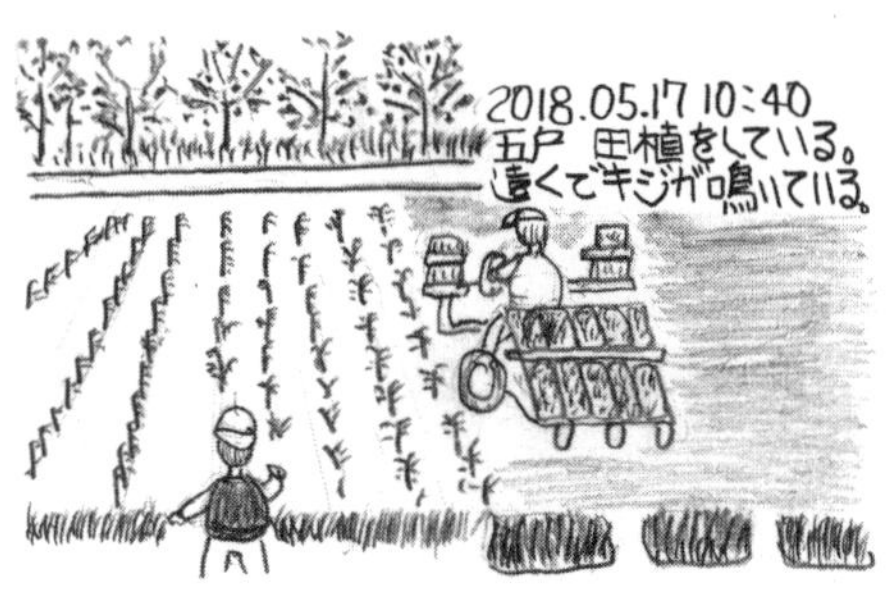

2018.05.17 10:40
五戸 田植をしている。
遠くでキジが鳴いている。

五戸

五戸町は田植えの時期を迎えていた。遠くから聞こえるキジの鳴き声が、のどかな感じを演出していた。

２０１８年5月17日

五戸高校の手前で国道4号線を左にはずれて旧道へ入って行くと、一人のお百姓さんが田植えをしていた。道路の脇に苗の束が置かれていて、それを機械に載せて田んぼに植えていく。おもしろいのでしばらくの間眺めていた。黒澤明監督の名作『七人の侍』では、野武士を撃退した後に、村の人が総出で笛や太鼓を囃しながら田植えをするシーンがあるが、そんな時代はとっくの昔に終わったようだ。もっとも、『七人の侍』の時代設定は戦国時代だった。映画では村人が田植えをしている様子を見て、志村喬さん演じる生き残った侍が「今度もまた負け戦だったな」とつぶやくラストシーンが印象に残る。そんなことを思い出していると、田んぼの奥の雑木林からキジの鳴き声が聞こえてきた。私の前にはのどかな風景が広がっていた。

さらに先へ行くと煙突のある建物が見えてきた。「菊駒」という看板が掲げられている。建物の全体を描く場合、少し対象から距離をおかなければならないが、運よく建物の前が空き地なので、そこに入ってスケッチをした。街道の旅をしていると、煙突のある風景を見て思わず立ち止まることが多々あった。そのほとんどは酒蔵だったが、時折銭湯があったと思う。私が酒好きなこともあるが、酒蔵は地域の景観や歴史を代表しているような建物が多かった。看板に「入魂」と書かれている。その魂の入った銘酒「菊駒」に何時の日か、どこかで出会いたい。

菊駒酒造店のスケッチを終えると益々暑くなってきた。まだ午前中なのに五戸高校の生徒達が列をなして通っていく。テスト期間中なので下校時刻が早いのだろう。近くのコンビニでアイスを購入して高校生達に混じって休憩する。五戸町では大きな旧家を見かけたが、それ以上に目に付いたのが坂道の標示板である。その坂道を上がり下りしながら、次の浅水宿へと歩いて行った。

13 浅水宿

浅水　山間の道

2018.05.17 12:05
浅水宿へ向っている。
奥州街道
山道の中で、この案
内板を見つけて
ほっとする。安心
したので昼食
とする。

浅水

浅水宿へ続く山間の道は楽しかった。奥州街道のハイライトのひとつだろう。新緑と赤いツツジの組み合わせは最高だ。

２０１８年５月１７日

五戸宿を出てから浅水宿へ続く山間の道を進む。正午に近いので、昼食が出来そうな木陰で座れる場所を探しながら歩く。また、歩いている道が奥州街道だという確信が持てる証がほしい。そんな中、案内板を見つけ、近くに明治天皇が行幸の際に休憩した石碑があったので安心して昼食休憩をした。徒歩の旅をしていると明治天皇の行幸碑をよく見かける。国立公文書館のホームページによると、御生涯の大半を御所で過ごされた江戸時代の天皇とは対照的に、明治天皇は全国各地を行幸され、明治5年（1872年）の九州・西国、同9年の東北・北海道、同11年の北陸・東海道、同13年の甲州・東山道、同14年の山形・秋田・北海道、同18年の山口・広島・岡山を六大巡幸というとのこと。約140年前の明治9年にここで休まれたようだ。

山道を歩く時は、雨だと道がぬかるみ歩きづらいが、幸いにも雨は止んでいる。丁度新緑の季節で草木は黄緑色できれいだ。それに色を添えるのが赤い色のツツジで、実にいい組み合わせだと思う。今歩いている道は奥州街道の旅のハイライトかも知れない。

この山間の道もやがて県道233号線に合流し、浅水宿に着いたのは13時半。天気予報では、今日の天気はこれから悪くなるので、高山峠越えの山道を避けて県道233号線を歩くつもりだった。でも今は、空模様は怪しいが雨は降っていない。少し闘志が湧いてきたので、当初の計画通り高山峠を越えて行くことにした。何と言っても私は街道歩きの旅人であり、奥州街道を歩くために青森県まで来たのだ。今日の宿泊地である三戸宿までは、まだ6㎞程山の中を歩かなくてはならない。少し無理をして速足で登り始めた。やはり土の道は感触がよくて楽しいが、雨が心配なので気持ちに少し焦りがあった。

14 三戸宿

三戸　清水屋旅館　部屋から村井家住宅を見る

2018.05.17 15:15 高山峠を越えた。
しかし、予定とは違う場所に出てしまったようだ。

三戸

2018年5月17～18日

三戸宿には趣のある建物が多い。宿泊した清水屋旅館の部屋からは、モダンな外観の村井家住宅が見えた。

高山峠への道はハイキングコースの趣で非常に楽しい。ただ、怪しい空模様に加えて夕暮れ前に宿に着きたいので、ノンストップ状態で登り続け1時間半程経過したが、高山展望所を見ないうちに下りになった。何かがおかしい。地図に記載がある展望台が見当たらないのだ。歩いた時間から判断して明らかに展望台付近まで来たはずだ。どうやら道を間違えたらしい。しばらく下りて行くと、遠くに国道4号線が見えてきた。予定では県道２３３号線に出るはずだった。歩いているのは地図に記載されていない道なので少し不安があったが、歩き続けていると南部中学校の横に出た。持参した地図に掲載されている範囲だったのでよかったが危ない行動である。だいぶ旧奥州街道から外れたようだが、高山峠を越えたことにしてもいいだろう。

馬淵川を渡り、三戸宿の中心部へ入って行くと、青い森鉄道三戸駅の前にある「清水屋旅館」に到着。旅館の前に洋風の村井家住宅があった。どちらの建物も魅力的なので描きたいが、疲れていたのを言い訳にして旅館に入る。私の身なりを見て歩く旅人と思ったのだろう。女将さんから町を紹介した資料を頂いた。

2018.05.18 5:00AM 三戸
清水屋旅館に泊まる。部屋から
モダンな村井家住宅が見える。
外はすごい雨だ。今日は一戸まで歩く。

一番風呂に入り、その間に洗濯をし、スケッチを仕上げた。夕食は自分の部屋で明日の天気予報を見ながら食べた。この地域は大雨洪水注意報が出て１００㎜の降水量が予想され、最高気温は10度とのこと。明日は山間の道を歩くので心配だ。

翌朝4時40分に目覚めると、天気予報の通りすごい雨だ。

三戸　青岩橋と馬淵川　青森県と岩手県の県境

部屋の窓から村井家住宅が見える。この家は大正モダニズム時代の建物で国登録有形文化財である。部屋から室内も含めてスケッチしたので、この1枚で村井家住宅と清水屋旅館の両方を描いたことにする。今日は一戸宿まで山間の道を歩くが、無事に行けるのか心配だ。危なそうなら国道4号線を歩いた方が無難かも知れない。

清水屋旅館を7時半に出発。清潔で気持ちよく過ごせた宿だった。三戸宿は趣のある建物が多いのでゆっくりと見学したいが、この雨ではスケッチなど出来るはずもなく先を急ぐ。9時20分に馬淵川に架かる青岩橋（せいがんばし）に到着。手摺にサビが浮き出ていて、かなり年季の入った橋で車両の通行は禁止されている。青岩橋の名前からも分かるように、ここは青森県と岩手県の県境だ。濁流が渦巻く馬淵川を見ながら青森県に別れを告げ岩手県に踏み入れた。

15 金田一宿

奥州

金田一　山間の道　奥州街道の案内板を見つける

2018.05.18 10:45
金田一宿 白山神社
雨宿りをしている。
そろそろ出発するか。
社神山白

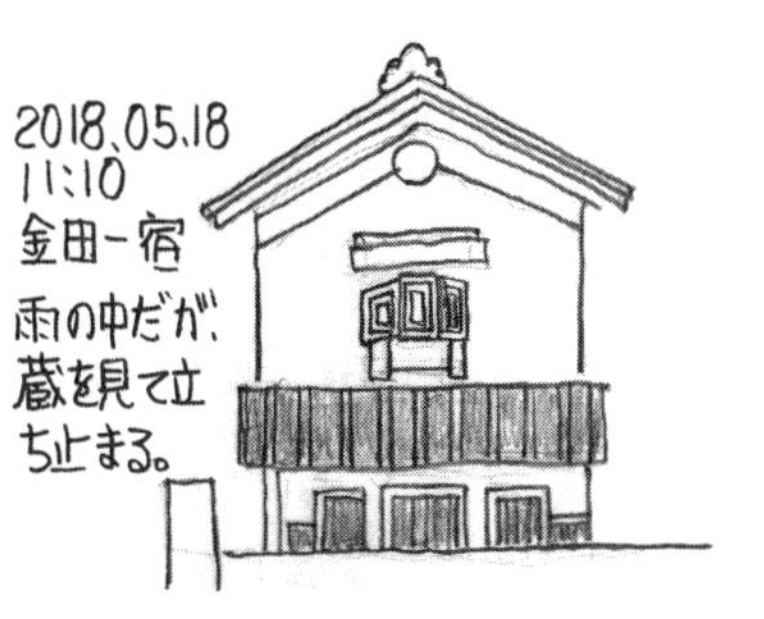
2018.05.18
11:10
金田一宿
雨の中だが、
蔵を見て立
ち止まる。

金田一

２０１８年５月18日

土砂降りの雨の中、山間の道を歩いた。白山神社で雨宿りをしている時、今日は無難に車道を歩こうと決めた。

岩手県に入った。本来の旧奥州街道は、途中で蓑ケ坂という街道でも難所といわれる山道を通るのだが、この土砂降りの雨では無理だと判断したので青岩橋を通った次第である。金田一（きんたいち）宿へは国道4号線を歩けば直ぐに、しかも確実に着くのだが、少し納得できない気持ちがあり、やはり旧道を歩くことにこだわりたくなった。まだ時間が早いこともあり、川口という所から山間の道に行くことにした。両側が田んぼの道をしばらく歩いたが、突き当たりらしき所まで来ると、先に進む道が見当たらない。田んぼの畦道に入ったが、この雨で柔らかくなった畦道を崩してはまずいので引き返しかけた。すると草木に覆われた中に細い登り道があるではないか。正しい道かどうかは全く確信を持てないが、とにかくこの道を行くことにする。しばらく登ると奥州街道の案内板を見つけたのでほっとした（旅を終えてから調べると、川口から私が歩いた道は旧奥州街道ではなかったようだ）。しかしここからの道も草や笹に覆われており、この大雨の中を歩くべきではなかったと後悔をしながら進むうちに、車が通れる林道のような道に出ることができた。

金田一温泉駅の近くに10時半に下りてきた。この近くにある金田一温泉郷は「座敷わらし」伝説で知られている。白山神社で雨宿りをしながら、これから行くべき道を検討したが、今日は無難に山間の道を避けて国道や県道２７４号線を歩いた方がよさそうだ。地図を見ると岩手県に入ったので、「青い森鉄道」は「ＩＧＲいわて銀河鉄道」と名称が変わっていた。雨は強いが金田一宿の街並みを見ながらゆっくりと歩く。そして蔵などを見るとつい立ち止まってしまう。先程までの山道と違い舗装された安全な道なので安心していられるが、本当に旧奥州街道から外れていいのか気持ちは少し揺れていた。

16 福岡宿

福岡　武内神社　狛犬

2018.05.19 5:00AM 二戸のホテルの部屋より
川は水量が多い。大雨警報がでているので心配だ。

福岡

2018年5月18〜19日

土砂降りの中を歩き、九戸城跡の案内所で浪打峠へ向かうのを諦めた。「九戸政実」には及ばないが、残念な決断だった。

県道274号線を進む。正午に近いが、座って昼食ができる場所が見つからない。困ったなと思いながら歩いていると武内神社の案内板を見つけたので、路地に入って行くと神社へ続く階段があった。足が痛いので嫌だなと思ったが、上って行くと本殿の軒下で雨を避けて座ることができるので昼食休憩とする。4本脚で立つ狛犬があった。狛犬は鎮座している姿が普通だが、これは鎮立と言うのだろうか。丁度相撲の五月場所が開催中なので、まるで相撲の仕切りを見ているようだった。この時の私は早く今日の旅を終えて宿に入り、今場所絶好調の「栃ノ心」を見たいと思っていた。気持ちが雨に押されて土俵を割る寸前だ。

神社から40分ほど歩くと九戸城跡があった。福岡宿を代表する景色はここだろうと思い寄ることにする。しかし雨はさらに強くなり、城跡に上るのは無理と諦め、下にある案内所に逃げ込んだ。パンフレットによると、戦国時代末期にこの地域では九戸政実（まさざね）と南部信直が争っていたが、南部信直は豊臣秀吉から「南部内七郡」の朱印状を受けていたことから九戸政実は反豊臣方となり、その大遠征軍と戦ったのがこの九戸城である。時は豊臣秀吉が小田原の北条氏を滅ぼした後であり、九戸政実は時節を見誤った。九戸政実を主役にした漫画のパンフレットを読む。この地域の人々は九戸政実を贔屓（ひいき）にしているようだ。

案内所の係の方に、青森県から岩手県にかけて「〇戸」の呼び名が多いが、どういう順番で配置されているのか尋ねると、「時計廻り」とのことで、「戸」とは馬の囲いに立てる柵を意味する等、様々な説があると教えていただいた。福岡宿のあるここは二戸市である。そして雨は益々すごい降りになってきた。旧奥州街道はここから山間の道を通り浪打峠へ向かうのだが、無難に国道4号線を歩かざるを得ない。「浪打峠の交叉層」を見るのを楽しみにしていただけに残念な決断だった。

17 一戸宿

一戸　IGRいわて銀河鉄道　一戸駅

2018.05.19
7:35 一戸
雷電神社
今日の無事
を祈る。雨できびしい一日となりそうだ。

一戸

雨が降る中、小繋の一里塚を通る山道は厳しかった。雨水が坂道を流れ下り、足首まで土にもぐりながら歩き続けた。

2018年5月18～19日

2018.05.19 8:05 一戸 明治天皇巡幸碑
周りは霧で幻想的な世界だ。

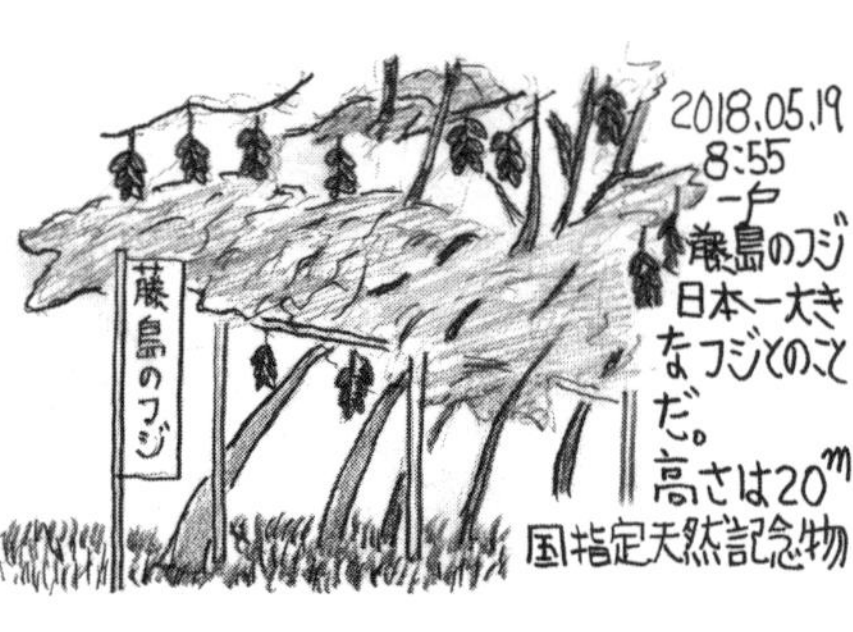

旧奥州街道の浪打峠を越えるのを諦めて、国道4号線を歩いて一戸駅に着いたのは15時20分。歩道があるので安全だったが、時折大型車両からの水しぶきを受けながら歩いた。一戸宿に入ると趣のある旧家や店舗をたくさん見かけたが、この雨ではスケッチどころではない。この日の宿泊は二戸駅近くのホテルなので、一戸駅から電車で金田一方面に戻るのだが、列車は大雨の影響で遅れているという。今日の雨はすごかったようで、ホテルの部屋で見たテレビのニュースでは、盛岡駅と秋田駅間の新幹線は運休、ＩＧＲいわて銀河鉄道も盛岡駅からいわて沼宮内駅間が運休と報じていた。いわて沼宮内駅は、一戸駅からわずか五つ先の駅である。この一戸駅まで運休区間に含まれていたらと恐ろしい。

翌日、電車で一戸駅に7時前に到着して旅を再開。駅ホームの行先標示板に「縄文の里」と書かれているのは御所野遺跡があるからだろう。一戸町には大雨警報が出ているので、今日も厳しい旅になりそうだ。県道274号線を歩き始めると、山側から道路一面に水が流れ出ている所があった。明治天皇巡幸碑に着いた時は周囲に霧が立ち込めて、何とも幻想的な雰囲気になってきた。

一戸　山道　小繋の一里塚への登り道

小鳥谷(こずや)駅付近に来ると、「藤島のフジ」の旗が立っているので、丁度藤の花の季節であり立ち寄る。案内板によると、日本一の大きさで国指定天然記念物とのことだ。たくさんの花が垂れ下がっていて、美しさと共に迫力を感じた。

昨日の大雨に続いて今日も大雨警報が発令されていることもあり、無難にこのまま国道4号線を歩き続けるつもりでいた。しかし小繋(こつなぎ)への分岐に着いた時、旅の闘争心に火がついた。やはり本来の旧奥州街道を歩こう。小繋の一里塚を目差して山道へ踏み入れる。後に奥州街道全区間の旅を終えてから振り返っても、ここからヨノ坂への約3㎞の登り道が一番危なかった。草に覆われた道は溝状にえぐられた箇所を雨水が勢いよく流れ下っていた。そして小川のような流れの場所があり、今にも溢れ出しそうだ。私は2つの溝の間を歩いたが、土はぬかるんで足首までもぐる箇所が多々あった。登り道だが一刻も早くこの状況から脱出したくて、休むことなく歩き続けた。この道が本当に旧街道で間違いないのか不安に思いながら上って行く。そしてヨノ坂の案内板のある車道に出た時はほっとした。歩いてきた道は正しかったのだ。

案内板を後に歩いて行くと、バス停があり中に入って昼食休憩とした。一息ついて気が付いたが、今日はかなり寒い。この日の最高気温は10度に届かなかったとのことだ。

バス停を出てしばらく歩くと中山の一里塚があった。立派な一里塚だが、雨に加えて風も強いので早々に

2018.05.19 11:50 バス停
で昼食
雨と寒さが避けら
れるので、本当にありがたい。

2018.05.19 12:35
中山一里塚
雨風強い。

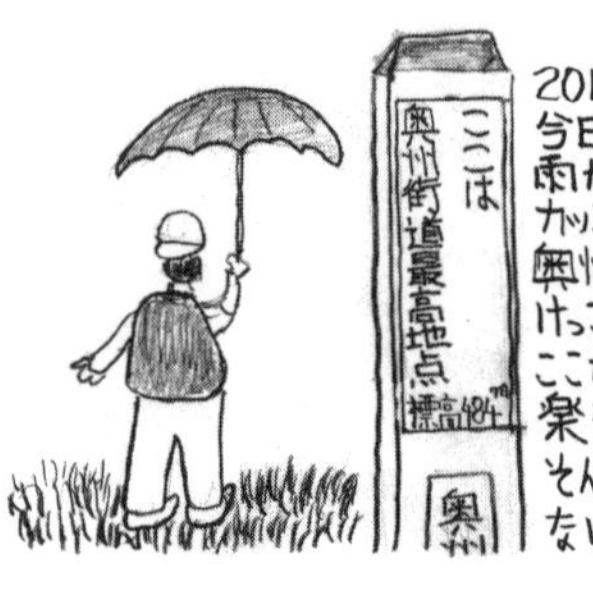
ここは
奥州街道最高地点
奥州
2018.05.19 12:55
今日は寒い。
雨が強い。
カッコウが鳴いている。
奥州街道の山道は
けっこう手強い。
ここからは全て下りの
楽な道だとよいが
そんなことはありえ
ないだろうな。

一戸　御堂・馬羽松の一里塚

退散。少し行くと東屋があり、雨具の下にさらに上着を着て防寒対策をとる。近くには奥州街道最高地点の碑があり、標高４８４ｍと書かれている。奥州街道は高い峠越えなどはあまりなく、上手く山々の間を通っているようだ。野辺地宿まで海沿いを歩いていたので、結構登ってきた気もする。

御堂・馬羽松の一里塚が見えてきた。東塚と西塚が一対で道の両側に納まっている。そしてこのあたりから広大な牧草地が広がる見晴らしのよい道になった。この時に足の痛みはあまり感じなくなっていることに気づいた。皮がむけた部分に新しい皮ができたのだろう。この辺りで一戸町ともお別れだが、奥州街道の案内板が整備されていて、おおいに助けられた。昨日、三戸宿を出てから大雨の中を歩いて来たが、この山間の区間は、奥州街道の旅の中で最大の見せ場だと思われる。好天の下で歩きたかった。

18 沼宮内宿

沼宮内　丹藤橋から見たIGRいわて銀河鉄道

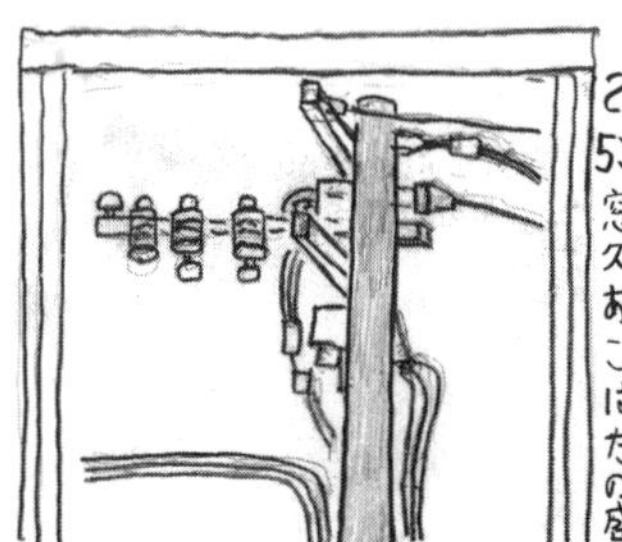

2018.05.20
5:00AM 沼宮内
窓を見ると晴れ。
久し振りに雨は
あがっている。
この丹野旅館
はきれいな宿
だ。今日が今回
の旅の最終日。
盛岡まで行く。

沼宮内

２０１８年５月19～20日

岩手町は北緯40度線の街。３日間降り続いた雨から解放されて、まだ頂に雪を残す岩手山が顔を見せた。

坂道を下りて行くと川の駅という休憩所があり、その向かいにある御堂観音堂に寄る。古いお堂が周りの木々に溶け込むように佇んでいた。坂上田村麻呂が祈願所として建立したと伝えられている。雨が降っている事もあり、しっとりとした雰囲気が心地よい。先を急ぐと国道4号線に合流。そこに「岩手町　北緯40°線」の表示があり、私は思わず立ち止まる。津軽半島の蓬田村が北緯41度だった。井上ひさし氏の小説『四千万歩の男』で、伊能忠敬は日本地図の作製と共に、子午線1度の距離を計測したくて江戸から奥州に向かったとの記述を思い出す。忠敬が知りたかった数字が蓬田村と岩手町間の距離であり、それを私は7日間かけて歩いて来たと思うと感慨深い。これまで北海道幌延町の北緯45度線の碑、九州本土最南端佐多岬の北緯31度線の碑を見た。私は「日本縦断徒歩の旅」をしているのだと改めて思った。

丹野旅館に到着したのは16時10分。体が冷え切っていたので直ぐ風呂に入る。浴槽に浸かり、雨水が流れる下るヨノ坂を一所懸命に歩いた事を振り返る。今回の旅では、山間の区間を歩く時は雨の日が多かった。これも歩く旅人の宿命である。

翌朝は4時40分に起床。窓から新幹線の高架が見えて、その上に岩手山が顔を見せている。昨日までの雨はあがり快晴。天気予報で盛岡地区の最低気温は5度と報じている。丹野旅館を出発したのは7時10分。非常に寒い。今日は盛岡宿まで歩く予定だ。いわて沼宮内（ぬまくない）駅前にニホンカモシカの像があり、さっそくスケッチ。横には白いハナミズキがきれいに咲いていた。岩手山を右手に見ながら歩き始めた。

丹藤橋を渡る。下を流れるのは丹藤川。昨日まで3日間雨が降り続いたので、水量が多くて水は濁っている。上流に架かる鉄橋を列車が通過して行った。かつての東北本線の盛岡～青森駅間は、青森県エリアを「青い森鉄道」、岩手県エリアを「ＩＧＲいわて銀河鉄道」として運営されている。これらの線路に沿うようにここまで歩いて来た。南に向けて進んで行くと岩手山は次第に大きくなり、雪形が微妙に変化していくのも、私が着実に前進している証である。

部屋から見える白い山が気になる。
今、新幹線が通過。
2018.05.20 7:00AM 沼宮内
丹野旅館の部屋より

2018.05.20 7:25 沼宮内
晴れ
ニホンカモシカの像を見て出発。
白色のハナミズキは今がさかりだ。

2018.05.20 7:30 沼宮内
山の間に岩手山が現われた。北国の山はまだ白い。

19 渋民宿

渋民　旧渋民尋常小学校

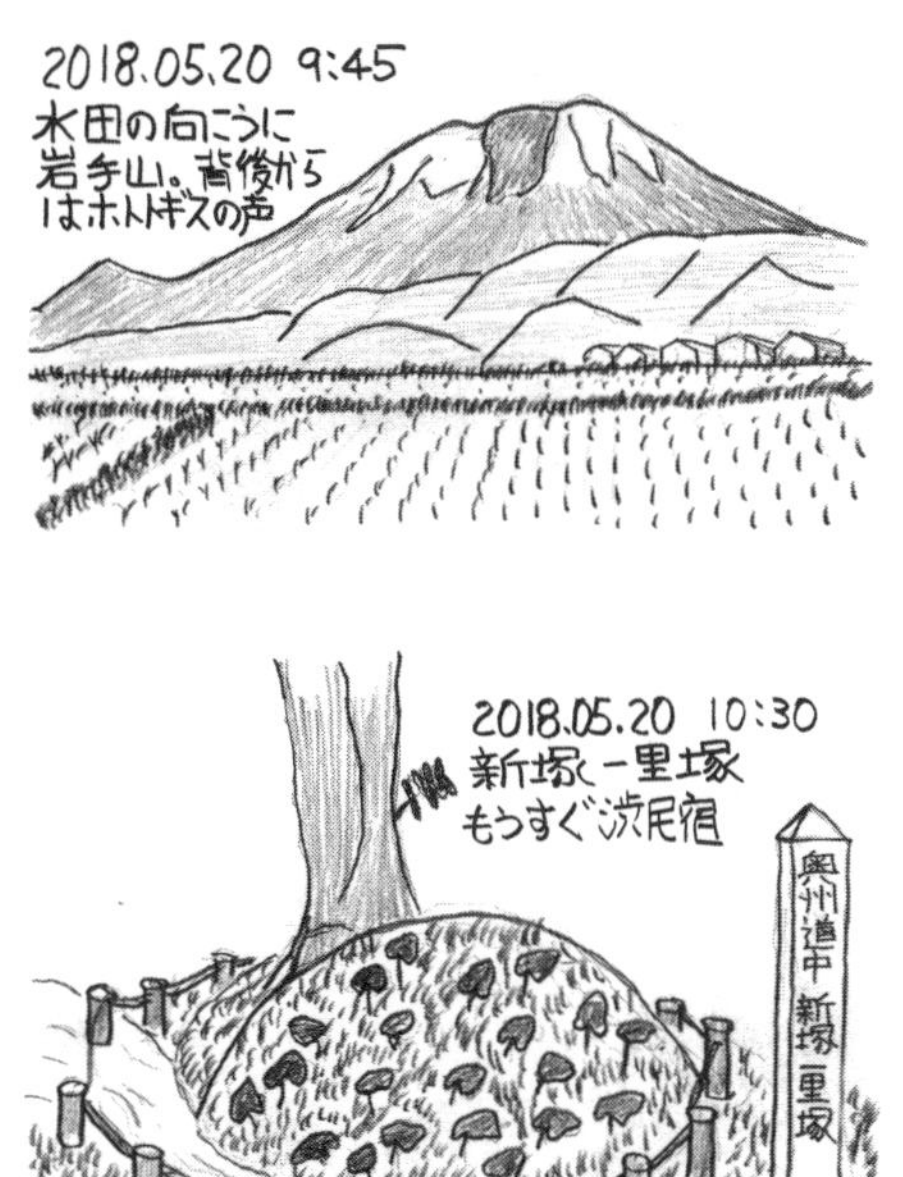
2018.05.20 9:45
水田の向こうに
岩手山。背後から
はホトトギスの声
2018.05.20 10:30
新塚一里塚
もうすぐ渋民宿
奥州道中 新塚一里塚

渋民

渋民駅付近から見た岩手山は、抜群の存在感だった。石川啄木が詠んだ「ふるさとの山」とは、岩手山のことだろう。

２０１８年５月２０日

道路横の水田は田植えを終えた直後で、その背後に岩手山がたたずんでいる。存在感が抜群ですごい景色の一言に尽きる。草地の中にある「新塚一里塚」を見ながら休憩。日向は暑いが木陰に入ると、火照った体に冷たい空気がしみ入るようで心地よい。一里塚の前に小川が流れているせいか、盛り上がった一里塚に生える草花は元気が溢れ、新緑の黄緑色が美しい。万葉集の歌を思い出す。「石激る垂水の上のさ蕨の　萌え出づる春に　なりにけるかも」（志貴皇子）私は正にその様な「萌え出づる春」の中を歩いている。

渋民と言えば何と言っても石川啄木である。記念館に到着したのは11時半。中に入ると彼の生い立ちに関する資料が展示されていた。石川啄木は26年の短い生涯で心に残る歌をたくさん詠んでいる。

「不来方のお城の草に寝ころびて　空に吸はれし十五の心」

「東海の小島の磯の白砂に　われ泣きぬれて蟹とたはむる」

「新しき明日の来るを信ずといふ　自分の言葉に嘘はなけれど」

どの歌も素直に目にした景色や気持ちを詠んでいる感じがする。庭に旧渋民尋常小学校の建物があった。記念館で押したスタンプを見ると、「その昔　小学校の柾屋根に　我が投げし鞠いかにかなりけむ」と書かれている。啄木はあの建物の屋根に鞠を投げて遊んだのだろうか。

石川啄木の作品の中で、私が最も好きな歌に「ふるさとの山に向かいて言ふことなし　ふるさとの山はありがたきかな」がある。以下は私の独断である。具体的な山の名前は断定していないが、岩手山だと思われる。私は今日、実際にこの山を見て確信した。英国の登山家マロリーが「なぜ、あなたはエベレストに登りたいのか」と問われ、「そこに山があるから」と答えた（日本語で訳された）。山とは当然エベレストであり、

渋民　岩手山

山全般を言っているのではない。啄木の歌もマロリーの答えも意図は同じだと思う。
　深田久弥氏は名著『日本百名山』の中で「北へ向かう急行が盛岡を出て間もなく、左側に、ポプラ並木の梢越しに見えてくる岩手山は、日本の汽車の窓から仰ぐ山の姿の中で、最も見事なものの一つだろう」と記述している。私が立ち止まっているこの場所にポプラ並木は見当たらないが、盛岡駅にも近いので、深田久弥氏が見たのはこの付近だったのではなかろうか。沼宮内宿を出てから何度もこの山を描き留めてきたが、ここからの景色が一番いい。今日は快晴でよかった。岩手山を見ていると、以前中山道を歩いた時に、沓掛宿付近から見た浅間山に山容が似ていると思った。浅間山は現在も活発な火山で時折噴煙をあげている。この岩手山も火山だが、こちらは優しく渋民の人達を見守っていた。

20 盛岡宿

盛岡　北上川と岩手山

2018.05.20
15:35
盛岡
上田一里塚
盛岡市内に
入った。

2018.05.21 9:00AM 盛岡
石割桜　大きな石を割って
大きな桜があった。

盛岡

２０１８年５月20～21日、９月23日

最初の旅は、田植えを終えた直後の季節だった。２回目の旅では、稲が育ち刈り入れを待つ黄金色の季節を迎えていた。

渋民宿を代表する風景が岩手山なら、盛岡宿の代表は岩手山の他に北上川が加わる景色だろう。北上川に沿って歩いて行くと、四十四田（しじゅうしだ）ダムでせき止められたことにより、地図でこの辺りは「南部片富士湖」と記載されている。昨日までの大雨で水量が増し、何本もの木が濁った川の中に浸かっていた。これまで右側に見えていた岩手山は後ろに見えるようになった。深田久弥氏の著書『日本百名山』によると、「岩手山は古くから『南部片富士』と称せられており、見る場所によって半分は富士形のなだらかな線を持っているが、後の半分は一様ではない」と記述されている。四十四田公園の横を通過した時、1km程街道を離れれば四十四田ダムに行けるのだが、暑い中を歩き続けて余力が残っていないことを言い訳に盛岡市街地へと向かった。

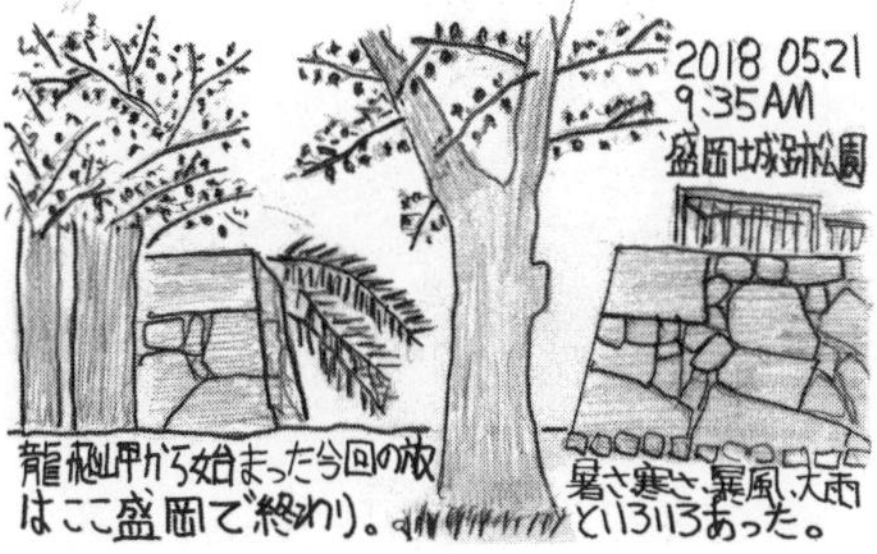

この日は盛岡市内のホテルに宿泊。翌日は石割桜や盛岡城跡、桜山神社を見学して帰路についた。これで龍飛岬から11泊12日をかけて盛岡宿まで歩いた奥州街道の最初の旅が終わった。息が出来ないくらい風の強い日、大雨警報が発令されるほど雨が降った日、真夏日になった暑い日、凍えるような寒い日があり、天候に翻弄された日が多かった。この続きは今秋に再開する予定だ。

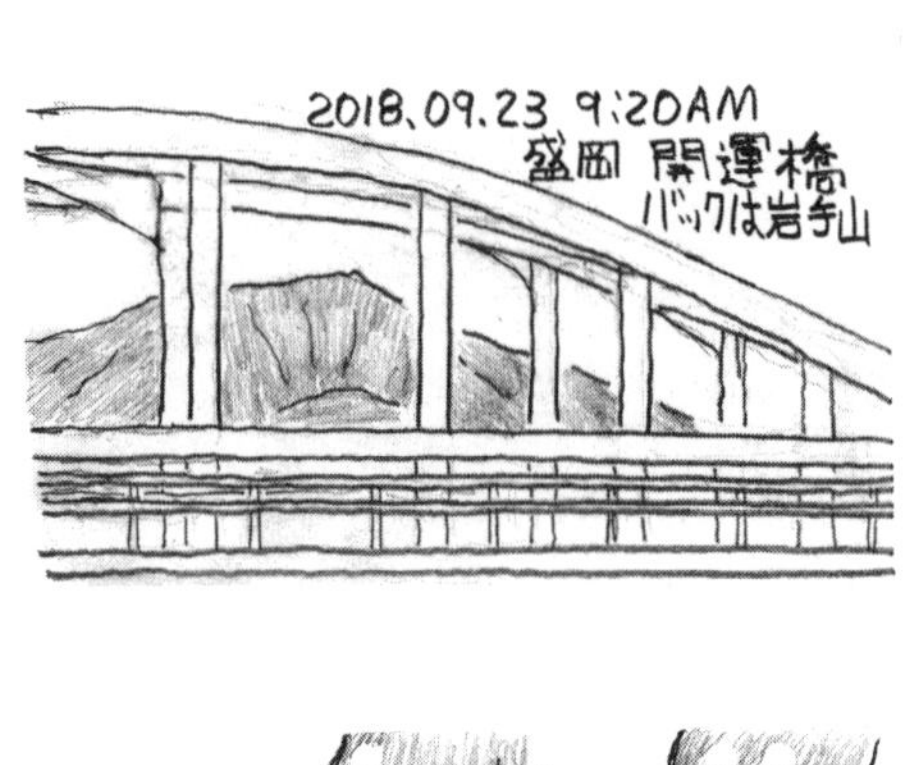

2018.09.23 9:45 盛岡 石割桜
シジュウカラが見送ってくれた。
東北の旅パートⅡの始まりだ。

9月に入り旅を再開。9時にＪＲ盛岡駅を出発。北上川に架かる開運橋を渡る時に見えた岩手山は相変わらず美しい姿をしていた。5月に見た時は雪が残っていたが、今は黒い山肌だ。そして裁判所の前にある石割桜に到着。シジュウカラの鳴き声を背に受けて、第2回目の奥州街道の旅が始まった。

最初に「岩手銀行赤レンガ館」に寄る。明治44年（1911年）に盛岡銀行の本店行舎として落成した赤レンガの重厚な建物だ。パンフレットによると、設計は東京駅や日本銀行本店の設計者として知られる辰野金吾とその教え子で盛岡出身の葛西萬司である。辰野金吾が設計した建物としては東北地方に唯一残る作品とのこと。外観だけでなく内部の吹き抜け空間もすばらしい。「赤レンガの銀行」として親しまれてきたが、平成24年に銀行としての営業を終了し、今は公開施設として生まれ変わったとのことだ。複雑な外観のスケッチに挑戦するも、難しくて結局は描けなかった。この日は「いわて若者文化祭」が行われていて、この建物も会場になり、にぎやかな雰囲気に包まれていた。少し行くと北上川に架かる明治橋を渡るが、ここからの景色はすばらしかった。この日の天気は快晴で、強い日差しの中を神社の木陰に入って

盛岡　徳丹城跡

休みながらゆっくりと歩いた。

盛岡市街地を出て国道4号線を進むと、稲穂が黄金色に輝く世界が広がっていた。前回の旅では田植えを終えた直後に歩いたが、今はその稲が育ち刈り入れの時期を迎えていた。これが昔から繰り返されてきた日本の原風景である。

見前橋を渡り矢巾町に入ると、一面が草地の中に、建物の基礎と思われるコンクリートの円柱が配置された徳丹城跡が見えてきた。矢巾町のホームページによると、平安時代初期の弘仁3年（812年）頃に、時の征夷将軍「文室綿麻呂（ふんやのわたまろ）」によって造られた律令制最後の城柵で、昭和44年に国指定史跡に定められたとのこと。城跡の奥にはリンゴ畑が広がっていた。稲穂と同様にリンゴも収穫時期が近いようで、大きくなった赤い実がたくさんぶら下がっていた。リンゴの木の上には、鷹の形をした凧が風に舞っている。それにしても旅の初日から日差しが強くて猛烈に暑い。そんな中、たった一人でコンバインを運転して稲刈りをしているお百姓さんを目にすると、泣き言など言っていられない気持ちにさせられる。

14時に三枚橋を渡り紫波町に入る。当初の計画では、ここからJR東北本線の古館駅に行き、今日の旅を終える予定だった。しかしコンビニで休憩すると少し元気になり、翌日からの行動を少しでも楽にしようと思い、ひと駅先の紫波中央駅まで歩くことにした。

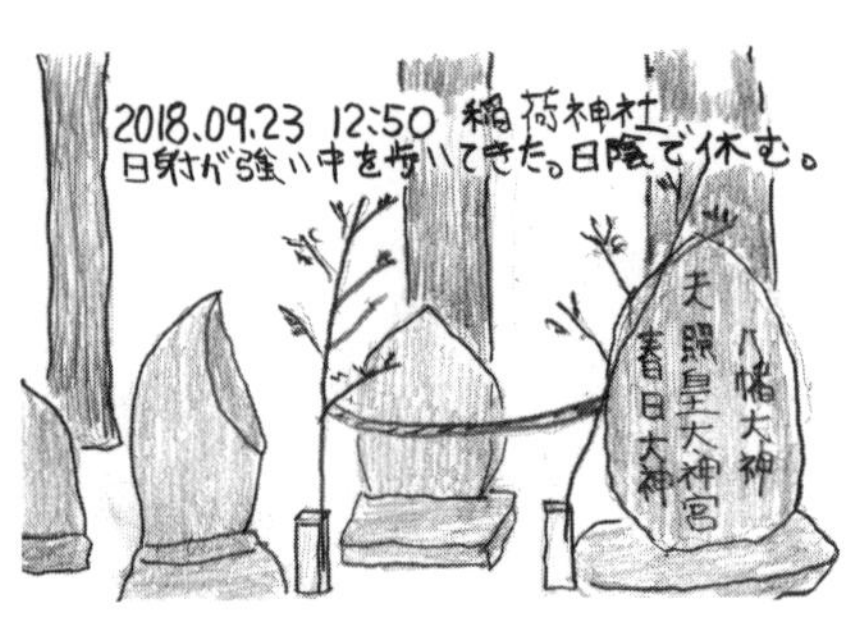

2018.09.23 12:50 稲荷神社
日射が強い中を歩いてきた。日陰で休む。
八幡大神
天照皇大神宮
春日大神

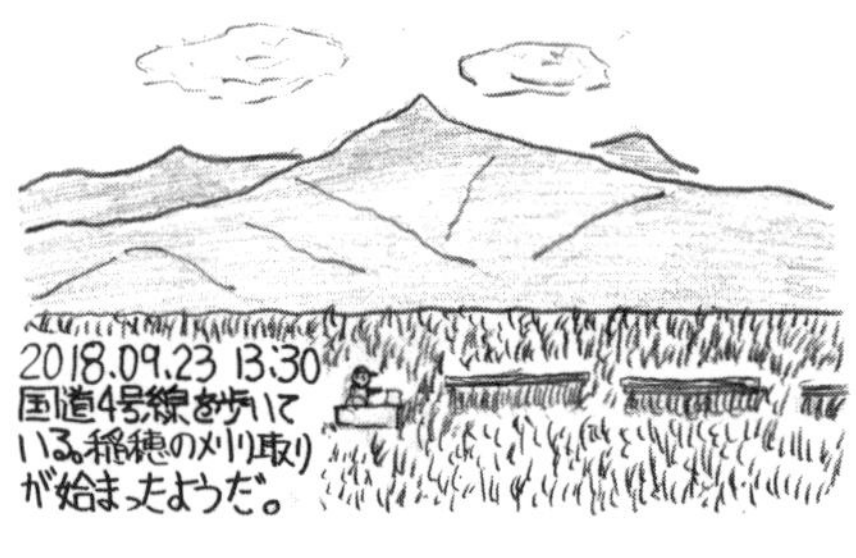

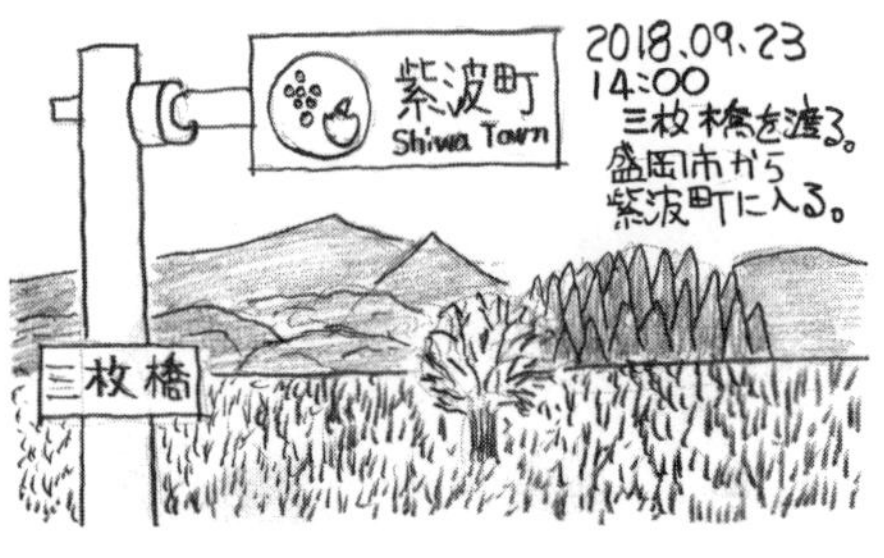

紫波町
Shiwa Town
2018.09.23
14:00
三枚橋を渡る。
盛岡市から
紫波町に入る。
三枚橋

21 日詰郡山宿

目詰郡山　五郎沼の古代蓮と小さなカエル

日詰郡山

２０１８年９月23〜24日

五郎沼に古代蓮があった。花期は終わり、花托は茶色くなっていた。その下を小さな蛙が飛び跳ねる様子が微笑ましい。

2018.09.24 7:30AM
五郎沼のほとりにたたずむ。
遠くに白鳥を1羽発見。
ここは白鳥の飛来地。

2018.09.24 8:00AM 国道4号線を歩いて石鳥谷に
向っている。稲穂の向うに東北本線の列車が通過。

勝源院があるので足を止めた。案内板に「逆ガシワ」があると書かれている。墓地の横を通り案内の矢印に従って行くと、地面を這うように枝が伸びている木があった。本来なら垂直に伸びるはずのカシワの木が根本で4つに分かれている。枝だと思ったのは幹である。横に伸びた後に本能に目覚めたかの様に上に伸びているのが不思議だ。その後、ＪＲ紫波中央駅へ向かい今日の旅を終えた。

この日の宿泊はＪＲ花巻駅近くのホテルなので、電車で移動。花巻駅に着くと釜石方面に向かうＳＬ列車が出発する直前で、駅のホームには大勢の人が集まり写真を撮っていた。私は一人で駅の連絡橋から煙をあげて走り始めた汽車を見下ろしていた。ＪＲ釜石線は「銀河ドリームライン」の愛称があり、宮沢賢治の小説『銀河鉄道の夜』のモデルと言われている。私は特等席から宮沢賢治の世界を眺めていた。

翌日は6時15分に紫波中央駅から旅を再開。歩き出すと直ぐに五郎沼が右手に現れたので立ち寄る。ここは白鳥の飛来地である。冬にならないと白鳥は来ないが、1羽の白鳥が池の端に立っていた。近くに古代蓮の池があるが、花の時期は終わっていて、大きな葉が目立ち花托（かたく）は茶色くなっていた。その下で薄茶色の小さな蛙が飛び跳ねているのが微笑ましい。池の周りを歩いてから国道4号線に出た。今日も黄金色に染まった稲穂を見ながらの旅となりそうだ。

22 石鳥谷宿

石鳥谷　石鳥谷大橋からの北上川

花巻市
Hanamaki City
県道
265
岩手
2018.09.24　8:20AM くもり
県道265号線を歩いて花巻市に入る。

2018.
09.24
9:15
石鳥谷
酒蔵交流館
いい蔵造りの建物だ。

石鳥谷

２０１８年９月24日

石鳥谷宿の街路灯は、素晴らしいデザインだった。「南部杜氏」で有名な所だけに、酒蔵交流館に入れなかったのが残念。

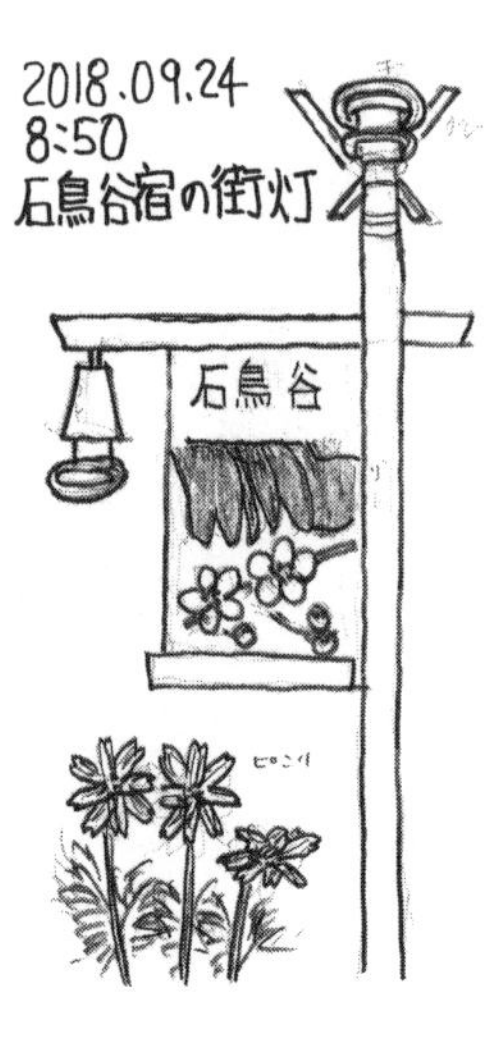

犬渕の交差点で国道4号線から離れて県道265号線に入った。車両の通行が少なくなり、静かな道になったのでほっとして歩き出すと花巻市の標示があった。描かれているのは伝統芸能の鹿踊（ししおどり）である。そして石鳥谷宿（いしどりや）へと入って行く。この通りは街路灯が素晴らしい。2種類の絵柄があり、その内のひとつは花や景色が描かれていた。そして酒蔵交流館に寄る。蔵造りの建物で、扉が閉まっているので開館時間にはまだ早いようだ。石鳥谷と言えば「南部杜氏（とうじ）」で有名である。「杜氏」とは日本酒の製造工程及びその技を受け継ぐ職人集団を言う。街路灯のもうひとつは、この「南部杜氏」をイメージした絵柄のようだ。奥州街道の旅では酒蔵を時折見かけたが、「南部杜氏」が造る日本酒もあったに違いない。

街道から少し離れるが、北上川を見たくなり石鳥谷大橋に行った。北上川はゆったりと流れ、土手道に咲くアザミの周りにはチョウが飛んでいて、私はのんびりした気持ちで眺めていた。時間はまだ午前9時半。私は旅をしていてこの時間帯が一番好きだ。朝から歩き始めて足が慣れてくるのと、まだ時間の経過を気にする必要がないからだ。これが午後になると、旅の終了時刻や目的地までの距離を頭の片隅に置いて行動しなければならない。北上川の流れは、「今日はゆっくりと歩きなさい」と私を諭してくれていた。こんな発想が出来るのもこの時間帯だからこそだ。そして何時の日か機会があれば、酒蔵交流館を見学したい。

23 花巻宿

花巻　花巻城跡

2018.09.24
5:30AM
花巻駅
3番ホーム
今日は旅の2日目。
花巻鹿踊を見ながら電車を待つ。

花巻

2018年9月24〜25日

花巻鹿踊の様に元気に乗り込んだつもりだが、北上川の横にあるベンチで昼寝をしてしまった。そのため、宮沢賢治に関連する施設を見る事が出来なかった。

国道４号線の歩道の横にはきれいな花が咲き、紫色の花にチョウが寄ってくるのを見ながら歩いて行くと「江曽一里塚」があった。奥州街道にはたくさんの一里塚が現存していると改めて思う。11時に花巻空港の北端に到着。ベンチとトイレがあり空港方面が開けて見晴らしがいいので、少し早いが昼食休憩とした。休憩後20分程歩くと空港に隣接する駐車場に出たが、滑走路に向けて飛行機が動いているのがフェンス越しに見えた。飛行機が飛び立つ様子を直ぐ近くから見たので、私の心にも勢いが付いたような気がした。

2018.09.24
10:50
江曽一里塚
花巻宿に向っている。一里塚の前の花壇は色とりどりの花が咲いている。

2018.09.24 12:00 花巻空港
今、飛行機が飛びたった。

瀬川橋を渡り、街道から離れて瀬川のほとりに咲くヒガンバナを見ながら歩いて行くと、やがて瀬川は北

上川に合流した。この辺りは「イギリス海岸」と呼ばれている。地元の方が「イギリス海岸」を説明したパンフレットを配っていたので受け取る。それによると、宮沢賢治が北上川西岸の青白い凝灰質の泥岩が露出しているのを見て、「イギリスあたりの白亜の海岸を歩いているような気がするのでした」と作品に記しているとのこと。宮沢賢治は稗貫（ひえぬき）農学校（現：岩手県立花巻農業高等学校）教諭時代に生徒と一緒にやってきて、水遊びや化石の採取をした場所とのことだ。

北上川のゆったりとした流れを見ていると、少し眠くなってきた。天気がよくて暖かいので、近くのベンチで横になり15分程昼寝。目覚めた時、頭はすっきりしたが体がすっかり冷たくなってしまった。私の行動力も冷え切ってしまったようで、日向に移動してしばらくの間ベンチでじっとして体が温まるのを待つ。昼寝などしないで宮沢賢治に関する施設を見て廻るべきだった。この後、花巻城跡に寄ってから宿泊するホテルへと向かった。

翌日は朝から雨。上下共雨具を着たので少し蒸し暑い。街道筋らしい雰囲気が漂う花巻の商店街を歩いて行く。商店街にはアーケードが架かっているので、雨がかからなくて助かる。

2018.09.24 13:10
花巻
瀬川のほとり。
街道から離れて土手道を歩く。この花の季節だ！

2018.09.25 8:10 花巻 豊沢橋を渡る。
雨の中の出発となった。貨物列車が鉄橋を通る。

花巻　同心屋敷

豊沢川に架かる豊沢橋を渡ると、同心屋敷の案内表示があるので寄ることにした。ここには江戸時代末期に建てられ、移築した民家が2軒あった。外から見ただけだが、茅葺屋根で外壁が黄色いのは土壁がそのまま露出しているからだろう。すっきりまとまった旧家といった感じだ。同心の始まりは「九戸政実の乱」による豊臣秀吉の奥州仕置きで、浅野長政が、城下の治安を守るため配下の一隊を残し、その後この地に住み着いたことに由来する。この近くに「雨ニモマケズ詩碑」があるが、こちらは見逃してしまった。花巻と言えば先ずは宮沢賢治だと思うが、今回の旅では何故か私とは縁が薄かったようだ。家に帰ったら『銀河鉄道の夜』を読もう。

24 黒沢尻宿

黒沢尻　リンゴ畑

2018.09.25 11:10 雨
村崎野駅を通過したところ。ここまでの途中、道に迷い、えらいめにあった。刈り取りの最中だ。

黒沢尻

成田の一里塚はすごかった。その直後に道を間違えたが、リンゴ畑を見ながら歩く旅は楽しかった。

2018年9月25日

雨の中を歩き、円通寺の辺りから車両の通行が少ない旧道に入り黒沢尻宿に向けて進む。成田の一里塚があり、道の両側に両塚があった。その間を通ったので、今歩いている道は間違いなく江戸時代からの街道である。この一里塚は大変立派なもので、日本橋から129里、盛岡までは10里の地点にあり、高さは東側が3・2m、西側が3mである。明治以降に国道が新しく切り替えられたため、この一里塚はそのまま完全な形で残ったとのことだ。中山道から始めた「日本縦断徒歩の旅」で沢山の一里塚を見てきたが、この成田の一里塚が一番すごい。土台となる土の盛り上がりが大きく、そこに生える木は高くて幹が太い。

少し歩くとリンゴ畑があった。リンゴがたくさん実っているのを見て描きたくなった。私は1本のリンゴの木がこれほどたくさんの実をつけることを知り驚いた。そしてこの時、既に街道から外れて間違った道を歩いていたようだ。飯豊川に架かる橋を渡った時、地図に記載のあるバス停がない事に気づいていたが、運行を取り止めたのだろうと勝手に解釈して歩き続けた。その内に段々と寂しい雰囲気になってきたので、周囲を双眼鏡で見渡した。歩く予定の道に面してあるはずの工業団地が遠くに見えたので、正しいと思われる方角に見当をつけて進む。そして黒沢尻工業高校の横に来た時、奥州街道に戻れたことが確認できた。持参した地図の範囲外の場所に行ってしまったので少々危険な状況だった。

JR村崎野駅の横を通る時、ホームにあるトイレを使用したいと駅員さんに申し出ると、快く駅構内に入れてくれた。奥州街道の旅で出会った人達は皆が親切だ。駅を出発して1㎞程歩くと二子一里塚があり、こちらも両塚が現存していた。岩手県内の奥州街道は一里塚の保存状況が非常にいい。黒沢尻宿には正午に到着。そこはJR北上駅付近で北上市の繁華街だった。

25 鬼柳宿

鬼柳　境塚

鬼柳

２０１８年９月25日

南部藩と伊達藩を分ける藩境塚があった。最初に南部藩に踏み入れたのは馬門宿だった。南部藩は大きかった。

2018.09.25 13:00
雨 鬼柳関所跡
ちょうど東北新幹線と秋田新幹線が通過。
鬼柳関所跡

雷神社の庇で辛うじて雨を避けて昼食休憩をした後、和賀川に架かる九年大橋を渡り鬼柳宿に向けて歩き出す。ＪＲ東北本線と新幹線の高架を潜ると鬼柳宿に到着。最初に目を留めたのは「南部藩鬼柳関所跡」である。案内板によるとここは鬼柳御番所と言われ、江戸方面への関門として藩内のいくつかの御番所のうち最も重きをなした。関所には二人の役人の他、同心、足軽が常駐していた。南部藩は奥州街道を重要視していたようだ。案内板を読み終えてベンチで休んでいると、緑色を基調とした東北新幹線と赤色を基調とした秋田新幹線を連結した車両が通り過ぎて行った。盛岡を通り過ぎた場所にいると意識するのは、この様な何気ない光景を目にする時である。

関所跡から少し歩くと「境塚」があった。これは南部藩と伊達藩との境界を示している。案内板によると、領地を接する南部氏と伊達氏との間で境界争いがたびたび起きた。両藩は江戸幕府に訴え、裁定を仰ぐことになった。寛永18年（１６４１年）幕府老中職立ち合いで絵図面の上に点を打ち、藩境を確定させた。この説明板の位置は当時の藩境にあたり、藩境の北側は南部藩、南側には伊達藩の番所がそれぞれ置かれていたとのこと。南部藩が鬼柳御番所を重要視した理由に納得。伊達藩を警戒していたのだ。前回の旅で馬門宿を通った時に、陸奥湾に面して津軽藩と南部藩の境塚を見た。あれから通過した宿場の数は鬼柳宿を含めて18にのぼる。私はようやく南部藩を縦断したことになる。南部藩は10万石（幕末に領地はそのままで20万石に格上げされた）だが、これから歩き始める伊達藩は62万石の大藩である。伊達藩を歩き終えるのに何日かかるのだろうか。鬼柳宿はあまり街道筋の雰囲気は感じられないが、この境塚と関所跡が一致協力して奥州街道を盛り上げている感じだ。なかなか止まない雨の中を、次の金ケ崎宿へと歩いて行った。

26 金ケ崎宿

金駒

金ケ崎　金ケ崎神社

2018.09.25　15:25　もうすぐ金ケ崎宿
雨があがった。

2018.09.26
8:30AM
金ケ崎宿
旧坂本家侍
住宅。
今日の旅の
始まり。

金ケ崎

２０１８年９月25〜26日

「金ケ崎町城内諏訪小路重要伝統的建造物群保存地区」を、パンフレットを見ながら巡る旅は楽しく、大変勉強になった。

2018.09.26
9:15AM 晴れ
金ケ崎城跡から北上川を見る。

JR六原駅を過ぎて東北本線の踏切を横断すると、車の往来が少ない静かな道に出た。少し行くと奥州街道の案内標示を見つけたので安心して歩き出す。雨は15時半頃に止んで、稲穂の奥にそびえる山々は雲の上に浮かんでいた。16時に金ケ崎駅に到着。この日に宿泊する旅館のある水沢駅へ電車で移動した。

翌日は8時に金ケ崎駅に戻り、駅で「藩境の緑ゆたかな要害ガイドマップ」を入手。これを見ながら「伝統的建造物群保存地区」に向かい、最初に寄ったのは「旧坂本家侍住宅」。茅葺屋根に黄色い土壁の建物だ。まだ開館前なので近くの金ケ崎神社に行く。前九年合戦の際、源頼義が諏訪の大神に戦勝祈願をし、勝利したため勧請（かんじょう）したとのこと。本殿は寛保元年（1741年）に造られた。高い木々に囲まれて薄暗い感じがする本殿の前をリスが走って横切った。周りにドングリがたくさん落ちているので、リスには暮らしやすそうな場所だ。

金ケ崎城跡へと向かう。パンフレットによると、「城は北上川、宿内川沿いに自然の谷を利用して二の丸、蔵館、本丸、東館、観音館、大庭の六つの郭がありました。江戸時代、城に変わって金ケ崎要害が置かれました。北上川の浸食が激しく蔵館は消失、大庭を除いた他の郭も一部欠損し、当主であった大町氏は二の丸で治世にあたったといわれています」とのこと。想定外の浸食だったのだろうが、事前の調査と計画が甘かったと言わざるを得ない。ここから眺める北上川と背後の山々の景色はすばらしかった。次に寄ったのは

金ケ崎　旧大沼家侍住宅

「白糸まちなみ交流館」。中に入って畳の座敷が続く天井の高い部屋を見学した。

「金ケ崎要害歴史館」に寄る。パンフレットによると「要害」とは「城」に準ずる軍事的支配拠点で、一国一城令により「金ケ崎城」は名称を「金ケ崎館」と変え、幕府は要害として城に準ずる取り締まりをしたとのこと。金ケ崎要害は「仙台藩21要害」の一つで、仙台藩の北端を守る防御の要だった。南部藩を警戒監視していたのだろう。歴史館を後に、「旧大沼家侍住宅」に寄るが、黄色い土壁に茶色の柱や梁が露出している外観がよかった。土壁の表面は漆喰で仕上げるのが普通だと思っていたが、それは贅沢な仕様であることを知る。「大沼家先祖書留」には文化14年（１８１7年）に古家を拝領したとの記述があるとのこと。私は大学の専攻が建築工学なので、この武家屋敷群の見学は大変勉強になった。

27 水沢宿

水沢　青木旅館の猫「ココ」

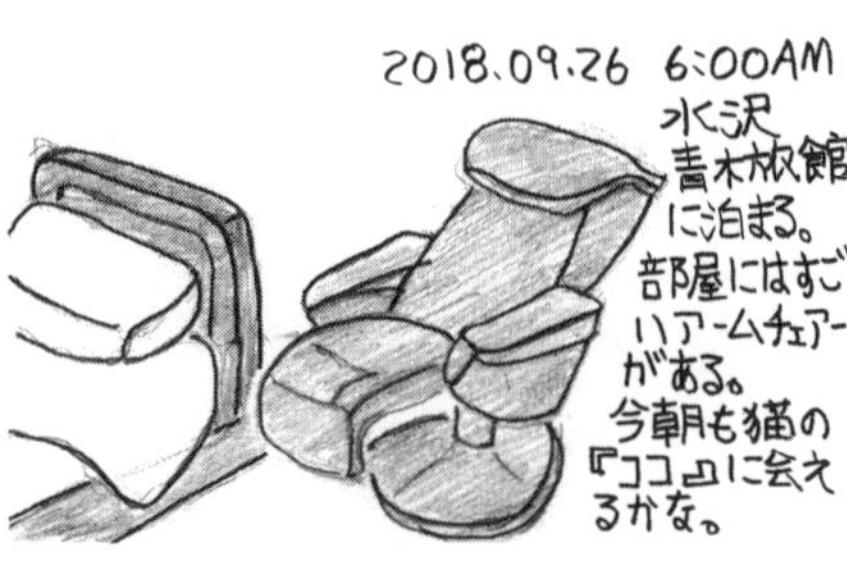
2018.09.26 6:00AM
水沢
青木旅館
に泊まる。
部屋にはすご
いアームチェアー
がある。
今朝も猫の
『ココ』に会え
るかな。

水沢

2018年9月25〜26日

青木旅館の猫「ココ」と遊び、旅の疲れが癒された。そして刈り取り後の稲の干し方について考えながら歩いた。

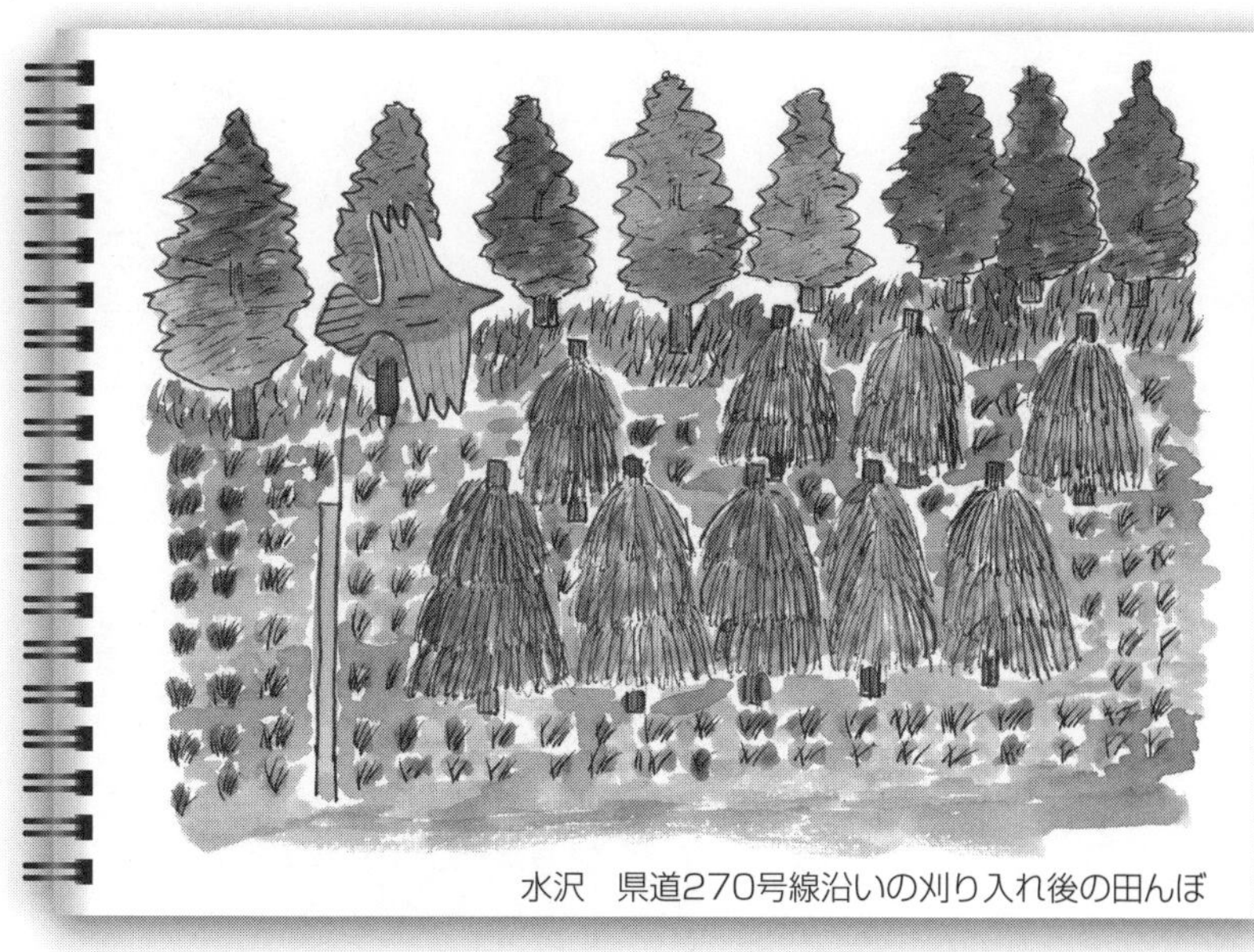
水沢　県道270号線沿いの刈り入れ後の田んぼ

ＪＲ金ケ崎駅から水沢駅まで電車で移動して、駅の近くの青木旅館に宿泊した。この旅館についで少し触れておきたい。ここに飼われていた猫がかわいかった。名前は「ココ」だったと記憶している。16歳とのことだがすこぶる元気である。灰色の毛並みにこげ茶色の線が入っているのが特徴だ。洗濯を終えて乾燥をセットしてから部屋に戻ろうとしたら、廊下の椅子に「ココ」が座っていたので、撫でながら乾燥の終了を待つことにした。そして朝食の時は足にまとわりついて、実に楽しい時間を過ごした。私は家で猫を飼っていたことがあり、猫を見ると条件反射のように、ついかまいたくなってしまう。「ココ」は宿を出発する時もドアの隙間から鳴き声を出して見送ってくれた。そして水沢駅から金ケ崎駅まで電車で戻り、旅を再開した。

金ケ崎町の「伝統的建造物群保存地区」を出発

2018.09.26 12:50
水沢宿を後に前沢宿へ向かう。
道端の花を見て一休み。
2018.09.26.13:15
国道4号線の道端
秋成振興会
一里塚花壇

し、県道270号線を歩き出す。道の両側に刈り入れを終えた稲穂が干してある。その上に鷹の形をした凧が舞っていた。稲束の干し方だが、横に木を流して束ねた稲束をまたがせるように置く地域もあるが、この辺りでは木を垂直に立て、重ねるように括り付けてある。干し方にも地域差があると考えながら歩いていると水沢宿に到着。ここは奥州市の中心部なので都会である。近くには「後藤新平記念館」、「高野長英記念館」があるが、時間がないので見学は諦めた。

水沢駅を過ぎて宿泊した「青木旅館」の前を通り、県道226号線を歩いて行くと、道路の端々に花壇があり、運営管理している会の名前が表示されていた。その中で「一里塚花壇」と書かれているのは、明らかに奥州街道を意識したネーミングである。この様に季節に合わせた花々が植えられた花壇は見た目が美しい。「一里塚花壇」にはオレンジ色の花を基調にして色とりどりの花が配置されていた。街道歩きでは、疲れた時や単調な車道歩きに飽きた時など、花々に癒されることが多い。花壇の後ろを東北本線の貨物列車が通過するのを見ながら休憩した。

28 前沢宿

前沢　牛の絵柄の街路灯

2018.09.26 14:30
さすがに前沢。ガードレールに牛の絵の
プレートが付いている。

前沢

前沢宿では、道路面やガードレール、街路灯に牛の絵柄が描かれていた。前沢牛に対する強いこだわりと誇りを感じた。

2018年9月26日

2018.09.26
15:15
道路にも牛
のプレート
あり。
この前沢で
は他にもたく
さんの牛のプレートを
見かけた。

水沢宿を出ると車道の両側に田んぼが広がり、時々ヒガンバナを見かける。私はこの時期に田んぼで見かけるヒガンバナのある景色が好きだ。黄金色に輝く稲穂だけでも十分に美しいが、草に覆われた緑色の畦道に咲く赤いヒガンバナが加わった景色は最高だ。

奥州市前沢と言えば前沢牛で名高い。前沢宿に近づくにつれ、牛の絵のプレートがガードレールに付いている事に気が付く。さらに牛の絵柄の街路灯が現れ、足元を見るとU字溝の蓋にも牛が描かれている。市街地の中心部に近づくと歩道の幅が広くなってきたが、その路面に牛のプレートが埋め込まれていて、徹底した牛へのこだわりと誇りが感じられた。前沢宿は大きな旧家や趣のある店舗があり街道筋らしい雰囲気のする宿場町だが、前沢牛に圧倒された感じで、これらの建物を描く気分になれなかった。私は伝統的街並みにこだわる「本格派の街道歩きの達人」ではなく、宿場町の特徴を探しながら歩く「ゆるい街道歩きの旅人」である。結局、前沢宿に入ってからは前沢牛に関連する物しか描かなかった。地図には街道から600m程離れた所に「牛の博物館」との記載があるが、時間がないので寄ることは出来ない。せっかく前沢宿にいて一番の特徴を前沢牛と見定めながら、徹底して見極めることをしない中途半端な旅をしているような気もする。「街道に面した場所に博物館があったら寄った」と言い訳をして前沢宿を後にした。

平泉

平泉　稲穂とコスモス

2018.09.27 平泉 衣川荘の部屋より
6:00AM 雨

平泉

２０１８年９月26～27日

冷たい雨が降る中を歩く。中尊寺では金色堂が輝き、毛越寺では萩の花からしたたる水滴が美しかった。

この日の宿泊は国民宿舎「衣川荘」で17時に到着。汗を流したくて先ずは風呂に入る。その後夕食となるが、しゃぶしゃぶを食べながらスケッチの仕上げをしたので少々慌ただしかった。

翌日は5時20分に起床。天気は雨。テレビのニュースで、台風が発生して日本列島を縦断するコースが予測されると報じていた。今回の旅のどこかで台風に遭遇することを覚悟する。8時半に「衣川荘」を出発。稲穂とコスモスを見ながら歩くが雨は益々強くなり、中尊寺へ続く坂道に来た時には雨が路面を流れ落ちていた。

私が中尊寺を訪れたのは約25年前で、当時の出来事を思い出す。金色堂への途中には弁慶堂、地蔵堂、薬師堂などがあり、各々の御堂にお参りをしながら進み、手を合わせている時にふと横を見ると、作家の立松和平氏が隣で手を合わせておられた。立松和平氏も私と同じペースで参拝されていたが、お賽銭を入れたり、入れないで手を合わせるだけだったり、自由に行動されていた。そして私もこの時以来、寺社に寄った時は拝む気持ちが大切だと思うようになり、お賽銭に関しては自由に振る舞うようになった。

金色堂は天治元年（1124年）の造立で、現存する唯一の創建遺構である。堂全体を金箔で覆い、皆金色の極楽浄土を現生に表している。中央の須弥壇の内に初代清衡公、向かって左の壇に二代基衡公、右の壇に三代秀衡公のご遺体と四代泰衡公の首級が納められている。金色堂の横に芭蕉翁句碑があった。松尾芭蕉

平泉　毛越寺　本堂の横に咲く萩の花

は金色堂を訪れた時、「五月雨の 降り残してや 光堂」を詠んでいる。今は9月なので、芭蕉がこの時期に訪れたら「秋雨の……」で始まる句を詠んだのだろうか。奥州街道の旅ではこれ以降、松尾芭蕉に関わる石碑によく出会うようになる。

中尊寺の次は毛越寺だ。その間は2㎞程離れているが、途中で見た平泉の街は、白壁の民家が多々見受けられて、昔の街道筋らしい雰囲気を醸し出していた。毛越寺に着いた頃は雨が益々強くなってきて、本堂の庇の下で雨を避けながら直ぐ横に咲いている萩を眺めていた。小粒なピンク色の花からしたたる雨のしずくがきれいだった。

再び25年前に話を戻すと、私がこの本堂に参拝していた時にも、立松和平氏が隣で手を合わせていた。中尊寺に続きあまりの偶然に驚いたことは懐かしい思い出である。

29 山目宿

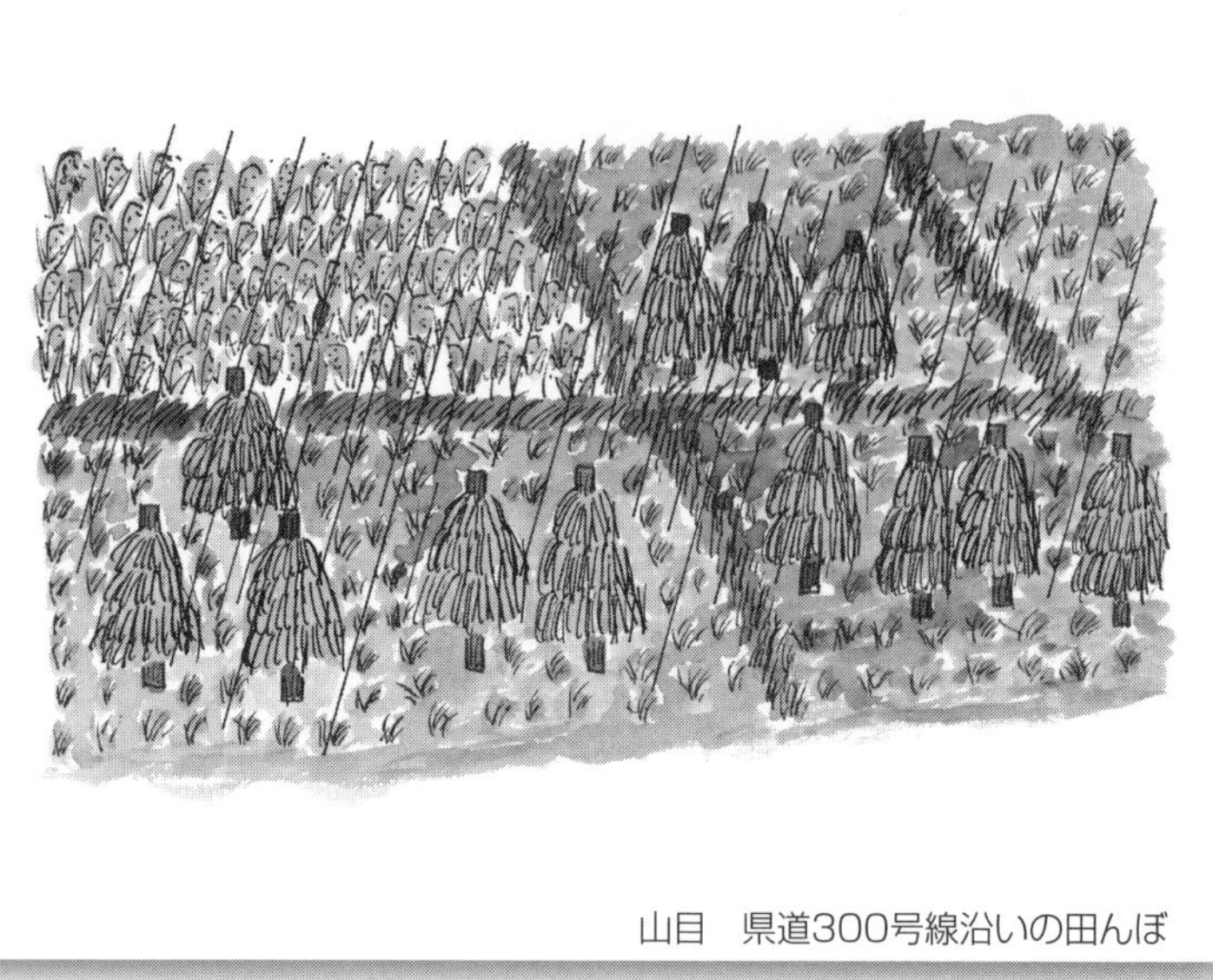

山目　県道300号線沿いの田んぼ

2018.09.27.12:40
雷神社
小さな御堂の前で雨宿り。寒くてきびしい日になった。歩く旅人のつらいところだ。

2018.09.27 13:10 山目宿への道は街道筋らしい感じがする。

山目

雨が強くて寒い日だった。道の両側に刈り入れ前と刈り入れ後の稲穂が雨に打たれていた。私はひたすら歩き続けた。

２０１８年９月27日

29　山目宿

毛越寺の近くにあるうどん屋に入り御主人と話をすると、昨日までは冷房を入れていたとのこと。体が冷え切っていたので、温かいうどんを食べて少し元気になった。普通なら雨具を着て歩いていると暑く感じるのだが、この日に限っては寒い。さらに薄手のジャンパーを雨具の下に着ることにした。冷たい雨の中を歩くのはつらいが、これも歩く旅の宿命である。

県道300号線を歩き出したが雨は益々強くなり、耐えかねて八坂神社で雨宿りをする。隣にある雷神社の御堂を見ながら過ごすが、雨は止みそうにないので出発。道の両側は田んぼが広がっている。盛岡宿から始めた今回の旅では、常に田んぼを見ながら歩いてきた。岩手県のこの辺りは米の一大生産地なのだろう。そして、歩いている道路から少し離れたところに大きな旧家があった。それらの民家が点在する道が旧道なのかも知れない。しかし、この雨の中を見に行く気力が湧いてこない。せめて集落の遠景だけでも描きたいが、とてもじゃないが出来ない。それくらい雨が強いのだ。やむを得ないのでJR山ノ目駅を目差して歩き続けた。駅には14時に到着。無人駅だが茶色い板の腰壁に囲まれたきれいな駅舎である。雨で寒い中、傘を持ちながら歩き続けたので、腕の筋肉はカチカチに凝り固まり体全体がこわばっていた。駅の椅子に腰かけて腕を回す。私の他には誰もいないので、立ち上がり体をほぐす体操をして体を温めた。

30 一関宿

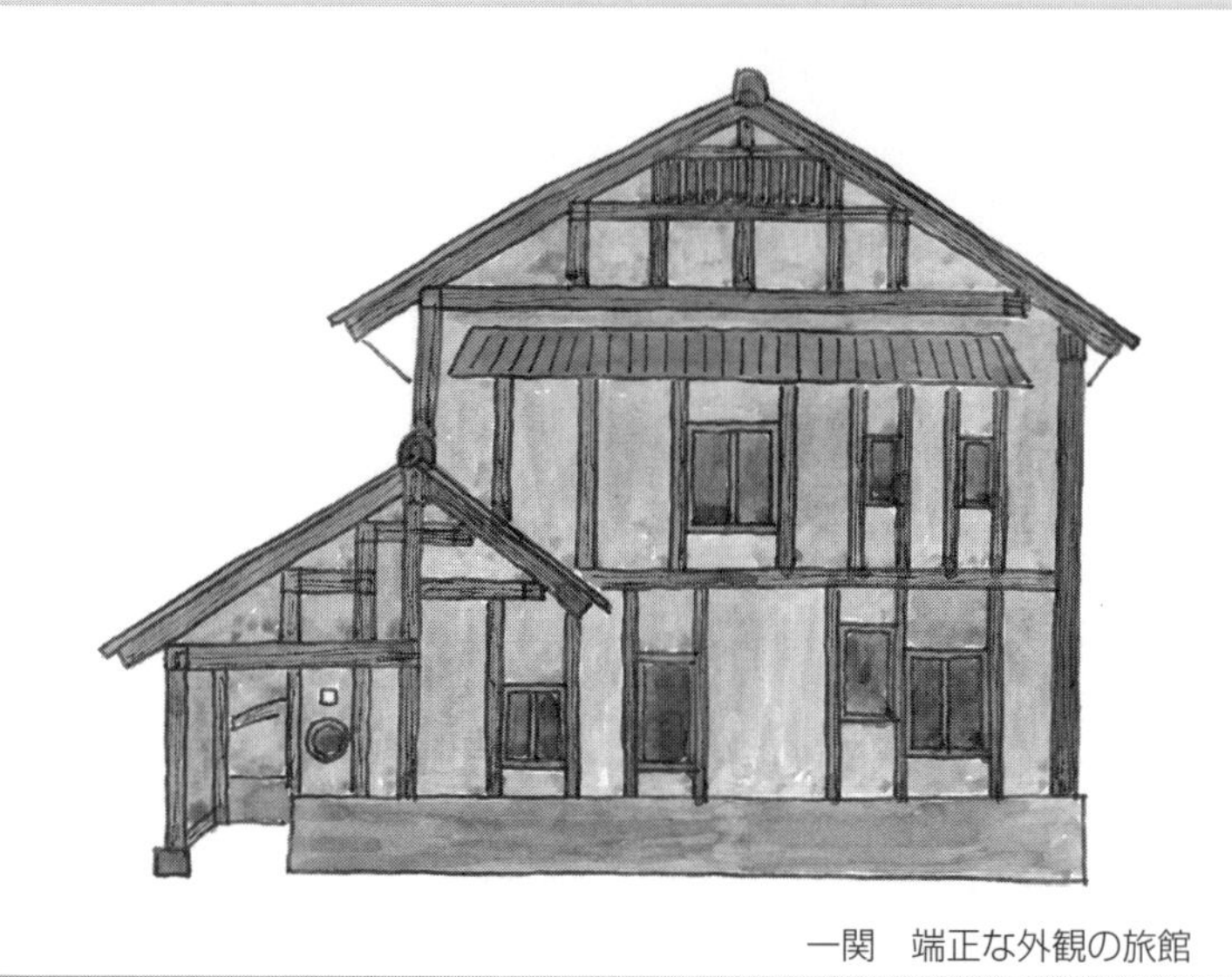

一関　端正な外観の旅館

一関

二夜庵跡碑が印象に残る。「夏草や 兵どもが 夢の跡」、「五月雨の 降り残してや 光堂」、「卯の花に 兼房見ゆる 白毛かな」

２０１８年9月27～28日

宮城県
Miyagi Pre
4
栗原市
Kurihara City
岩手県
Iwate Pre
一関市
2018.09.28 9:30
岩手県に別れを告げて宮城県に入る。
振り返ると岩手県一関市の案内表示があった。岩手県は大きかった。

30　一関宿

漂泊の詩人 松尾芭蕉
二夜庵跡
夏草や 兵どもが 夢の跡　芭蕉

一関　二夜庵跡碑

雨は磐井川に架かる磐井橋を渡る頃に小降りになってきた。磐井川は栗駒山を源とし、北上川に合流する川である。橋の手前に端正な外観をした木造の旅館があったのでスケッチをする。山目宿（やまのめ）を歩いている時に、大きな旧家を見ても描けなかったので、何かを描きたい気持ちが溜まっていた。黄色の外壁と露出した茶色い構造材の間に窓が配置された建物としばらくの間向き合った。そして磐井橋を渡り一関市街地へと進む。

松尾芭蕉の二夜庵跡碑があった。松尾芭蕉が磐井橋の近くで2泊したことから「二夜庵」と呼ばれている。碑は芭蕉らしき人物が座り、遠い昔を思い浮かべるように、馬に乗り鎧と兜を身に着けた武士を眺め、その横に笠と蓑がある構図で描かれている。その左横に俳句が3句書かれていた。

「夏草や 兵どもが 夢の跡」 ……芭蕉
「五月雨の 降り残してや 光堂」 ……芭蕉
「卯の花に 兼房見ゆる 白毛かな」 ……曾良

確かに芭蕉と曾良の俳句は簡素で格調高く、かなり推敲してつくられていると思う。そして「おくのほそ道」の冒頭「月日は百代の過客にして、行きかふ年もまた旅人なり。」を思い出す。時は永遠に旅人であり、人生は旅であると解釈できるが、句碑には「漂泊の詩人松尾芭蕉」と書いてあり、芭蕉を簡潔に説明しているこの碑を感心して見入っていた。私は秋雨の中を黄金色の稲穂を見ながら歩いてきたので、「秋雨や 稲穂輝く……」で句を作ろうとしたが、「寒いから早く宿に行って風呂に入って温まろう」などの雑念ばかりが頭をよぎり、それ以降の句が出てこない。もっとも、俳聖に対抗して俳句を作ろうと考えること自体あまりに失礼である。それに「夏草や……」と「五月雨の……」を見た後で、「秋雨や……」では単なるパクリではないか。午前中、平泉の金色堂の横で芭蕉翁句碑を見た時に「秋雨の……」で始まる句を考えたこともあり、芭蕉の名句に感動するのはいいが、自分から言葉を創造することが全く出来ない私であった。

この日の宿泊は一関の「蔵ホテル」。雨で衣服が濡れたので先ずは洗濯をする。その後、いつもなら最初にスケッチを仕上げて、感想をまとめてから風呂に入るのだが、体が冷え切っていたのでホテルの大浴場に行くことにした。それから部屋に戻りスケッチを仕上げたが、その間に湯冷めをしたのか体が冷たくなってしまったので、再び大浴場へ行き体を温めた。

翌日は5時50分に起床。天気は晴れ。テレビのニュースで大型の台風が日本列島に接近している旨を伝え

一関　願成寺

ていた。今回の旅の最中に必ずどこかで遭遇するが、これも旅の巡り合わせであり受け入れるしかない。

7時50分にホテルを出発。最初に寄ったのは願成寺。一般に人は寺を訪れた時、本堂や山門に目が行くが、私の注目は山門の柱に取り付けた獅子だった。ユーモラスな表情をして空中を飛んでいるのを楽しんでいるような姿だ。まだ新しい建築物なので普段の私なら関心を持たないが、丸い目と愛嬌のある表情がおもしろいのでスケッチをした。

県道260号線を歩き、国道4号線に合流して少し行くと、岩手県と宮城県の県境を示す表示があった。岩手県一関市から宮城県の栗原市に入る。前回の旅で青森県との県境にある青岩橋を渡ってから延べ9日間歩いて岩手県を通過した。

31 有壁宿

有壁　本陣

2018.09.28 10:50 有壁宿
奥州 街道の 雰囲気が十分に 味わえた。

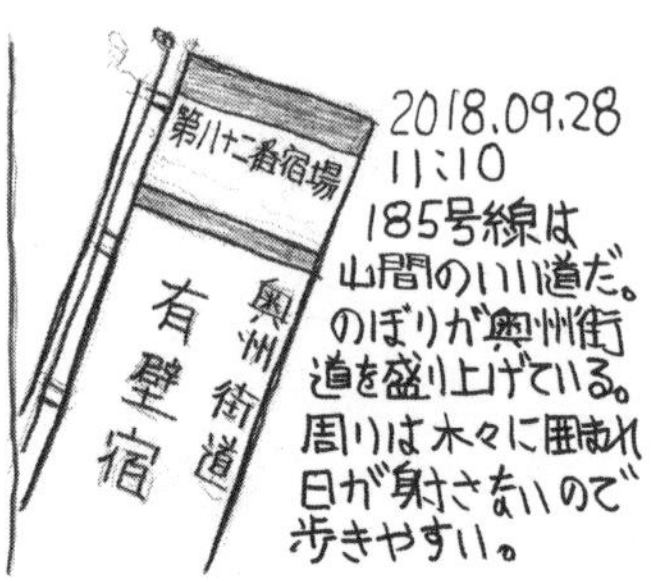

第八十二番宿場
奥州街道
有壁宿
2018.09.28
11:10
185号線は
山間のいい道だ。
のぼりが奥州街
道を盛り上げている。
周りは木々に囲まれ
日が射さないので
歩きやすい。

有壁

２０１８年９月28日

有壁宿本陣の建物はすごかった。ここでは、奥州街道を街の財産として捉えているのがよく伝わってきた。

私は何の予備知識を持たないで有壁宿に入ったが、この宿場町はよかった。何と言っても、江戸時代から維持されている本陣があるのだ。宮城県ホームページによると、有壁宿は佐藤家が代々この宿場の本陣と町の検断を勤めていた。同家所蔵文書によると、延享元年（１７４４年）本町が全焼したので、旧位置から現在の場所に移し、数回の屋根葺替えを行っている。参勤交代の奥州諸大名や幕府、仙台藩の巡見使などが休息宿泊に利用したとのこと。御成門が構えられていて国の史跡に指定されている。内部の見学が出来ないので外から眺めるだけだが、敷地内には土蔵などたくさんの建物がある。これまでの街道歩き旅で、東海道・中山道の草津宿本陣、西国街道の郡山宿本陣、山陽道の矢掛宿本陣などは江戸時代からの雰囲気をよく伝えていた。しかし有壁宿本陣も貫禄では負けていない。奥州街道にもこのようなすごい建物が残されていることを知り、これからの楽しみが増してきた。古い店舗や旧家もいいが、やはり宿場の中心は本陣だ。この有壁宿は日本橋から82番目の宿場である。まだ81もの宿場が残っているが、これ以上の建物に巡り合うことは二度とないだろうと思った。それくらいこの本陣はすごかった。

本陣から少し歩くと、「萩野酒造」があった。レンガの煙突があり、屋根が赤を中心に統一されている建物群が素敵だ。造っている酒は「萩の鶴」、「日輪田」である。道路の反対側から建物をスケッチしていると、敷地の中を通る人は私に頭を下げてくれて礼儀正しい。酒好きの私にはせっかくのご縁だ。何時の日か飲む機会を設けなければいけない。それにしても、私は酒蔵を見ると必ず立ち止まりスケッチをしている。酒蔵には、地域の歴史や文化が凝縮されているような感じがする。そして、煙突は街のシンボルになっていることが多い。

有壁　萩野酒造

さて歩き出さなければならない。ＪＲ東北本線を横切り、直ぐ右側にある有壁駅を見て、県道１８５号有壁若柳線を上って行くと「奥州街道有壁宿南柵」と書かれた遺構があった。この辺りも昔は街道だったと思わせる雰囲気が漂う。さらに進むと「奥州街道有壁宿」と書かれたのぼり旗があり、「第八十二番宿場」と書かれていた。のぼり旗が風に揺れている中を、私は江戸の日本橋方面へ向けて歩いて行く。まるで有壁宿全体が旗を振って私の旅を応援してくれているかのようだ。県道１８５号線は林の中を通り、やがて田んぼに囲まれた道となり国道４号線に合流した。

32 金成宿

金成　新町集会所の庇の下で雨宿り

2018.09.28 13:15 金成
日枝神社
かなりかわった
狛犬だ。
これを描い
ている時に
犬のフンを
踏んで
しまった。
天気雨に
あったことと
いい、
金成宿
とは
相性が
悪いの
かな。

金成

日枝神社で犬のフンを踏んでしまった。このことが頭から離れず、金成歴史民俗資料館を通り過ぎたのは大失敗だった。

２０１８年9月28日

日差しが強くて暑い中、国道4号線を歩き金成(かんなり)温泉に来ると、国道の下を潜る地下通路があった。陽が当たらず地下通路から冷たい風が通り抜けて心地よいので、階段に座り昼食のおにぎりを食べる。再び歩き始めた頃から青空は見えているが時折雨が落ちてきた。しかし暑いので雨具を着る訳にはいかない。そんな状況で金成宿へ入った頃、雨が強くなってきたので新町集会所の庇の下で雨宿りをした。

街道歩きの旅をしている私だが、相性の悪い宿場があるようだ。この金成宿が正にそんな感じだった。天気雨に降られたこともそうだが、日枝神社に寄った時のことだ。かなり形のくずれた狛犬に興味を抱き、傘をさして草地に入りスケッチをしていたら、犬のフンを踏んでしまった。周りを見渡すと他にも放置されたフンが見受けられる。履いている靴は今回の旅でおろしたばかりの新品だった。私は「これで運が付いた」などと笑い飛ばす度量を持ち合わせていない。飼い主のマナーの悪さが腹立たしい。フンを落とそうと、雨で出来た水溜まりで靴底をこすったりしながら歩いたので注意が散漫になり、訪れる予定だった金成歴史民俗資料館への分岐を通り過ぎてしまった。この施設は明治20年（1887年）に建てられた旧金成小学校の校舎だったのを、今は資料館として公開していて、是非見学したかった建物だった。フンが付いた靴で施設に入る訳にいかないと思い、引き返すのは止めた。後で考えると、この時の私はかなり冷静さを失くしていたようだ。建物の外観だけでも見るべきだったと思う。少し残念な気持ちを抱いて金成の商店街を通り過ぎた。

33 沢辺宿

沢辺　三迫川のほとりから見た栗駒山

沢辺

２０１８年９月28日

三迫川のほとりから栗駒山が見えた。そして橋の手摺には『奥道中歌』で沢辺宿を唄った蛍が描かれていた。

奥道中歌

「……あれ宮野　沢辺の蛍草むらに　鳴く鈴虫の声は金成　うわさする人にくせ有壁に耳　口をあけたて一関なり……」

沢辺　橋の手摺の土台にあるホタルの絵

三迫川を渡り沢辺宿に到着。三迫川に架かる橋の手摺の土台に蛍が描かれたプレートがはめ込まれていた。緑色の草の上で、黒色の蛍がお尻から黄色の光を出している様子が表現されている。宮城県のホームページによると、沢辺は古くから蛍の名所とされ、『奥道中歌』（文政2年　1819年）に「……あれ宮野 沢辺の蛍草むらに 鳴く鈴虫の声は金成……」と唄われた。一時期水質汚染と取水停止によって蛍はほとんど見られなくなったが、昭和63年度から農業用水と蛍発生水路を分離する改修事業を行った結果、ゲンジボタルが戻り始めた。『奥道中歌』とは、奥州街道の仙台以北の宿場を歌にして紹介したものである。

遠くに見える大きな山は栗駒山だろう。紅葉の美しさで知られている。何時の日か登りたい山だ。

34 宮野宿

宮野　古代米の田んぼ

2018.09.28 15:10 両側に田んぼが広がる道を歩いている。道には小さなバッタがたくさん出てきてはねている。

2018.09.28 15:30
国道4号線の歩道を歩いているとヘビが頭を持ち上げているのでおどろいた。

私を見ても逃げないで威嚇している。明らかにマムシである。

宮野

2018年9月28～29日

国道4号線の草に覆われた歩道を歩いていると、マムシが頭を持ち上げて私を威嚇していた。驚いたが靴音で追い払った。

沢辺宿を出てから国道4号線を歩き、熊川を渡る手前で国道から離れて川の上流側へ進み、国道と並行するように歩く。そして「古代米の田んぼ」と書かれた看板を見かけた。まだ刈り入れ前だが、どれが古代米なのか分からない。田んぼアートかと思ったが、周囲に高い場所がないので確認できなかった。

熊川を離れて、遠くに栗駒山を見て両側に田んぼが広がる道を歩くが、出土文化財管理センター付近の分岐で道を間違えたらしく、再び国道4号線に出てしまった。やむを得ず国道を歩いたが、草が歩道を覆っている所に足を踏み入れた時、体長40㎝くらいのヘビがいるではないか。普通ヘビは人が近づくと逃げるものだが、このヘビは頭を持ち上げて私を威嚇している。明らかにマムシだ。私が靴で地面を踏んで何度も音を出すと逃げていったが少し怖かった。歩いている歩道は道端から草がはみ出ている個所が多く、その度に車道を歩きながら宿泊先の宮野宿のホテルへ向かった。

2018.09.29 5:30AM 宮野宿のホテルの部屋より。日の出を観る。台風24号が心配だ。

翌朝はホテルの部屋から日の出を見た。テレビの天気予報で、台風24号が接近しており、今日は午後から雨と報じている。台風は宮城県を通過するようだ。

ホテルを出発して直ぐに宮野宿へ行く旧道があったが、うっかり通り過ぎてしまった。そのため宮野宿中心部の様子は分からない。私は街道を忠実に歩くことに必ずしも執着しないので、戻って歩き直すことはあまりしない。街道から外れた道でも、印象に残る出来事に巡り合うことが多々ある。昨日マムシに出会ったように。

35 築館宿

築館　双林寺　瑠璃殿

2018.09.29
8:40 くもり
築館宿に
入る。
さっそくすごい
家が現わ
れた。

築館

双林寺で見た「薬師堂の姥杉」は力強かった。懸命に生きようとする姿に、パワーをもらった気がした。

２０１８年９月29日

2018
09.29
9:30
双林寺
薬師堂
の姥杉。
すごいな。

宮野宿と築館（つきだて）宿との間は2km程と短い。築館宿に入ると旧家を見かけるようになった。そして坂道を上って行くと双林寺があった。栗原市のホームページによると、『双林寺境内にある薬師堂は瑠璃殿と呼ばれ、市民から「お薬師様」、「杉薬師様」と親しまれてきました。天平宝字4年（760年）に孝謙天皇の勅命で開創され、天台宗の伽藍48坊を構える医王山興福寺といわれていました。その後、度重なる火災で一堂のみを残すだけになりましたが、天正19年（1591年）に再建されて「双林寺」と改称、宗派も曹洞宗になりました。現在の建物は蛙股造り方八間の堂で、釘を1本も使わず、くさびでしめている寛政初年（1791～1798年）の建築とみられています。』とのこと。蛙股とは梁や桁の横木に設置し、荷重を分散して支えるために下側が広くなっている部材のことで、その形が蛙の股のように見えることから呼ばれるようになった。瑠璃殿の柱や床、壁に使われている木は、長い年月を風雪に耐えてきたらしく、薄茶色で乾いた感じがしていた。今後さらに年月を重ねると、陽に焼かれてこげ茶色に変色していくのだろう。

境内には「薬師堂の姥杉」がある。大きな杉で、樹齢は1200年を超えると言われている。昭和44年に落雷に遭い、平成6年には火災に遭って一時は樹勢が衰えたが、樹木回復事業により徐々に回復しているとのことだ。どんなにひどい目に遭っても、一所懸命に生きる事の大切さを教えられた。

36 高清水宿

高清水　善光寺

高清水

2018年9月29日

力石へ行く道は、昨日の雨の影響で靴が草地の泥の中にもぐる状態だった。旧奥州街道は、時折厳しい顔を見せる。

旧奥州街道
力石
八沢
このような案内を見ると
2018、09、29 11:00 ほっとする。
高清水宿に向っている。

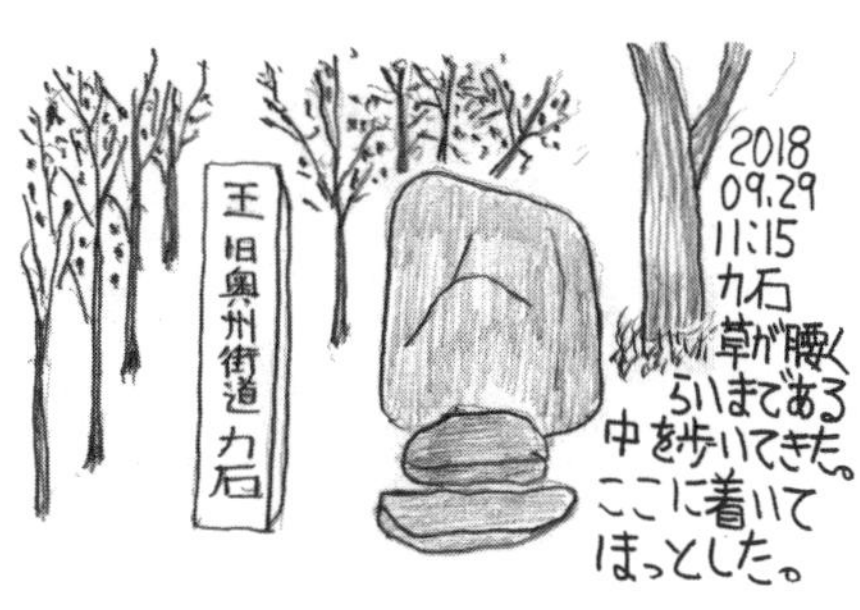

築館宿を出てから山間の道を進む。林に囲まれた道で昔からの街道を歩いている感じがする。やがて国道4号線に合流するが、山神社付近から再び山間の道へ入る。ここで農作業をしている方から「どこへ行くのですか」と声をかけられた。「奥州街道を歩いています」と伝えると、「おもしろそうですねと」言われた。地元の方との何気ない会話だがいつまでも覚えているものだ。そして旧奥州街道の案内標識があるので、持参した地図に記載されていない道だが行ってみると、次第に草に覆われてきて、腰くらいまである草の中を歩くようになってきた。昨日の雨でぬかるんでいる所が多く、下手に足を踏み入れると足首近くまで泥に沈む状態になった。引き返そうかと思ったが、既に1㎞程歩いたので戻りたくない。進んで行くと舗装された道路に出たが、靴は泥にまみれ、ズボンは草に付いていた水滴の為にびしょ濡れになった。そこに「力石」と呼ばれる石があった。栗原市のホームページによると、源義家の家来「鎌倉権五郎景政」が二つあった大石の一つを谷底に投げ込んで、味方を力づけた伝説があるとのことだ。ここからも旧奥州街道の案内標識の矢印があり草に覆われた道が続いているが、靴が泥の中にもぐる状態に懲りたので、無難に車道を歩くことにする。いいコンディションの下で歩きたかったが、旧奥州街道は時折厳しい顔を見せる。

瀬峰川のほとりで昼食休憩してのんびりと進む。やがて高清水宿に入ると、旧家はあまり見当たらないが入母屋屋根の家が多く、地域の歴史を受け継いで街道筋の街並みを保っている感じがする。そして善光寺で休憩。ここは日本三善光寺のひとつとのことだが、信州と甲州の善光寺の他は諸説あるようだ。お堂は赤い屋根と壁で出来ていて静かに佇んでいた。

37 荒谷宿

荒谷　国道4号線　東京まで400㎞の表示

荒谷

２０１８年９月29日

「東京まで４００㎞」の表示を見たくて国道４号線を歩き続けた。後で旧道を歩かなかった事を後悔した。

2018.09.29
14:15
羽黒山公園
ヒガンバナ
花季は終わりに近い。

高清水宿を出てから静かな住宅街を歩き、やがて国道4号線に合流した。奥州街道の旅全般を通して、一番の主役は国道4号線かも知れない。山間の地域では時折現れるだけだが、青森宿を出て以来この道路を見ない日はない。食事に例えるなら、国道4号線は主食の「ごはん」に相当する。国道4号線は日本橋を起点に栃木、福島、宮城、岩手、青森の各県庁所在地を通り青森市を結ぶ総延長約839kmの一般国道である。総延長は国道58号線に次ぐ日本第2位である。国道58号線は沖縄本島の旅で歩いたが、鹿児島市から種子島、奄美大島を通り沖縄本島の那覇市に至る一般国道で、大部分は海上の区間が占める。陸上だけに限れば、国道4号線が1番長い国道だ。奥州街道を歩いていると国道4号線には何度も合流するし、旧奥州街道がこの国道に置き換わっている区間も多い。この国道には東京までの距離が100mごとに表示されているので、区切りのよい数字が近づくとやはり気になる。街道歩きの旅なので旧道があれば当然そちらを歩くのだが、東京まで400kmという区切りのよい数字が近づいてきたので、旧道に行かないで国道4号線を歩き続けることにした。そして羽黒山公園の手前で400kmの表示を見つけた。道を間違えた訳ではないので、街道歩きをしている私には少し後ろめたい気持ちが残った。冷静に考えれば、「奥州街道徒歩の旅」ではこの様な表示はどうでもよいものだ。私は「街道歩きの旅人」失格だなと思った。

羽黒山公園はヒガンバナの群生地として知られている。9月下旬なので大群落を期待したが、花期は過ぎていて、わずかに花が残っているだけだった。この後、荒谷宿のある旧道を歩いたが、旧家や昔ながらの店舗はあまり残っていないようだ。道がゆったりと曲がりながら続いているところに街道筋らしさを感じた。

38 古川宿

古川　緒絶橋から見た蔵造りの建物

2018.
09.29
15:45
古川宿
がぜん
街道らし
くなってきた。

今日は歩く
距離が
約21km
と短かい
のが救い
だ。
2018.09.30 5:30AM 古川のホテルの部屋
今日は雨の中を歩かなければならない。台風24号
が近づいているので心配だ。

古川

２０１８年９月29～30日

瑞川寺の地蔵様は、優しい微笑みを浮かべて子供をひとり抱え、足元には二人の子供がまとわりついていた。

荒谷宿を過ぎて国道4号線から離れて旧道へ入り、江合川（えあいがわ）に架かる江合橋を渡ると古川宿だ。ここは大崎市の中心部である。宿泊するホテルに16時頃に着いたが、チェックインは後にして古川宿の見所のひとつである緒絶橋（おだえのはし）に行くことにした。その理由は台風24号の影響で明日は朝から激しい雨が予想されるからだ。緒絶橋に到着して案内板を読むと、玉造川がこの地を流れていたが7世紀頃から流れが変わり、その後には川筋が残り、玉の緒（いのち）の絶えた川、即ち緒絶の川と呼ばれ、この川に架けられた橋が「緒絶の橋」と呼ばれるようになった。初期万葉の時代から「しらたまのをだえのはし」と詠まれているとのこと。緒絶橋を詠んだ歌がある。「みちのくの　をだえの橋や　是ならん　ふみみふまずみ　こころまどはす」緒（命）が絶えるという名が恐ろしくて、橋を渡るのをためらっているという意味である。松尾芭蕉は「おくのほそ道」で緒絶橋を目差したが、道を間違えて来ることが出来なかったと記述している。しかし現代の緒絶橋はコンクリート造の小さな橋で、情緒はなく描く気になれなかった。緒絶橋の隣に蔵造り風で白い壁に黒で枠取りされているきれいな建物があった。間違いなく奥州街道を意識してデザインされている。まだ新しい建物だが、街道を盛り立てている感じがして好感が持てる。

翌日、5時に目覚めると天気予報の通り雨だった。台風24号がこの地域を通過するのは今夜とのことなので、今日は予定通り吉岡宿まで行けそうだ。今回の台風は大型で雨風が強いらしい。もし台風が昼間に通るなら歩くことなど出来ないので、わずか6時間程のずれだが運がよかったと思いたい。7時半にホテルを出発。雨具を着て、傘を差して歩き始める。緒絶橋の横を通り瑞川寺に寄る。見学するだけにしようと思い境内に足を踏み入れると、赤い頭巾を被った地蔵様が子供を一人抱えて、二人の子供が足元にまとわりついている像があった。微笑んだ地蔵様と嬉しそうな子供の顔を見ているとスケッチをしたくなった。傘を差しているが、手帳に雨がかかり描くのに苦労した。

ＪＲ陸羽東線の踏切を渡り、やがて国道４号線に合流。雨の日は歩道にカタツムリがはい出してくるので、踏まないように気を付けながら歩く。道端にはコスモスがきれいに咲いていた。

古川　瑞川寺　地蔵様

2018.09.30　9:15AM　雨の中、国道4号線
を三本木に向け歩いている。
カタツムリがはい出してきているので
気をつけながら歩く。

39 三本木宿

三本木　八坂神社

三本木
亜炭
記念館
に寄る。
前にあるの
は亜岩柱
その後は
クマ。
私も炭鉱の街出身なのでなつかしい。
2018.09.30
10:45

三本木

亜炭記念館では、10トンの亜炭柱が置いてあった。私は炭鉱の街の生まれなので、興味を持って展示物を見て廻った。

2018年9月30日

三本木宿に入ると大きな門構えの旧家が多くなり、昔の街道筋の感じがしてきた。宿場を代表する1枚はこれだなと思わせる旧家があったが、この雨では描くことは出来ない。民家を描くのは時間がかかるので、落ち着いた状況でないと描きにくいのだ。鳴瀬川に架かる三本木橋を渡ると、川の上を横切る電線にトビが留まっていた。昨夜からの雨で川の流れは非常に速い。ここで雨がさらに強くなってきた。橋を渡ると近くに桑折（こおり）城趾があるが、寄るのは止めて八坂神社で雨宿りをする。拝殿の階段に腰かけて休憩するが、蚊がたくさん飛んでいるので落ち着いて休めなかった。

雨は止みそうにないので、蚊に追い立てられるように10分程いただけで八坂神社を出発。県道157号線を歩き出すと「道の駅三本木やまなみ」があり、その横に亜炭記念館があるので再び休憩。ホールに重さ10トンの亜炭柱が展示されていた。坑道が再現されていて、当時使用していた道具類を見ることが出来た。亜炭とは石炭の中でも石炭化度が低いものをいう。パンフレットによると、この施設はかつて日本一の「三本木亜炭」として栄えた歴史を伝えるために資料を展示した記念館とのことだ。私もかつて炭鉱の街として栄えた北海道歌志内市の生まれなので、坑道の模型など興味を持って見学した。ホールに戻るとツキノワグマのはく製があった。今回の旅では出会いたくない相手だ。これと戦っても、私に勝ち目はない。

道の駅を出ると直ぐに大豆坂の交差点があり、国道4号線から離れて山間の道に入る。静かな道をルンルン気分で歩いて行ったが、油断が過ぎたのか途中で分岐を間違えては戻ることを二度繰り返し、東北自動車道と並行するように進む。雨は降っているが、車がほとんど通らない道なのでのんびりと歩いた。心と体に余裕がある時は、道を間違えても余分に旅が出来たと思い得をした気がする。

40 吉岡宿

吉岡　ホテルの部屋より　午前6時に台風24号が通過した後の景色

2018
09.30
12:50
雨
須山神社
吉岡への途中で
雨宿り。

2018.09.30 14:00
国道4号線
沿いに休憩
所あり。

吉岡

２０１８年９月30～10月１日

吉岡宿で台風24号と交錯。夜中の２時頃にすごい暴風雨で目覚め、その後停電のために二度非常照明が点灯した。

山間の道を歩き県道16号線に合流すると大衡（おおひら）村である。東北自動車道の高架の下で、立ったままで昼食のおにぎりを食べた。車は度々通過するが、雨が当たらないだけでもありがたい。少し行くと歩いて来た方面へ戻る奥州街道の案内表示があるが、その道は草に覆われていて、地面はぬかるみ歩けそうにない。天気のよい日なら「行ける所まで行って、だめなら戻ろう」という発想になるが、雨の日は長靴でないと無理である。それにこの道を行くと、どこかで東北自動車道の下を通って、私が歩いて来た道に合流するはずだが、それらしき分岐点はなかった。私は道路マップを拡大コピーした地図を頼りに歩いている。地図に記載のない道は調べようがないので、案内標示がない場合は、旧街道への入り口を見逃す場合が多々あったかも知れない。

須岐神社で雨宿りをした。そして県道16号線から離れて山間の道に入り、しばらく歩くと万葉クリエートパークの標示が見えたが、中に入って迷ってはまずいと思い寄るのは止めておく。道はやがて国道4号線に合流し、休憩所があったので一息入れた。そして大衡城址への階段を上がると資料館があったので休憩を兼ねて見学。大衡城は天文13年（１５４４年）に「大衡治部大輔宗氏」が築城したが、天正18年（１５９０年）豊臣氏に所領を没収され廃城となったとのことだ。この様に雨の中、休憩を繰り返しながらゆっくり進んだ。

大衡城址から３㎞程歩くと吉岡宿に到着。ここは映画「殿、利息でござ

吉岡　高田橋

る」の舞台となった宿場である。八幡宮や武道館など趣のある建物があった。武道館のスケッチを試みたが、この雨では無理と諦め宿泊するホテルへ急いだ。

テレビのニュースでは、台風のために首都圏のJRは20時以降全面ストップと報じていた。そして夜中の2時頃に暴風雨のすごい音で目が覚め、その後は熟睡できなかった。朝のニュースでは、宮城県内は2万3千戸が停電と報じている。昨夜、部屋の非常照明が二度点灯したので、このホテルでも深夜に停電したのだろう。ホテルの食堂で朝食をしたが、他の宿泊者も昨夜の暴風雨のことを話題にしていた。台風は通り過ぎたが風は強い。

7時半にホテルを出発して1㎞程歩き高田橋を渡る。雨は降っていないが猛烈な風が吹き抜けていた。その様な状況でも、橋から見えた笹倉山をスケッチ。私もなかなかしぶとい旅人である。

41 富谷宿

富谷　御休処

2018.10.01 9:00
富谷へ向かっている。すさまじい風の中を歩いている。スズメが風に向かって飛んでいるが前に進んでいない。

2018.10.01 9:00
富谷宿 八雲神社
すごい風の中を歩いてきた。日差しが出てきて今日は暑くなりそうだ。
今、帽子をとばされた。
金剛山大権
庚申

富谷

２０１８年10月1日

富谷宿は、趣のある旧家が並び、奥州街道を代表する街並みだった。私は「御休処」と書かれた店舗をスケッチした。

両側に田んぼが広がる国道4号線を歩くが、周囲には遮るものがないので猛烈な風が吹き抜ける。スズメが風に向かって飛んで行くが、全く前に進んでいない。スズメとは3m程しか離れていないので互いに視線を合わせた（と私は思った）がとても苦しそうだ。最後には力尽きて、スズメは風下に流されてしまった。

竹林川を越えて八雲神社に寄り、石仏を描いていると帽子を風で飛ばされた。そして富谷市街地を歩くが、あまり街道筋の雰囲気を感じないと思いながら熊野神社に到着。すると「富谷宿」と書かれた矢印があるではないか。矢印に従って行くと、いかにも昔の街道という街並みがあった。最初に現れたのは「内ケ崎酒造店」。立派な門や蔵があり大きな杉玉が吊されている。ここが富谷宿の本陣跡である。先ずはこれをスケッチだと意気込むが、私の小さな手帳では入りきらない。「奥州街道宿場町富谷しんまち」のホームページによると、寛文元年（1661年）に創業、以来今日まで休むことなく続けられ、宮城県最古の歴史と伝統を誇っている。厳冬の中、南部杜氏の手造りの技で醸した酒は、スッキリした中にも味があると評価されていますとのこと。石鳥谷宿の南部杜氏はここで活躍していた。近くに「御休処」と書かれた店舗があった。2階部分がなまこ壁模様になっている魅力ある建物だ。こちらを描くことにした。

他にも脇本陣跡を始め、大きな旧家があり、富谷宿は昔の街道筋の匂いが漂う街だった。奥道中歌では、「国分の町よりここへ七北田よ　富谷茶のんで味は吉岡……」と詠まれたように、かつて富谷はお茶の産地だった。一時生産が途絶えたが、今はその復活に取り組んでいるらしい。私の住む埼玉県入間市は狭山茶の生産で知られていて、お茶畑が広がる景観は入間市民の自慢である。お茶の産地からの旅人として、富谷市にも頑張ってもらい、お茶畑がある風景を取り戻してほしい。心から応援しています。

42 七北田宿

七北田　七北田川と七北田橋

2018.10.01
10:45
もうすぐ七北田
空には魚に
似た形の雲
が流れていく。

仙台市
Sendai City

2018.10.01 11:00 仙台市に入る。風強烈
仙台といえば、やはりこの人か。

七北田

２０１８年10月1日

仙台市に入ると、伊達政宗の絵が掲げられていた。やはり仙台といえば、先ずはこの人なのだろう。

国道4号線を七北田宿に向けて歩いている。風はまだ強くて、空を見上げると雲の流れがとても速い。幅の広い歩道を歩いているので、何の心配もなく空を眺め続けることができる。雲はいろいろな形に変化していくので見ていて飽きない。人の顔になったり、動物になったり、乗り物になったりする。歩きながら手帳とシャープペンシルを両手に持ち、いい形になった瞬間を描き留めようと待ち構えるが、あっという間に形が崩れてしまう。写真を撮るような訳にはいかないのがもどかしい。魚に似た形の雲のスケッチを試みるが、直ぐに胴体と尾が千切れる様に離れてしまった。

仙台市の標示があり、その横に馬に乗った武者の絵が掲げられていた。トレードマークの三日月形の兜が描かれているので伊達政宗だ。やはり仙台と言えば、先ずはこの人なのだろう。独眼竜の異名を持つ400年程前の戦国大名だが、今日まで地元での人気は絶大なようだ。

国道4号線を通行する車両の数は多くなり、道幅が広くなった。泉交差点で国道から離れて七北田宿を目差す。賑やかな通りなので昔の街道筋の雰囲気は感じられないが、時折門構えの大きな家が現れる。七北田川に架かる七北田橋の手前で河原に下りて昼食休憩とした。地図を見ると、上流側の直ぐ近くにユアテックスタジアムとの記載がある。サッカーの「ベガルタ仙台」のホームスタジアムである。風はまだ強いが、日差しも強くなってきた。ここまで来るのにかなり汗をかいたが、座って風を受けていると直ぐに体が冷えてきた。今日から10月に入ったのでもう秋なのだ。おにぎりを食べ終えると、早々に仙台宿へ向けて歩き出した。

43 仙台宿

仙台　青葉神社

仙台

2018年10月1～2日

「自分が何をしたいのかが大切だ。何が出来るのかに気をとられると、自分がわからなくなりぶれる」との言葉を聞いた。

2018.10.02 6:00AM
仙台のホテルの部屋より
ビルの間から太陽が昇って
きた。あまりにもまぶしい。
上空をトビが舞っている。

ＪＲ仙山線の北仙台駅の横を通り青葉神社に寄る。木々に囲まれた落ち着いた感じの神社だ。御祭神は武振彦命（たけふるひこのみこと）で伊達政宗公である。創建は１８７４年だから明治４年。地元では伊達政宗を崇拝していたにしても、どうして明治になってからこのような立派な神社を建てたのか不思議に思う。江戸時代の間は徳川幕府に遠慮していたのだろうか。

「芭蕉の辻」の横を通る。ここに宮城県の道路元標が設置されている。この辺りは国分町で仙台市の繁華街の中心である。奥道中歌は仙台宿から北の宿場を紹介した歌だが、「国分の町よりここへ七北田よ……」で始まるので、江戸時代から現在に至るまでこの場所が交通の起点だったのだろう。「芭蕉の辻」だが、名前の由来に松尾芭蕉は関係がない。

この日の宿泊は仙台駅近くのホテルだった。風呂からあがると右足人差し指の爪がはがれた。そしてテレビのニュースで日本人がノーベル生理学・医学賞を受賞したことを伝えていた。受賞した方の言葉が奥深い。研究に対する姿勢として「自分が何をしたいのかが大切だ。何が出来るのかに気をとられると、自分がわからなくなりぶれる」と言われていた。全くその通りだと思う。しかし自分のしたいことを妥協しないで貫き通すのは難しく、相当強い意志と覚悟、さらに周りからの圧力を跳ね返す実力が必要だと思う。

翌朝、ホテルの部屋の窓から外を見ていると、林立するビルの隙間から太陽が顔を出したので、今日の安全を祈る。この後、朝食で牛乳を２杯飲んだせいか腹の調子が悪くなり、しばらくホテルに留まっていた。お日様への祈願がいきなり不発に終わった感じがして、今日の旅が思いやられた。

44 長町宿

長町　広瀬橋

長町

「青葉城恋唄」を唄いながら、広瀬川に沿って歩いた。「広瀬川　流れる岸辺……」私にはどんな想い出が残るのだろう。

２０１８年10月2日

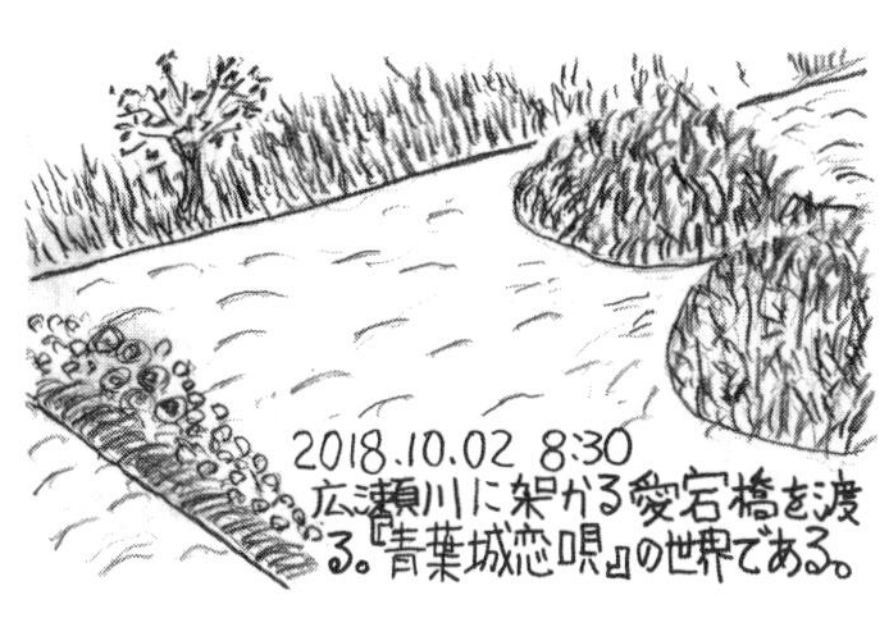

2018.10.02 8:30
広瀬川に架かる愛宕橋を渡る。『青葉城恋唄』の世界である。

ホテルを出て仙台駅に寄ってから今日の旅を開始。職場へ向かう大勢の人達と共に駅前の通りを歩く。最初は私だけが仕事とは程遠い場違いな姿をしている様に感じていた。その内に周りの人達は職場と言う名の戦場に向かう戦士のように思われ、今の私は奥州街道を歩いていることが、私の戦いの場である様に思えてきた。スケッチや記録を取りながら旅をして道中記を書くのも戦いである。ちょっと言い方が大袈裟過ぎるので、「真剣な遊び」と言い直しておく。

仙台駅周辺はコンビニが非常に多いと思いながら歩き、広瀬川に架かる愛宕橋を渡り川沿いの道を進む。広瀬川は名取川水系名取川支流の一級河川で仙台市のシンボルである。やはり広瀬川と言うと、「さとう宗幸」さんの「青葉城恋唄」が頭をよぎる。「広瀬川流れる岸辺 想い出は帰らず 早瀬躍る光に揺れていた君の瞳 ときはめぐりまた夏が来て あの日と同じ流れの岸……」。私はその岸辺を夏が終わった時期に歩いたせいか、または私の感受性が鈍い為かは分からないが、歌詞に漂うロマンチックな雰囲気は感じられなかった。「奥州街道徒歩の旅」、そして「日本縦断徒歩の旅」を終えた時、私にどんな想い出が残るのだろう。「青葉城恋唄」を口ずさみながら歩いて行くと広瀬橋に到着。この橋は奥州街道の仙台の入り口にあたる重要な橋だった。現在の橋は1959年に架けられた。そして広瀬川から離れて長町宿へと歩いて行く。ここは仙台の市街地がまだ続いている都会なので、街道筋の雰囲気は全く感じられない。JR東北本線長町駅のコンビニで今日の昼食を購入して、東北新幹線と並行する道を歩いて行った。まだ9時半なのに既に日差しが強くて暑い。今日はつらい一日になりそうだ。

45 中田宿

中田　名取橋からの眺め

中田

２０１８年10月2日

中田宿では時折、大きな旧家が現れた。まだ仙台市のエリアだが、徐々に都会から離れていく感じがした。

県道273号線を歩く。名取川に架かる名取橋を渡るとJR東北本線と東北新幹線が見えて、青空の下に山々が連なっていた。この橋から2㎞程下流で、この名取川に広瀬川が合流し、さらに約5㎞流れると仙台湾に至る。陸奥湾に面した青森県の野辺地宿を出て以来、この時が最も海に接近した時である。

中田宿付近のJR南仙台駅が近づくにつれ、時折大きな民家が現れるようになり、街道筋の雰囲気が漂ってきた。まだ仙台市のエリアだが、少しずつ都会から離れつつあるのを感じる。

この日は日差しが強いので建物の日陰に入るように進行方向左側の歩道を歩いた。街道歩きをしている時は、直射日光を浴び続けると日焼けするし、汗をかいて体力を消耗する。日焼けをすると夜寝るときに肌が火照って眠りを妨げる。また皮膚が火傷の様な症状になることがあるので気を付けなければならない。そのため、道のどちら側を歩くかを決めるのに、私なりに基準を設けている。

① 歩道が片側だけの場合は歩道を歩く。
② 歩道が両側共にある、または両側共にない場合は日陰になる側を歩く。
③ 日当たりの方向を考慮する必要がない場合は左側を歩く。

③の理由を少し説明すると、私は地図を見る時など下を向いて歩くと少しずつ左側に寄る癖があるので、車道に近づかない様にするためである。それ以外の理由として、標識等の道路の情報は車の運転手のために設置されているので、左側の方が案内表示を見やすい。歩く旅人は車の運転手と同じ情報がほしい。しかし③の歩き方は、常に車が後ろから私を追い抜いて行くことになるので、安全面では車の運転手に頼りきりになってしまう。一般的には勧められない歩き方である。

46 増田宿

増田　名取駅から見た工事用フェンスで覆われたサッポロビール工場

2018、10.02 12:00 増田神社
表情がわからないくらいくずれている狛犬である。
耳もなくなっているが、何となくユーモラスだ。

増田

増田神社の狛犬、大きな旧家、衣笠の松など、年月と歴史を感じさせてくれた増田宿だった。

2018年10月2日

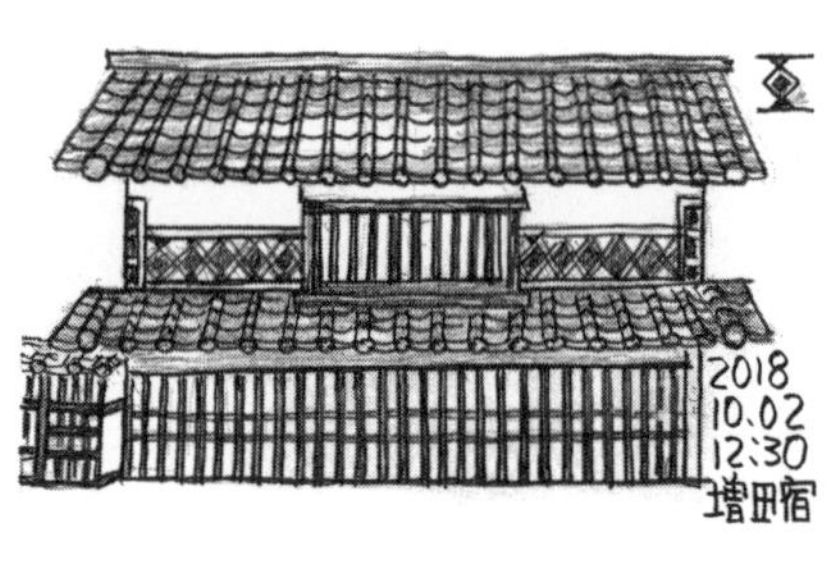

ＪＲ東北本線の名取駅に着いた。増田宿からはあまり昔の街道らしさが感じられない。少し高い場所から街を眺めようと思い、駅の改札口へ続く階段を上って行くと、近くにサッポロビールの工場があった。工場の外壁は工事用フェンスで覆われていた。このビール会社は明治時代に設立されたこともあり、歴史の深さを感じたので、増田宿を代表する1枚はこれにしようと思いスケッチをした。これも何かの縁と思い、この日から奥州街道の旅をしている最中は同社のビール「黒ラベル」を飲むことを心掛けた。

増田神社に寄る。そこに狛犬があり、耳がなくなるほど崩れかけているが、地衣類などが付着していて表情がユーモラスなのでスケッチ。そして神社の近くにある立派な旧家が目に留まった。名取駅を過ぎてから急に昔の街道筋の雰囲気が漂いだした。先程の名取駅に到着した時の感想は撤回する。

「衣笠の松」と名付けられた素晴らしい松があった。名取市のホームページによると、名取郡増田北町の肝入検断をつとめた菊池氏の邸内の庭に繁茂していた古木の中に大傘の松（アカマツ）があり、明治9年（1876年）6月の明治天皇の東北御巡幸の際に、この松の近くに小休所を設けた。ご休息の際、随行者の木戸孝允が笠形の老松を見ながら「大君の立ち寄りまし陰なれば 衣笠の松とこそいうなかりけれ」と和歌を詠んだことから「衣笠の松」と命名されたとのこと。明治時代以降の産業と歴史に満ちた増田宿だった。

47 岩沼宿

岩沼　相傳商店

2018.10.02 14:35 竹駒神社
黒松一本

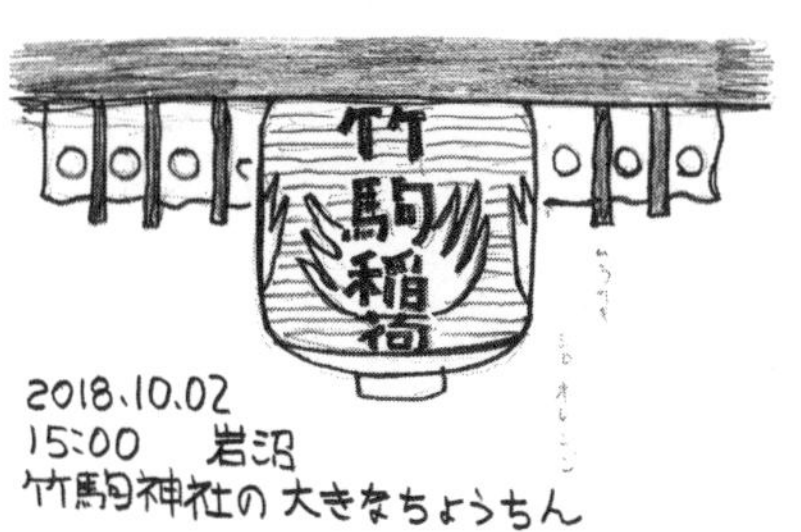

2018.10.02
15:00　岩沼
竹駒神社の 大きなちょうちん

岩沼

２０１８年10月2日

竹駒神社に一対の狐の像があった。ひとつは子狐とじゃれて微笑ましいが、もうひとつは鞠を押さえて、私を睨んでいた。

岩沼　竹駒神社

岩沼宿は、「武隈の松」を求めて松尾芭蕉が訪れただけあって歴史の匂いを感じた。多くの旧家がある中で、相傳(あいでん)商店は、文政4年（1821年）創業の看板を掲げ、銘酒「名取駒」や奈良漬けを扱っている老舗で、白壁の端正な建物だった。

岩沼宿ではやはり竹駒神社である。承和9年（842年）小野篁(おののたかむら)が陸奥守として着任に際して創建され、日本三稲荷のひとつとされている。最初に迎えてくれたのは「黒松一本」で、真横に幹が一直線に伸びていた。そして稲荷神社の象徴である狐の像が鎮座していた。近づくと表情が怖い。左側の狐は足元に子狐がじゃれているので微笑ましいが、右側の狐は鞠を押さえて口を開き私を威嚇していた。しかし私が描くと、その怖さは80%以上ダウンしてしまった。

48 槻木宿

槻木　竹原神社

槻木

２０１８年10月2～3日

竹原神社で、今日の安全を祈る。一昨日は右足の人差し指の爪が、昨日は隣の中指の爪がはがれた。満身創痍の状況だ。

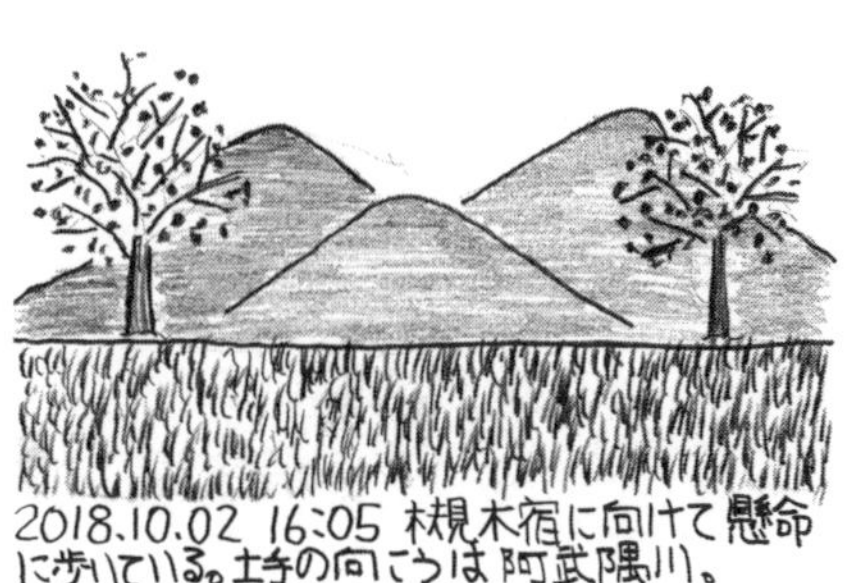

2018.10.02 16:05 槻木宿に向けて懸命に歩いている。土手の向こうは阿武隈川。

15時を過ぎてから岩沼宿を出て住宅街を歩いたが、急がなくてはいけない気持ちのあせりから道に迷ってしまった。方向も分からなくなりかけたが何とか脱出して、JR常磐線を下に見て高架橋を渡る。常磐線は「本線」を名乗らないJR線の中で最も長い路線である。東京の日暮里駅から岩沼駅までの路線だが、運行上、岩沼駅~仙台駅と日暮里駅~上野駅間も含めていて、この付近で右側に見える東北本線と合流するように並行している。常磐線を見ていると、仙台を越えたことを改めて実感した。

夕暮れが近づいているので、国道4号線を速足で歩いた。左手の土手道の奥には阿武隈川が流れている。これからはこの川も旅の主役に名乗り出そうだ。槻木宿(つきのき)に入ると旧家が見られるようになってきた。槻木宿を代表する1枚はこれらの建物だろうが、列車の到着時刻が迫っているので描くことは出来ない。槻木駅付近で駅に入る道を通り越してしまい、慌てて戻り駅に着いたのは16時25分。16時31分発の電車に辛うじて間に合い、宿泊地の白石駅へと向かった。そのため槻木宿の街並みは落ち着いて見ることが出来なかった。そんな慌ただしい中でも趣のある旅館を見かけたので、そこに宿をとるのが正解だったようだ。

翌日は電車で槻木駅に戻り8時に出発。一昨日宿泊した仙台のホテルでは右足の人差し指の爪がはがれたが、昨夜は隣の中指の爪がはがれた。2日連続で爪がはがれるなど経験したことがない。痛みがほとんどないのが救いだが、満身創痍の状況である。昨日見た槻木宿の旧家を描こうかと思ったが先へ進むことにした。私は一期一会の気持ちで歩いているので、道を間違えない限り戻ることはあまりしない。先ずは竹原神社に寄る。赤い鳥居がたくさん立っている参道を通り、今日の安全を祈願した。天気は晴れ。東北本線の高架を潜り、白石川に沿って歩いて行った。

49 船迫宿

船迫　船岡城址

2018.10.03 9:00 白石川沿いを歩く。

2018.10.03 10:20 韮神橋を前にして。
正面の高い山が蔵王山だろう。少し雲にかくれている。

船迫

２０１８年10月３日

「一目千本桜」を見ながら白石川沿いを歩く。ここは山本周五郎氏の小説「樅ノ木は残った」の舞台となった場所である。

白石川沿いに歩く。ＪＲ東北本線の高架を潜るが、ここから５００ｍ程下流で白石川は阿武隈川に合流している。阿武隈川は福島県の南の端に位置する旭岳を源として北に向かい、この合流点から10㎞程流れて仙台湾に注ぐ。東北地方では北上川に次ぐ長さである。白石川のほとりで畑を耕している人を見かけた。キャベツや茄子を栽培している。私は清楚な感じがする茄子の紫色の花が大好きだ。

やがて船迫（ふなばさま）宿に到着。船岡城址公園は川の反対側なので行くのは止める。白石川の土手道を歩いて行くと、草に覆われた斜面の上に「船岡城址」と書かれた案内塔が見えた。地図を見ると「樅ノ木は残った展望デッキ」との記載がある。それは山本周五郎氏が江戸時代初期の伊達騒動を題材にした小説『樅ノ木は残った』の主人公「原田甲斐」の要害（城）で、「仙台藩21要害」のひとつである。小説の中で原田甲斐は「船岡」、敵役の伊達兵部は「一ノ関」と各々が居住する地域の名で呼ばれていた。史実では大老宅で刃傷事件を起こした極悪人とされている原田甲斐だが、小説では伊達藩62万石を幕府と伊達兵部の陰謀から守った人物として描かれている。この小説はＮＨＫの大河ドラマにもなった。

船岡城址公園の下を流れる白石川堤防沿いの桜並木は「一目千本桜」と呼ばれる桜の名所である。スケッチをしていると、東北本線を貨物車が通過して行った。恐らくこの瞬間の景色は写真好きの人にとって、桜が咲く季節だったら間違いなく最高の１枚になるだろう。

白石川沿いに歩いて行くと、韮神橋を前にして正面に蔵王の山々が見えてきた。登山が趣味の私だが蔵王山にはまだ登ったことがない。これからしばらくの間は、この山を見ながら歩くことになりそうだ。直ぐ横を流れている白石川はこの蔵王連峰を源としている。

50 大河原宿

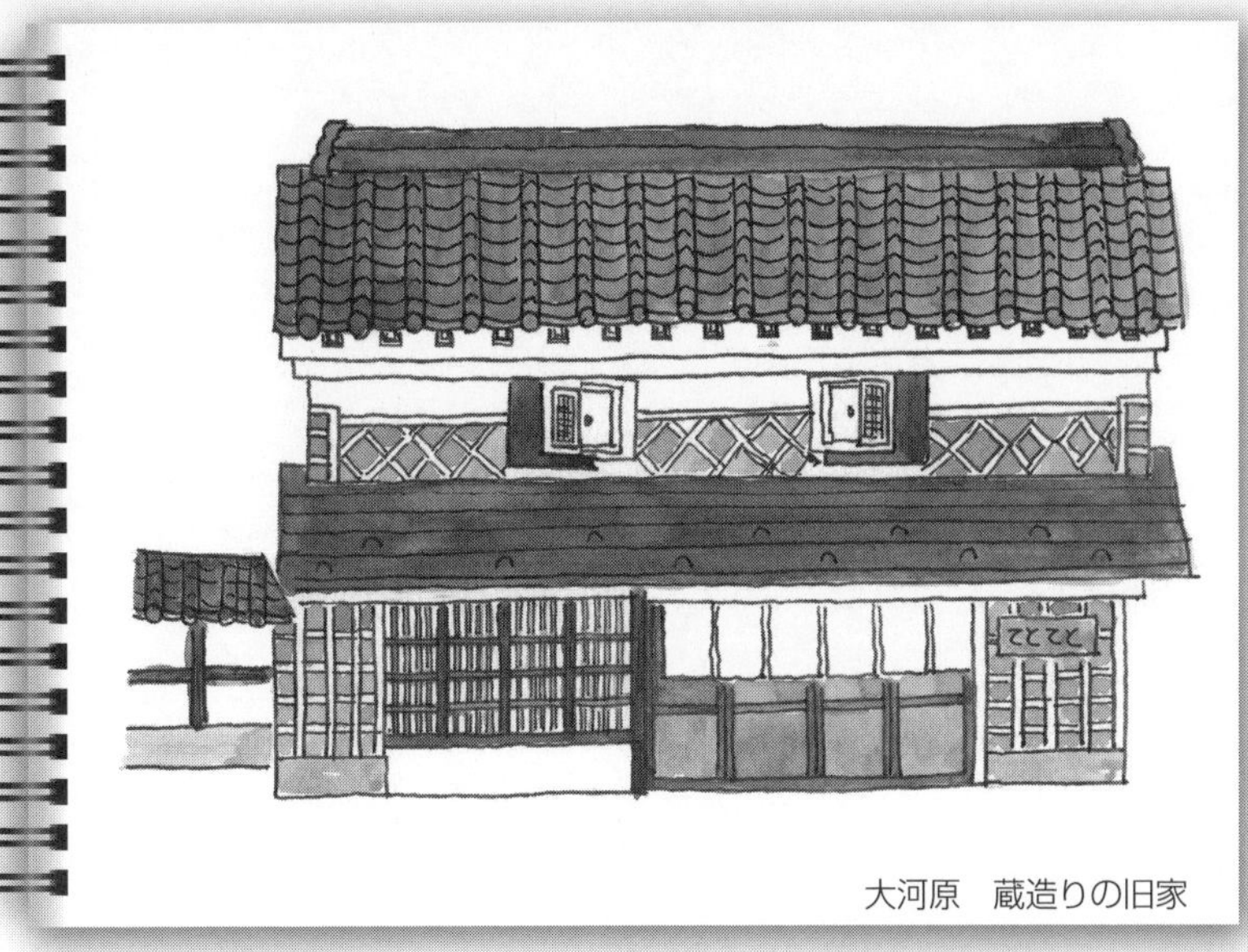

大河原　蔵造りの旧家

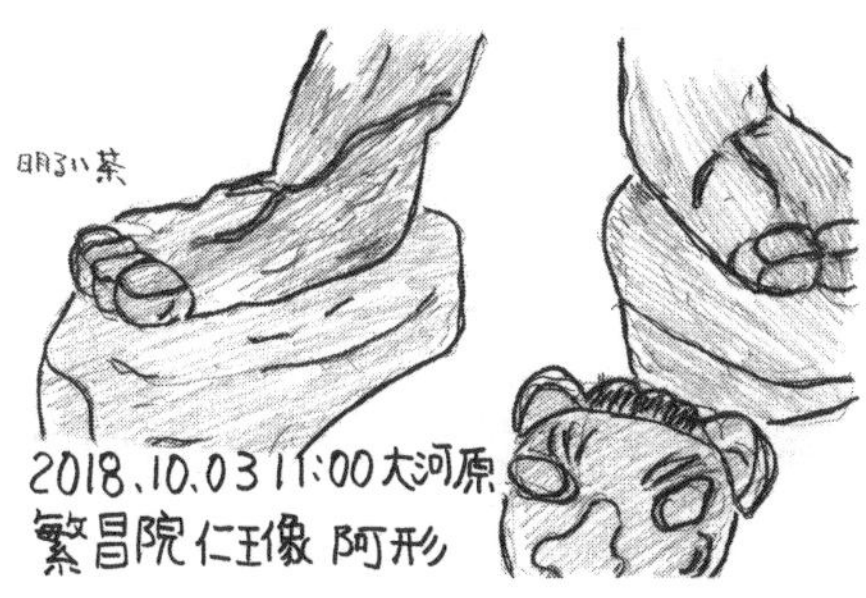

2018.10.03
12:10
どこか昼食のできるところを探しながら歩いている。国道の歩道にきれいな花壇があった。

大河原

2018年10月3日

繁昌院の仁王像は、奈良東大寺南大門の仁王像に似ていた。足に血管が浮き出ている様子など、力強く表現されていた。

韮神橋を渡り住宅街を歩く。国道4号線に出る手前で左に曲がり大河原宿を目差す。道はやがて商店街となり繁昌院で休憩した。ここの入り口に大きな仁王像があった。足に血管が浮き出ているなど、東大寺南大門の仁王像に似ている。私は奈良県の奈良市で2年間暮らしていた。住んでいたのは奈良町という古い町並みが残る住宅街で、東大寺へは歩いて20分くらいで行くことができた。東大寺は大仏殿や三月堂、戒壇院などに入るには入館料が必要だが、南大門はいつでも自由に通行出来るのでよく訪れた。南大門の仁王像は力感あふれる鎌倉時代の傑作である。近年の解体修理により吽形は定覚と湛慶、阿形が運慶と快慶が主に担当したことが分かっているが、全体の総指揮は運慶が担ったのではなど正確なところは不明らしい。そしてこの繁昌院の仁王像だが、東大寺の仁王像を小型にした感じの像だった。まだ新しい像なので全体的に明るい茶色をしている。足元に怒った表情をした狛犬が鎮座していた。

繁昌院を出てから街道筋の雰囲気が感じられだした。旧家が多く残っていて、白壁やなまこ壁模様がある民家が多い。そんな中の1軒をスケッチした。街道歩きの楽しみは様々だが、昔の暮らしや雰囲気を感じるのもそのひとつである。昔の旅籠を思わせるような老舗旅館に宿泊出来れば最高だが、旧家や歴史が感じられる店舗がある街並みを通るだけでも十分に楽しめる。中山道の奈良井宿や妻籠宿の様に街全体が昔の建物を保存しているのもよいが、この大河原宿のように時折見かけるのもまたよい。

51 金ケ瀬宿

金ケ瀬　旧家

2018.10.03
12:50 明増寺
きれいに刈り
込まれ
た木
だ。

金ケ瀬

２０１８年10月3日

いい旧家があった。真壁造りで曲がった梁の存在感がすごい。黄色の土壁とこげ茶色の梁や柱に年月が染み込んでいた。

金ケ瀬交差点から国道4号線を離れて金ケ瀬宿へと入って行く。ここに道路の安全地帯のような空間があり、その縁石に座って昼食休憩とした。両側は車が頻繁に通り、排気ガスもかなり浴びているのだろうが気にしないことにする。いかにも歩く旅人らしい昼食の取り方である。旅をしている中で自然と身に付いたたくましさだろうか。日差しを浴びて暑いが、座る事ができるだけでもありがたい。

金ケ瀬宿の静かな住宅街を歩いて行くと、入母屋屋根の大きな家や、門壁が長くて敷地の広い家などがあり、いかにも昔は街道だったと思わせてくれる。少し街道から離れて明増寺に寄った。木々がきれいに剪定されていたのが印象に残る。そして再び街道に戻った時、すごい旧家があった。真壁造りで黄色い土壁に柱や梁の構造材が露出している。その中に太くて曲がった梁が存在感を放っていた。現代の技術ではこの様な建物を造るのは難しく、またこの様な曲がった部材は入手が困難だろう。仮に入手できたとしても、どうやって設計図を作成するのだろう。図面がなければ工事の見積金額が算出できない。そして長い年月を経た歴史の変遷も見逃せない。当初、茅葺だったと思われる屋根は赤い瓦に葺き替えられているし、下屋の屋根は水色のトタン板に変わっている。これが年月の移ろいと言うものだ。屋根や下屋の赤や水色と壁の黄色、所々に見える障子紙の白色、柱や梁のこげ茶色が組み合わさった配色も含めて、全体として調和がとれている民家だった。西洋では柱や梁を見せるハーフティンバーと呼ばれる建築様式があるが、部材の間隔や窓の配置が計画的で規則性が強調されている。それに対してこの民家は、部材の特性を活かして棟梁が感性で建てた感じがする。私は今日、この家を見る為だけにここまで歩いて来たのだと思い眺めていた。

52 宮宿

宮　三谷寺　二体の地蔵様

宮

２０１８年10月3日

三谷寺で休憩した。その入り口に、きれいな花柄のよだれかけを着けた可愛らしい二体の地蔵様が置かれていた。

2018.10.03 14:10 宮宿に
入ってきた。周囲の山がきれいだ。

金ケ瀬宿の街並みを抜けると再び国道4号線に合流し、蔵王町へと踏み入れる。東北新幹線の高架を潜り向山交差点から宮宿へ続く県道25号岩沼蔵王線へ入ると、山々が幾重にも重なるきれいな景色が目に入る。

三谷寺に寄ると、その入り口に二つの可愛らしい小さな地蔵様が置かれていた。二体一緒にきれいな花柄のよだれかけを着けている。この地蔵様を見て思い出したことがある。地蔵様は釈尊が入滅してから弥勒菩薩が成仏するまで56億7千万年もの長きにわたり無仏時代になるので、人々を救済することを釈尊に委ねられたとされている。大河原宿の項で、私が奈良市に2年間暮らしたと記載したが、週末には毎週のように寺社を見て廻った。地蔵菩薩像の中で一番のお気に入りは法隆寺の大宝蔵院に安置されている地蔵菩薩立像だった。法隆寺を参拝した後に、隣接する中宮寺に寄るのがお決まりのパターンで、その中宮寺のご本尊が有名な弥勒菩薩半跏像（以前はその様に呼ばれパンフレットに記載されていた。現在は菩薩半跏像〈伝如意輪観音像〉と呼ばれている）である。飛鳥時代の傑作で、黒光りしているので金属で出来ていると思わせるが木造である。優しく微笑んだ仏像だった。三谷寺の地蔵様の微笑みを見て中宮寺の弥勒菩薩半跏像を思い出した次第だ。さらに付け加えると、法隆寺では最初に金堂に寄り釈迦三尊像を拝むので、私は特に意識することもなくお釈迦様、お地蔵様、弥勒菩薩様を順番に見ていた。56億7千万年をわずか3時間程でプチ体験したことになるのだろうか。道中記と全く関係ない昔話を長々と書いてしまった。

三谷寺を出発して、宮交差点を過ぎてから街道筋らしい民家や店舗の建物が見えだした。やがて国道4号線に合流し、次の白石宿へ向けて歩いて行った。

53 白石宿

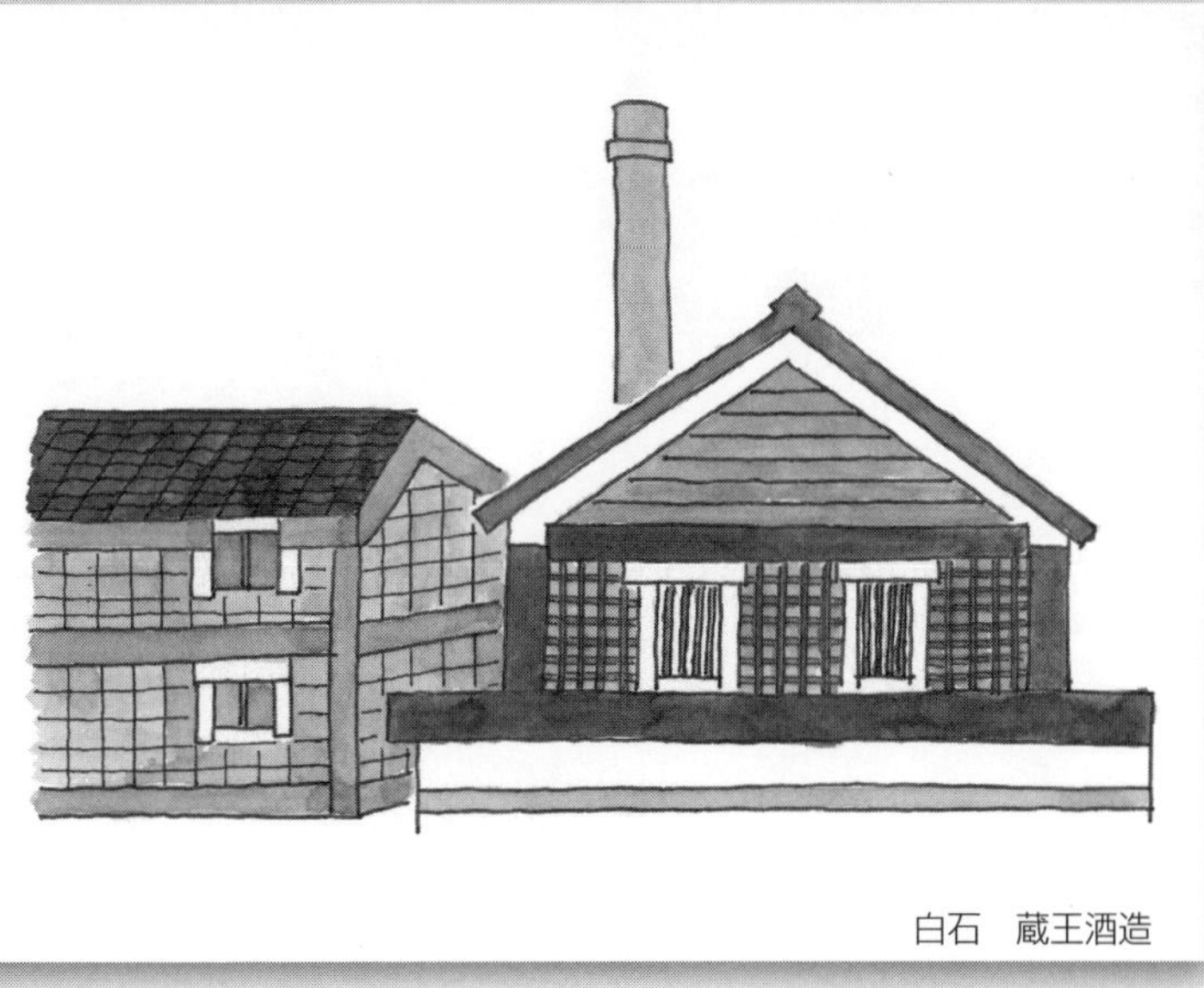

白石　蔵王酒造

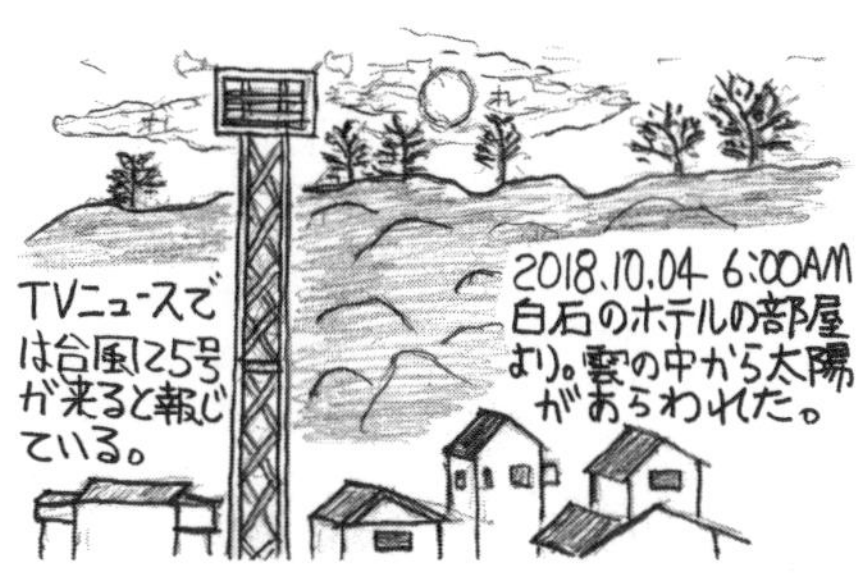

TVニュースでは台風25号が来ると報じている。
2018.10.04 6:00AM
白石のホテルの部屋より。雲の中から太陽があらわれた。

白石

2018年10月3～4日、11月13日

白石宿は街道筋の匂いに満ちた街だった。
購入した白石和紙で何を作ろうかな。

白石川に架かる白石大橋を渡り白石宿へと入る。商店街を歩いて行くと、最初に目に付いたのは蔵王酒造の煙突だ。創業は明治6年（1873年）で銘酒「蔵王」を造っている。通りの正面には「全国第1位金賞受賞 蔵王」と表示してある。何度か飲んだことがある銘柄だが、今後は白石宿とこの建物を思い浮かべながら飲むことになりそうだ。さらに先へ進むと旧家や趣のある店舗があり、この白石宿は昔の街道筋の匂いが色濃く残っている。宿泊するホテルに行く途中でＪＲ白石駅に寄りパンフレットを見ていると、白石には白石城や武家屋敷など見所がたくさんあることを知る。明日が今回の旅の最終日で、貝田宿まで歩く予定だったが、この白石宿だけを見て廻ることにした。それに今日入れなかった蔵王酒造展示館も見学したい。

翌日、ホテルの部屋で太陽が山から昇るのを見ながらテレビのニュースを聞いていると、台風25号が発生したと報じていた。台風24号には今回の旅でひどい目にあったが、今度は25号かとうんざりする。

ホテルを8時に出発。駅前の通りには片倉小十郎が勇ましく描かれたのぼり旗がはためいている。先ずは白石城に向かう。パンフレットによると、天正19年（1591年）豊臣秀吉は伊達氏の支配下にあったこの地方を没収して蒲生氏郷に与え、その家臣が白石城を築城した。慶長3年（1598年）上杉領になるや上杉家の家臣が白石城の再構築を行い居住した。慶長5年（1600年）関ケ原の合戦の直前、伊達政宗は白石城を攻略し、この地方は再び伊達領となり、伊達氏家臣片倉小十郎によって大改修がなされ、以後明治維新まで260余年間片倉氏の居住となった。また江戸時代は一国一城が原則であったが、仙台藩は仙台城と白石城の二城が認められていた。

白石城から下りてくると、蔵王連峰が見えてきた。上の方は紅葉しているようだ。そして片倉家中武家屋

白石　白石城

敷に向かうと、静かな住宅地の中にその建物はあった。パンフレットによると、この屋敷は宝暦11年（1761年）の白石城下絵図に「小関右衛門七」とあり、平成3年（1991年）に母屋・門・塀が小関家から白石市に寄贈されたのを機に全面的に修復された。解体時に発見された「享保15年2月12日」（1730年）の墨書きにより260余年前の古建築であることが明らかになった。見学者は私一人だけなので、茶の間の囲炉裏端に座って今回の旅を振り返った。内部は薄暗く、昔の人はよくこのような中で作業をし、本を読むことが出来たものだ。

次に寄ったのは「人形の蔵」。昔の人形が蔵造りの建物の中に展示されていた。私が子供の頃に遊んだおもちゃが多数展示されていて懐かしかった。近くに白石市の上下水道事務所があったが、この建物までが白壁風に出来ていて、白石市が昔

白石　武家屋敷

からの伝統建築の保存に取り組んでいる姿勢が感じられた。

昨日入れなかった蔵王酒造展示館を見学した後、壽丸(すまる)屋敷に寄る。これがすごい建物でパンフレットによると、店蔵は明治中期頃、母屋・金庫蔵は大正12年、門は明治後期〜大正初期に造られ、後に修復されたとのこと。中では白石和紙を用いた灯りが展示されており、内部空間を楽しみながら展示物や白石和紙の工程が分かるパネルを見学。この和紙は蔵王の寒風に鍛えられた白石産の虎斑(とらふ)楮(こうぞ)を栽培から紙漉きまで一貫して生産している数少ない紙とのこと。丈夫な素材なので財布なども作れるようだ。見学しているうちに、私もこの白石和紙を用いて何か作りたくなり2枚購入した。今回の旅はここまでとし、東北新幹線白石蔵王駅へ向かい帰路についた。

53　白石宿

11月中旬に旅を再開。今回は白石宿から福島宿、郡山宿を通って須賀川宿までを4泊5日で予定している。当初は宇都宮宿までを計画したが、紅葉のこの時期は週末の宿が確保できないので須賀川宿までとした次第だ。好天の下で美しい紅葉が楽しめそうだ。白石蔵王駅で下車すると、白石和紙で出来た灯りと人形が展示されていた。駅を出ると天気は快晴で、畑では柿がたわわに実っている。ひとつひとつが大きくてたくさんぶら下がっているので、枝は実の重さで大変そうだ。しゃがんで眺めると背後の青空とマッチして、いかにも秋の色彩である。先ずはＪＲ白石駅を目差して歩き始めた。

2018.11.13 8:30AM 白石蔵王駅 白石和紙灯りがお出迎え。
白石和紙灯り
2018.11.13 9:00
白石蔵王駅を出ると
たわわに実る柿あり。

54 斎川宿

斎川　国道4号線沿いの紅葉と東北新幹線

2018.11.13 10:10
斎川宿へ歩いている。
周りの木々は紅葉の盛り
しかし柿の実の色が一番鮮やか。

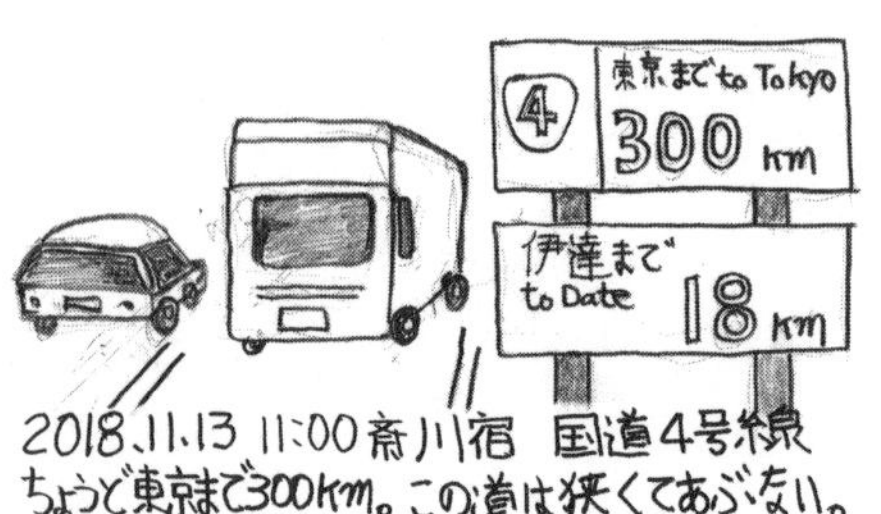

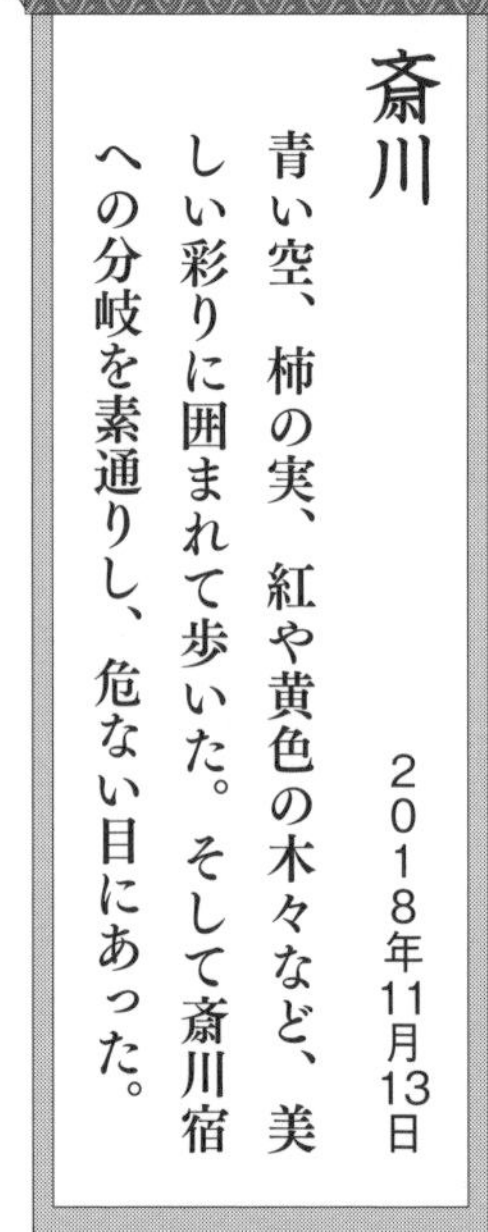

ちょうど東京まで300km。この道は狭くてあぶない。

斎川

青い空、柿の実、紅や黄色の木々など、美しい彩りに囲まれて歩いた。そして斎川宿への分岐を素通りし、危ない目にあった。

2018年11月13日

白石宿を後に斎川宿に向けて歩き出す。天気は晴れで風がなく気持ちよく歩き始めたが、11月中旬なのに暑い。東北地方を歩くので防寒着を着てきたが、汗をかく有様だった。今年の夏は暑かったが、秋になっても暖かさは続いているようだ。私の様に徒歩の旅をしていると、どうしても気温には敏感になる。

周りの木々は紅葉の盛りで、道の横には柿の木が多く、柿の実の橙色も秋の季節の彩りを引き立てている。国道4号線を歩き、パーキングエリアのトイレに寄る。旧奥州街道はここから国道を離れて左側の道に入るのが正解である。私が持参した地図にもここから左側の道を行き、ＪＲ東北本線を横断して斎川小学校方面へ行く道にマーカーで塗ってある。しかし、何気なく国道4号線を直進してしまったのが間違いの始まりだった。国道の幅員は次第に狭くなり、車両の通行が多いうえに、路側帯の幅がほとんどなくなってきた。大型車が頻繁に直ぐ横を通過するので、かなり危険な状況になってきた。眼下には斎川小学校や集落が確認できる。明らかに集落のある辺りが斎川宿の中心である。大きな間違いをしたが、先程の分岐点から500m程進んだのと、戻るには左側通行になり車が私を後ろから追い抜き危険なのでこのまま歩き続けた。そんな訳で斎川宿の様子はよく分からない。街道歩きをしているのに実に不甲斐ない行動だ。間違いに気づいた時直ぐに引き返すべきだった。

道を間違えたが一つだけいいことがあった。「東京まで300㎞」の案内標示板を見つけたことだ。「東京まで400㎞」の標示は荒谷宿の手前で見た。あの時は区切りのいい数字を見たくて、意識して旧道に入らなかったが後で反省した。今回は不注意による見落としである。せっかくなので立ち止まり標示を描いたが、直ぐ横を大型車がスピードを落とさずに通過していくので怖かった。車の運転手達もこんな所に人が立って

斎川　馬牛沼とコハクチョウ

いるとは思いもしないだろう。やがて旧奥州街道が国道に合流して歩道のある道路になった。私が歩いた区間は道路に面して建物が全くなかったので、旧道が歩道の役割を果たしていたようだ。ここから旧道を歩いて斎川宿の中心部へ行こうか迷ったが、約2㎞を引き返して再び戻ってくるのに1時間はかかる。このまま前進することにしたが、ほろ苦い気持ちが残った。旅の初日から全く順調でない。

馬牛沼（ばぎゅうぬま）に着いたのは11時半。冬鳥のコハクチョウが15羽ほど浮かんでいる。今日は暖かいが、やはり冬が近づいている。沼を囲む紅葉した木々を見ながら昼食休憩とした。

55 越河宿

越河　土蔵と柿の木

2018.11.13 12:10
越河宿への街道を歩く。ここはまだ白石市。柿の実のあざやかな色を見ながら歩いていると、犬に吠えられた。

越河

仕上げの漆喰が破れ、下地の土壁と竹小舞が露出している蔵があった。そこからは長い年月と歴史が滲み出ていた。

2018年11月13日

ＪＲ越河（こすごう）駅方面に向かうため国道4号線から離れると、白石城が描かれたマンホール蓋があった。私は下水処理施設の設計業務をしていた事があり、ユニークな絵柄のマンホール蓋を見るとつい立ち止まってしまう。マンホールには一般に雨水桝と汚水桝がある。道路や建物及び敷地に降った雨は雨水桝に集められ、桝に接続された雨水管でポンプ場に送られて河川に放流される。一方、建物内のトイレや厨房等の生活排水は汚水桝に集められ、桝に接続された汚水管で下水処理場に送られ、規定の汚濁濃度以下にしてから河川に放流される。マンホール蓋には用途により「汚水」か「雨水」を記載するが、私が描いたマンホール蓋には「農集桝」と刻まれていた。私の知らない名称なので旅を終えてから調べたところ、「農業集落排水」用のマンホールで、農村地域の生活排水等を集める桝とのこと。私は白石市の農村地域を歩いていたことになる。

越河駅を過ぎてから街道筋らしい雰囲気になり、旧家や蔵が現れ始めた。やはり街道歩きはこうでなければいけない。白い外壁をした蔵があり、仕上げの漆喰がはがれ落ちて土壁が現れていた。さらにその土壁までが少し崩れて下地の竹小舞がうっすらと見えている箇所がある。蔵の横には柿の木があり、いかにも街道筋らしい景色で季節感も満点だ。奥州街道ではこの後たくさんの蔵を見かけたが、その始まりがこの土蔵だったと思う。建物様式は蔵造りといい、壁は土壁で藁を混ぜた土を塗り重ねて30㎝位の厚さがあり、外面を漆喰で仕上げたものが多い。農家では倉庫、商家では店舗に用いられ、防火性能や防湿性能に優れた構造である。前の宿場の斎川宿でもこのような建物が並ぶ雰囲気だったのだろうと思うと、道を間違えて通過出来なかったのが惜しまれた。まだ旅の初日である。これ以上道を間違えないように歩くことを誓った。

56 貝田宿

貝田　姥神沢旧鉄道レンガ橋付近に残る行先標示

福島県
国見町
2018.11.13 13:30
宮城県から福島県に入る。着実に南に進む。

貝田

２０１８年11月13日

宿場町の両端に「奥州街道 貝田宿」と書かれた案内板があった。歩く旅人への配慮が感じられて嬉しかった。

奥州街道
貝田宿
2018.11.13 14:20
貝田宿は趣がある
ところだった。
空は晴れて
周りは紅葉。
気分よく歩いて
いる。

越河宿を出てから国道4号線とJR東北本線に並行するように歩くが、再び国道に合流して少し行くと福島県国見町との標示があった。宮城県を歩き終わり福島県に入る。宮城県では有壁宿から越河宿まで25の宿場を通過した。

貝田駅を過ぎて国道を右に離れると「貝田宿」と書かれた看板が立っていた。そして「姥神沢旧鉄道レンガ橋」の案内標示に従い進む。案内板によると、明治20年（１８８７年）、旧日本鉄道の黒磯～塩釜間が開通した当初に建設されたレンガ積アーチ構造の鉄道橋で、貝田集落と近接して鉄道が敷かれたことから、蒸気機関車からの火の粉が原因で度々火災が発生した。明治41年（１９０６年）4月の大火で多くの住宅が焼失したことを受け、その後線路が北側の現在地に移設されると鉄道橋としての役目を終え、当時のまま残されたとある。しかし肝心のレンガアーチ橋が見当たらない。ガードレールの横の草地を少し下りて下をのぞくとレンガアーチ橋が見えるではないか。私が立っていたのはレンガアーチ橋の上にかさあげした場所だった。

今日の旅は貝田駅で終える予定だったが、まだ時間が早いので次の藤田宿まで行くことにした。「姥神沢旧鉄道レンガ橋」を後に歩いて行くと再び「奥州街道 貝田宿」の看板があった。宿場町の両端にこれが設置してあるらしい。街道を歩く旅人の私にとって、この様な地元の方々の配慮は大変嬉しい。看板の横に張られたクモの巣も街道筋の雰囲気を演出していた。

貝田　リンゴ畑と柿畑

道の両側に柿畑とリンゴ畑を見ながら歩く。どちらも収穫直前のようで、大きな実がたくさん付いている。どちらの果物も私の大好物だ。車はあまり通らないし、私にとっては正にプロムナードだった。

阿津賀志山古戦場の横を通る。源頼朝が奥州平泉の藤原泰衡を討伐した時の古戦場である。この様な戦場跡を見ると、平安時代の頃は奥州の地が発展していて、簡単に中央政府の言いなりにはならない力を持っていたのだろう。

この道はリンゴ畑と柿畑を見ながら歩くだけでも楽しいが、もうひとつ私の気持ちを和ませてくれたことがある。小中学校の下校の時刻なので生徒達とすれ違うが、皆が私に挨拶をしてくれる。私も「こんにちは」と返事をするが、元気を注入された感じがした。この楽しかった道もやがて国道4号線に合流した。

57 藤田宿

藤田　堰下古墳からの展望

2018.11.14 8:00
藤田 聖徳太子神社
紅葉に陽があたり輝や
いている。

藤田

２０１８年11月13～14日

リンゴ、柿、イチョウ、モミジ、刈り入れ後の田んぼと紅葉した山々。そして、それらを包み込む青い空。美しい景色だった。

道に迷いながらも15時半にJR藤田駅に到着。駅のベンチで今日の旅の感想をまとめながら電車を待つ。歩いている最中に記録出来なかったことを、忘れる前に手帳に書き留めるのは大切な心掛けである。

翌日は7時半に藤田駅に戻り旅を再開。先ずは観月台公園に行く。今日も天気は快晴だが、それだけに放射冷却で非常に寒い。池のほとりでカモを見ながら出発の準備を調える。池に隣接する聖徳太子神社に寄り今日の安全を祈願していると、紅葉した木々に朝日が当たり鮮やかな色となって輝き出した。

堰下（せきした）古墳に寄る。案内板によると古墳時代中期（5世紀中頃）の円墳で、表面には石が積まれていたとのことで、その石積みを模したように造られている。古墳の上に登ると草地になっていて、周囲の紅葉した山々が見える景色は素晴らしい。

2018.11.14
8:50 リンゴの
木の奥にイチョウ

2018.11.14 9:00 柿の木の奥には青空と
紅葉した山々。すごい景色
だ。

国道4号線と並行する旧道を歩き出す。最初にリンゴ畑が現れ、その奥に黄色く色づいたイチョウの木が立っている。次に現れたのは柿の木だ。背後の山々は紅葉し、それらを雲ひとつない快晴の青空が覆っている。少し行くと刈り取り後の田んぼが広がっていた。正に美しい秋の色彩に囲まれた日本の原風景を見た。

58 桑折宿

桑折　旧家

2018.11.14 9:20 桑折宿に向かっている。7つの石碑があり立ち止まる。
天気がよいので気持よい。

2018.11.14 10:00
桑折宿 奥州街道と羽州街道の追分。道標には『右奥州仙台道』、『左羽州最上道』と刻まれている。
追分石

桑折

2018年11月14日

奥州街道と羽州街道の追分に到着。それは、青森県の油川宿で別れた羽州街道との再会だった。

58　桑折宿

桑折　無能寺　御蔭廼松

旧家や石碑を見ながら歩き、奥州街道と羽州街道の追分に到着。休憩場所にもなっていて、奥州街道と羽州街道の説明が掲示されていた。羽州街道はこの桑折（こおり）宿から奥州街道と分かれて、奥羽山脈を越えて出羽国（山形・秋田県）に入る。それから出羽国を縦断して弘前を経て油川宿（青森市）で奥州街道に合流する。その油川宿は今年の５月中旬に通った。その時は雨の中を歩き、しかも足の裏の皮がむけて痛みがひどかったことを思い出す。そして油川宿で見た案内板には松前街道と羽州街道の説明が記載されていて、羽州街道は内陸の道なので多くの峠を通り、その長さは約５００㎞もあるので、すごい街道だなと思ったものだ。その道が私の立っているこの場所で再び合流したと言うことは、私もあれから相当な道程を歩いたことになる。この休憩所には油川宿の写真も掲示されていたので懐かしく想いながら眺めていた。

2018.11.14 法圓寺 芭蕉の田植塚
「風流の初めや奥の田植歌」

桑折宿は趣のある宿場町で旧家や蔵、寺社が多数見受けられた。最初に訪れたのは無能寺。そこにみごとなアカマツがあった。「御蔭廼松（みかげのまつ）」と記されている。幹が太くて、その上に松葉の扇が幾重にも重なっているように見える。桑折町のホームページによると、明治天皇の奥州巡幸の際に命名され、推定樹齢は４５０年とのこと。続いて法圓寺に寄り田植塚を見る。松尾芭蕉は「おくのほそ道」の中で、須賀川宿で俳人の等窮（とうきゅう）と言う人を訪れた時に、「白河の関越えではどんな句ができましたか」と問われ、「風流の初めや奥の田植ゑ歌」と答えている。田植塚は、後にこの句の真蹟を埋めて塚を築いたとされている。芭蕉は白河の関を越えてみちのくの地に入り、田植歌を聴いてみちのくの風流に触れたよろこびを詠んだ。

さらに歩いて行くと道の正面にモダンな洋風の建物が見えてきた。旧伊達郡役所である。建物の中に入って見学する。パンフレットによると、明治16年（１８８３年）に完成し、大正15年（１９２６年）に郡役所廃止となるまで郡行政の中心として機能し、その後福島県地方事務所などに使用されたとのこと。屋上に塔屋があるせいか、桑折町のシンボル的存在である。この建物の隣に種徳美術館があるが、時間がなくて入れなかったのは残念だった。

59 瀬上宿

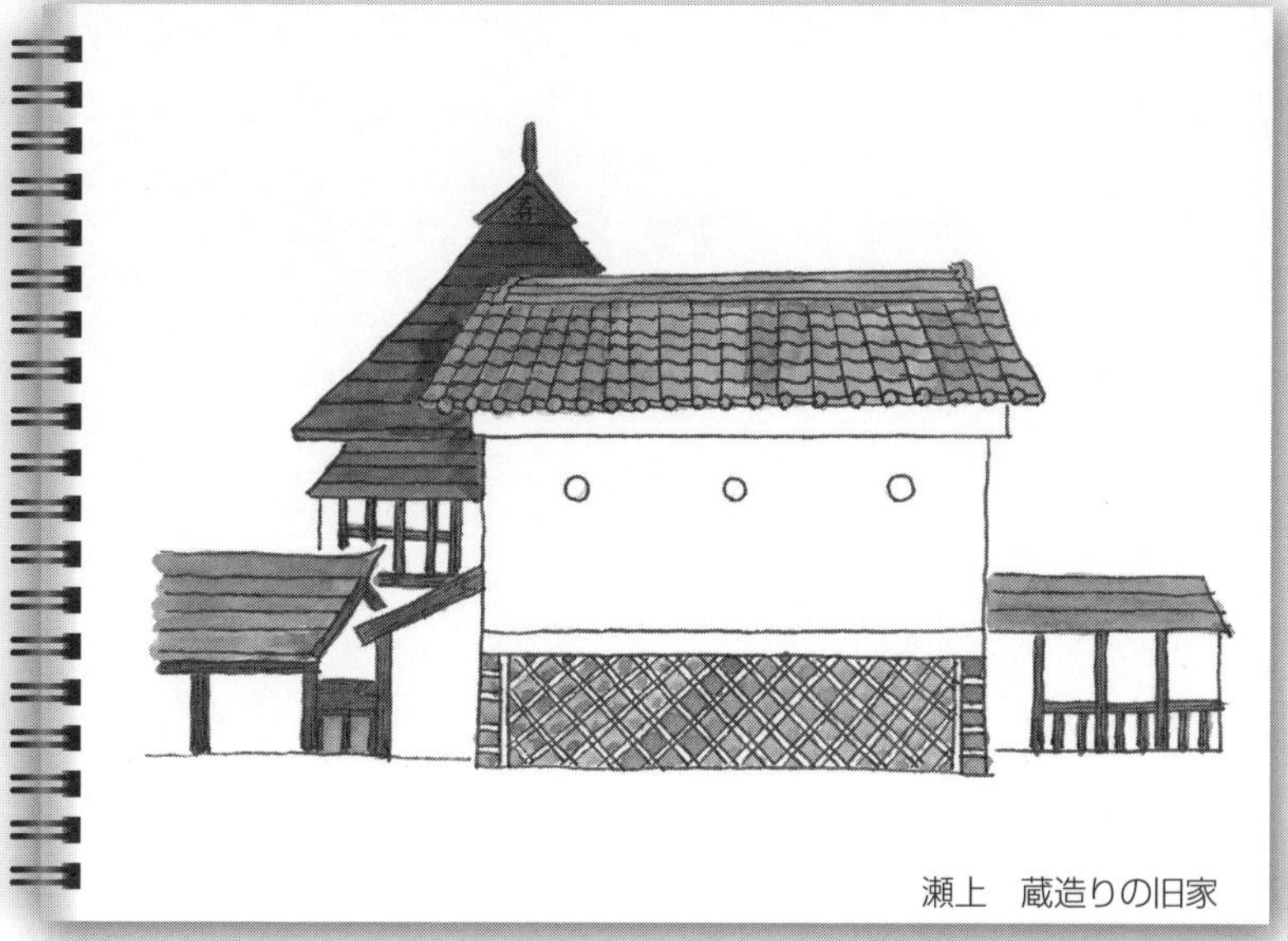

瀬上　蔵造りの旧家

2018.11.14 13:00 摺上川に架かる幸橋より。山の上の方で水蒸気をあげているのが気になる。何なのだろう。

2018.11.14
13:00
瀬上宿に入ると、雨水のグレーチングにサクラと木のマークがついている。いいね。

瀬上

「嶋貫本家」はすごかった。旧家や古い店舗を見て、昔の生活や宿場町の様子を想像するのが、街道を歩く旅の醍醐味だ。

2018年11月14日

瀬上宿(せのうえ)に近づくにつれて、大きな旧家や蔵が多く見られるようになった。そして気になるのは、右側に見える山から立ち昇る水蒸気だ。この辺りは飯坂温泉が近いので、山腹から湯煙が出ているのだろうか。地図を見ても山の名前はわからない。

摺上川(すりかみがわ)に架かる幸橋を渡り瀬上宿の中心部へと入って行く。足元の道路側溝に設置してある雨水排水用の蓋を見ると、鋳鉄製のグレーチング（溝(どぶ)の蓋）に木と桜のマークが描かれていた。マンホール蓋に描かれた絵はよく見かけるが、グレーチングとはめずらしい。このマークのために排水面積は若干減るが、多少排水の効率が悪くなっても町を楽しくしようとする遊び心がいい。町の余裕を感じるし、文化度が高いと思わせてくれる。

2018.11.14 13:50
瀬上宿
嶋貫本家
すごいな
これは。

とても大きな旧家があった。「嶋貫本家」の表示があり隣接する蔵造りの建物も大きい。ホームページによると先祖は上杉家の家臣で、江戸時代に武士を捨て福島の下飯坂へ移ってきたが、後に瀬上に居をかまえたらしい。この建物は明治時代に建てられた母屋で、十一代当主により復元され現在も当時の趣を伝えているとのこと。街道歩きの醍醐味のひとつが旧家や趣ある店舗を見て、昔の生活や街の様子を想像することだ。この「嶋貫本家」はかなり繁盛し、瀬上宿は賑やかな宿場町だったのだろう。この様な大きな建物をスケッチする時はかなり距離をとらないと描けない。私は道路を横断して斜め向かいの駐車場に行きフェンス越しに描いた。

60 福島宿

福島　信夫橋から吾妻小富士が見える景色

2018.11.14 15:05
福島競馬場の横を
通る。木でできた馬
あり。

2018.11.14
16:00
福島駅に着
いた。
新白河行
が停車し
ている。

福島

２０１８年11月14～15日

信夫橋を歩いていると、西側の視界が開け吾妻小富士が見えた。山の姿と共に火口が印象に残る。

2018.11.15.8:10AM 晴れ
福島駅横の陸橋より。今日の旅のはじまり。

15時に福島競馬場に到着。この日は開催していないので閑散としている。木で出来た馬が2体置いてあり、ここで休憩することにした。今日の宿泊はＪＲ福島駅近くのホテルなのでもう急ぐ必要はない。私は20年くらい前まで競馬が趣味で、よく競馬場に足を運んでいた。１９９０年中山競馬場で開催された第35回有馬記念に出走したオグリキャップのラストランをゴール線前で見ていたことがある。その単勝的中馬券は換金しないで思い出として所持していた。レースを終えてオグリキャップは最後に引き上げて来たが、鞍上の武豊騎手はかっこよかった。あの時のオグリコールと競馬ファンの熱気はすごかったが、この福島競馬場の雰囲気はどうなのだろう。

競馬場の近くに「古関裕而記念館」があるが、寄らないで先へ進む。古関裕而氏作曲の東京オリンピック行進曲を口ずさみながら歩き、16時に福島駅に到着。横を通る高架道路から駅のホームを見ると新白河行きの電車が停まっていた。新白河は東北新幹線の停車駅なので利用することがありそうだ。

翌日の天気は晴れ。誓願寺、真浄院、常光寺などを見ながら歩く。福島は都会なので旧家はあまり見かけないが寺社は多い。荒川に架かる信夫橋（しのぶばし）を渡ると西側の視界が開け、新幹線の高架の奥に紅葉した山々がきれいに見えた。火口らしきものがある山容は吾妻小富士だろう。

61 清水町宿

清水町　出雲大神宮

2018.11.15 9:40
濁川に架かる『はただはし』を渡る。
木造の橋で平成13年5月
に竣工。

清水町

2018年11月15日

共楽公園は紅葉の真っ盛りだった。特にモミジの紅色が美しく、「クマに注意」の看板が気になるが紅葉狩りを楽しんだ。

ＪＲ東北本線と並行するように県道１４８号水原福島線を歩き、濁川を渡る時に下流側を見ると木造の橋が架かっている。その橋に行ってみると、歩行者と自転車専用の橋で「はただはし」という。平成13年の竣工だが、やはり木で出来た橋は街道らしい情緒を漂わせる。「はただはし」を渡り再び元の県道に戻ると、旧奥州街道の案内矢印があった。案内に従い急な坂道を上ると共楽公園に到着。紅葉が真っ盛りで特にモミジの紅色がすごい。「クマに注意」との看板が少々気になるが、たぶん大丈夫だろうと思い休憩。周りには誰もいないので開放された気分になり心地よいが、時々後ろを振り返りクマへの用心は怠らなかった。

公園を後に山間の街道筋らしい雰囲気の道を歩き国道4号線に合流したが、その合流地点の場所が手元の地図で確認出来ない。私はＡ４判観音製本の道路マップを拡大コピーして、それを頼りに歩いているが、原本の継ぎ目のところに現在位置があるらしく地図に見当たらない。そもそもこの合流した道が本当に国道4号線なのか確信が持てない状況だった。本来の旧奥州街道は国道の左側に清水町宿へ入る道があるはずである。その分岐点を探すように歩き続けると、左側に下りる細い道を見つけたので入って行くと出雲大神宮の裏側に出た。そして神社の参道を通ると旧奥州街道に合流した。正しい道を見つけて安心したので本殿に戻り休憩。社伝によると、出雲大神宮は「炭焼きの藤太」が氏神として祀った神社で、藤太は縁結びの出雲神様のご加護を頂いて、京より来た姫と結婚して四人の子供が生まれたが、その内の一人が「金売吉次」とのこと。吉次は平安時代末期の商人で、奥州で産出する金を商い、源義経が藤原氏を頼って平泉に下るのを助けたとされている。三厩宿から始まった奥州街道の旅だが、義経に関連する伝説によく出会う。

62 若宮宿

若宮　馬頭観世音の石碑

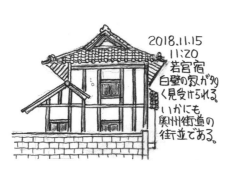

若宮

2018年11月15日

草地の斜面に馬頭観世音と刻まれた石碑があった。昔からここは人と馬が行き交う街道だったのだろう。

2018.11.15
11:20
若宮宿
白壁の家が多く見受けられる。
いかにも
奥州街道の
街並である。

出雲大神宮を後に静かな道を歩いて行くと国道4号線に出るが、それを横断して県道114号線へ進む。ここも車がほとんど通らない静かな道で、紅葉した木々の赤色や黄色が美しい。上から赤いモミジの葉が落ちてくるので、秋の風情が満点だ。この様なきれいな景色に出会うと、どうしても足の運びは遅くなる。ゆっくり歩いて行くと11時20分に若宮宿に到着。旧家は見られないが白壁の家や蔵があり、家々が並ぶ通りは短いが昔の街道らしさが感じられた。梁と柱が露出した漆喰仕上げの白壁の家を見ていると、個々の建主が昔から続く地域の街並みを受け継いでいこうとする意志が見えてくる。

若宮宿を過ぎて少し行くと、草地の斜面に馬頭観世音と刻まれた石碑があった。その周りにも小さな石碑と石仏が点在している。観音菩薩は一般に穏やかな顔をしているが、馬頭観音は忿怒相の頭上に馬頭をいただいていることが多い。馬の無病息災、あるいは旅人の安全のために、道の分岐点によく置かれている。時代が進むにつれて人や物の流通が活発になり、移動の手段として馬が使われることが多くなったので信仰されるようになったのだろう。馬頭観音の石仏は2年程前に中山道を歩いた時によく見かけた。話は旅から離れるが、東北地方を中心に「曲り屋」と言うL字形平面の家屋がある。人が暮らす母屋と馬舎が一体化した住宅で、岩手県の「南部曲り屋」はよく知られている。馬は昔から大切にされてきた。

正午近くになったので、昼食のために座ることができる場所を探しながら歩く。道端に防火水槽があり、段差になっているので腰掛けておにぎりを食べた。日向ぼっこをしながら、紅葉した木々に囲まれて食べるおにぎりは旨かった。「歩く旅人」であることを実感するひとときである。

63 八丁目宿

八丁目　県道114号線の紅葉と黄葉

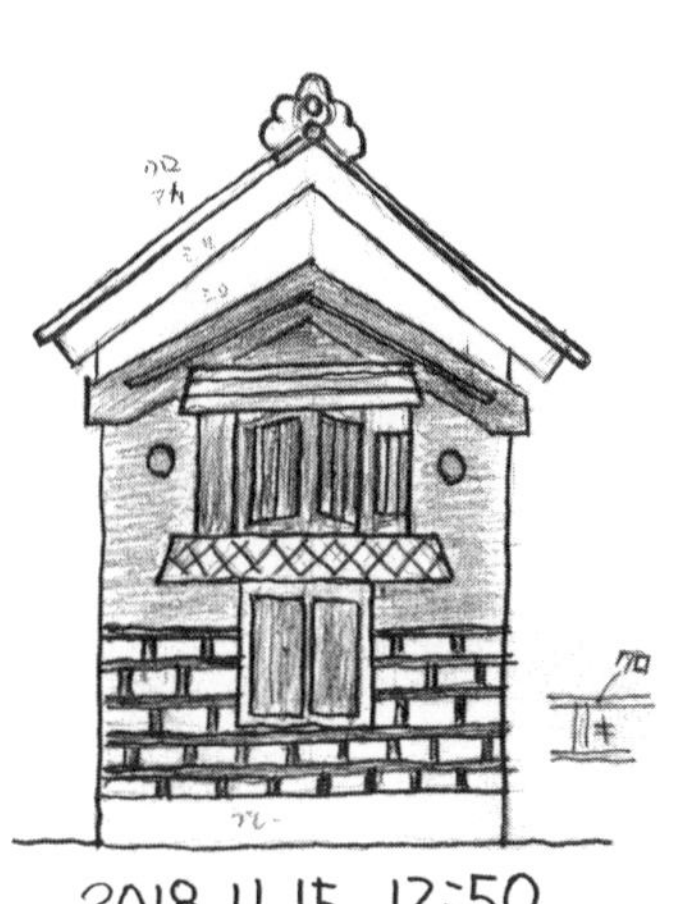

2018.11.15　12:50
八丁目宿に入ってきた。蔵が
多い。黒い蔵があるので立ち
止まる。

八丁目

八丁目宿に入ってから、蔵をよく見かけるようになった。蔵は奥州街道の街並みの景観を担ういい役者だと思う。

２０１８年11月15日

県道114号線を八丁目宿に向けて歩く。道は左側が黄葉、右側が紅葉といった感じである。私は左側を歩いたが、歩道には黄色い落ち葉が分厚く積もって絨毯のようにふかふかだ。風が吹くたびに黄色い葉が上から落ちてくる。いかにも晩秋の旅でいいなと思う。

八丁目宿が近づくにつれて、蔵が多く見られるようになった。これは福島県に入った貝田宿辺りから感じているが、敷地の中に蔵のある家が多い。それも単に漆喰塗りで白壁の蔵ではなく、腰壁部分になまこ壁風の装飾があるなど、デザイン的に工夫をこらしたものがたくさんある。まるで建て主が、周囲の蔵より少しでも目立たせようと競っているかのようだ。そんな中、黒い色の外壁で下の部分は黄色を基調とした石積み風の蔵があったのでスケッチした。蔵は土壁に白い漆喰仕上げの基本スタイルから、気候や特性を考慮し、その地域で産出される材料を使い、さらに持ち主の感性に合わせてデザイン面でも発展させながら今日に至っているようだ。蔵があるくらいだから敷地はとても広くて、蔵の横に大きな旧家が建っていることが多い。蔵のある街並みを見ていると、蔵は福島県の文化と歴史の一端を担っていると思う。蔵の中には何が入っているのだろうか。分厚い窓の扉は重そうだが、どんな蝶番がついているのだろう。人の力で開閉が出来るのだろうかなど、とりとめのないことを考えながら歩いた。

ガソリンスタンドの横を通過すると、ここが本陣跡とのこと。先程通った若宮宿で馬頭観世音の石碑を見たこともあり、旅の移動手段は徒歩や駕籠等の人力から馬へ、そして今日では自動車へと変わってきたことを象徴しているように思われた。この後、旧奥州街道に入り損ねて道を間違えた言い訳は、次の二本柳宿の項で記載する。

64 二本柳宿

二本柳　二本柳由来の石碑

二本柳

2018年11月15日

安達太良山を遠くに見ながら歩いた。旧奥州街道を歩いているつもりでいたが、違う道を歩いてしまったのが残念だ。

2018.11.15 13:45 はれ もうすぐ二本柳宿
見えているのは安達太良山だろう。

八丁目宿の本陣跡から二本柳宿までの約４㎞の道は、事前の調査不足により旧奥州街道を歩かないで県道114号線を歩いてしまった。そのため二本柳宿の街並みの様子はよくわからない。街道歩きの道中記なので、この様なことではいけないが、私は旧街道を忠実に歩くことに必ずしもこだわらない。所詮江戸時代と全く同じ道は歩けないことが多い。江戸時代に船を使って渡っていた川は、今では橋が架けられている。また今までの奥州街道の旅でも、旧道が途中で行き止まりになっている所があった。私は美しい景色の中を歩いている時など、気ままに旧街道とは違う道を選択することもある。この道中記で奥州街道の正確な道順や地図を掲載すれば一層充実した内容になるが、私が歩いた道と旧街道は、完全には一致していない。地図を掲載しない理由はこのためである。この時に歩いた県道114号線は右手方向に視界が開けていて、安達太良山がよく見えたので十分に満足した。しかし苦しい言い訳であることは十分に承知している。

私が安達太良山に登ったのは4年前の10月下旬だった。寒くて風が強く、岩に雪がエビのシッポ状に付着していた。その日は天気がよくて、山頂から磐梯山や飯豊連峰がきれいに望めた。安達太良山は活火山なので山頂付近は荒涼とした世界だった。山頂から少し下った所にある「くろがね小屋」に宿泊したが、夜中に外に出て空を見上げると、北斗七星がきれいに輝いていたのを覚えている。その山を今は麓から眺めていた。

県道114号線の右側に「二本柳の由来」の石碑が立っていた。近くに行ったが文字が薄くて読めない。石碑の前には小さな菊が花を咲かせていた。石碑の横に朽ちたような老木があったが、地名の由来に関連があるのかは分からない。ここから旧道に入り二本松宿に向け歩いて行った。

65 二本松宿

二本松　高村智恵子の生家

2018.11.16 7:25AM
二本松の集水桝の蓋は菊。
今は菊祭りの時だ。
霞ケ城公園では
菊人形展を開催
しているが、寄るこ
とはでき
ない。

二本松

2018年11月15～16日

高村智恵子の生家に寄る。記念館で紙絵が展示されていたが、素朴な感じがする作品が並んでいた。

二本松宿へ近づくにつれて、街道の両側に商店が並び賑やかになってきた。15時に高村光太郎著『智恵子抄』で知られる高村智恵子の生家に到着。パンフレットによると、建物は明治初期に建てられた造り酒屋で屋号は「米屋」、酒銘は「花霞」である。建物の2階部分に大きな看板があり、杉玉がぶらさがっていた。この裏庭に酒蔵をイメージした智恵子記念館があり、高村智恵子に関連する作品や資料が展示されていた。紙絵の展示が多い。高村光太郎は『智恵子抄』の中で、「マニキュアに使う小さな、先端の曲がった鋏を一丁手にして、暫く紙を見つめていてから、あとはすらすらと切りぬいてゆく」と記述しているが、その作品がこれらなのだろう。素朴で少しユーモアが感じられる紙絵だった。紙絵を除けば、智恵子の作品は大部分が戦火で失われたとのこと。展示作品から、高村智恵子が豊かな感性を持っていたことがしのばれた。

記念館を後に二本松市の中心部へ入って行く。道路幅が広くなり道の両側には蔵を模した店舗がたくさん並んでいた。明らかに奥州街道を意識した店構えが多い。今日の宿泊はＪＲ郡山駅近くのホテルなので二本松駅へ急ぐ。夕方になり寒くなってきた。二本松駅に到着したのは16時。この駅に来たのは4年前の安達太良山登山の時以来である。駅前にある二本松少年隊士像を見ながら郡山方面行きの電車を待っていた。

翌日は7時に二本松駅を出発。手がかじかむくらい寒い。霞ヶ城公園では菊祭りを開催しているが、駅から1㎞程離れているので寄ることは出来ない。歩道にある集水桝に菊がカラーで描かれているのを見ると、地元では菊祭りに力を入れているのがよく分かるだけに行けないのが残念だ。しかし、この時間ではまだ開場していないだろうと思い先へと進んだ。

66 北杉田宿

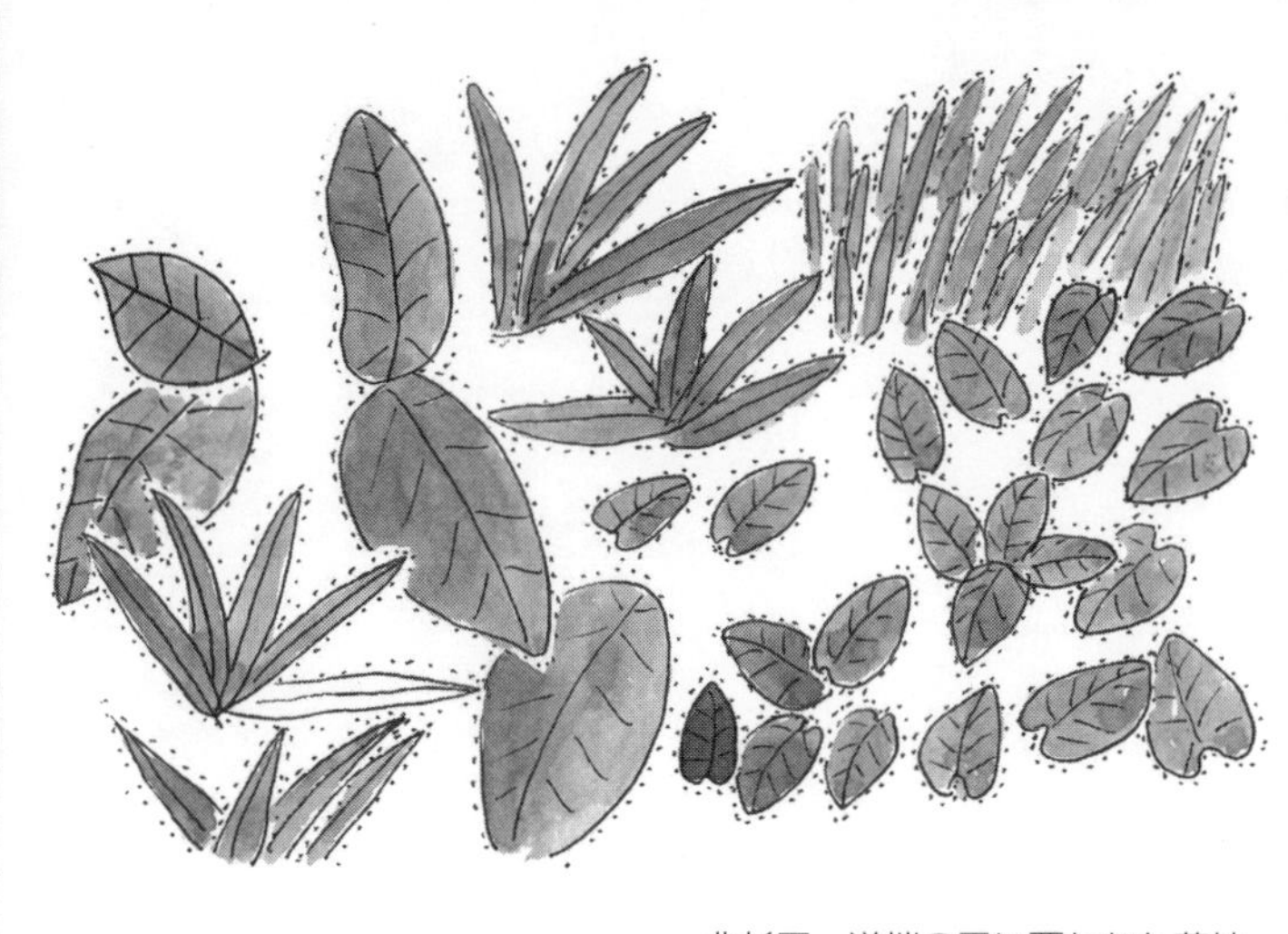
北杉田　道端の霜に覆われた草地

2018.11.16 7:30AM 北杉田宿へ歩いている。
通学の小学生達は皆が私にあいさつをしてくれる。
空気は冷たいが
心の中は温か
くなった。

北杉田

2018年11月16日

快晴の空の下で、安達太良山は陽が当たり輝いていた。高村智恵子が見た「青い空」とは、こんな感じだったのだろう。

今日の天気は快晴。そのため放射冷却が強くて非常に寒い。まだ朝の7時半前なので白い息を吐きながら北杉田宿に向けて歩く。幅員の狭い車道にもかかわらず、朝の通勤時間帯のせいか車両の通行が多いので気を付けながら進む。通学の小学生達とすれ違うが、皆が私に「おはようございます」と挨拶をしてくれるので、空気は冷たいが私の心の中は温かくなった。皆が元気にランドセルを背負って1列に並んで歩いているので、礼儀正しい様子が微笑ましい。

あまりに寒いので、さらに上着を着ようと歩道からはずれて日陰になっている草地に入ると、緑色の草の表面に白い霜が産毛のように付いて、草全体はエメラルドグリーン色になっていた。私だけでなく、草も凍えているように見えて愛おしく思った。ふと顔を上げると、安達太良山が透明な空気と青い空に包まれて、陽が当たり輝いている。高村光太郎は『智恵子抄』の中で「智恵子は東京には空がないといふ、ほんとの空が見たいといふ。私は驚いて空を見る。桜若葉の間に在るのは、切っても切れないむかしなじみのきれいな空だ。どんよりけむる地平のぼかしはうすもも色の朝のしめりだ。智恵子は遠くを見ながらいふ。阿多多羅(あたたら)山(やま)の上に毎日出てゐる青い空が智恵子のほんとの空だといふ。あどけない空の話である」と記述している。高村光太郎が見たのは霞がかったぼんやりした春の東京の空であり、高村智恵子が言っているのは、私が今見ているような寒い季節の空だと思われる。遠く離れたこの場所から見る安達太良山は、なだらかな優しい姿をしていた。北杉田宿は古い店舗や旧家は見かけないが、朝の凛とした空気の中を通り過ぎて行った。

67 南杉田宿

南杉田　蔵

南杉田

南杉田宿で見た蔵は美しかった。仕上げ材の漆喰が剝がれて、黄色と黒い色の土壁が露出していたが、それは長い年月の中で生まれたデザインである。

２０１８年11月16日

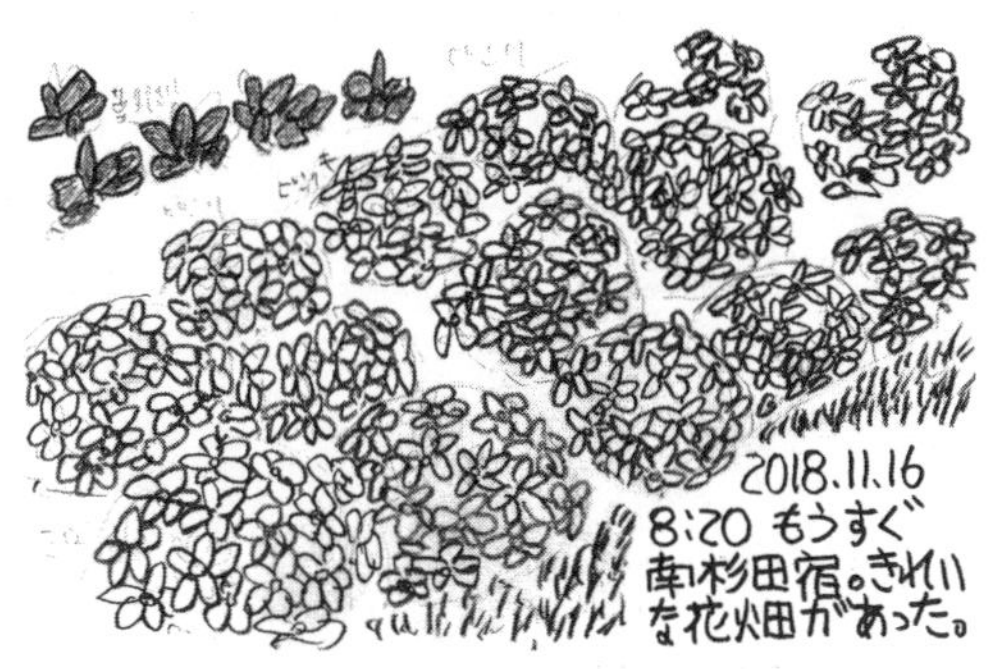

2018.11.16
8:20 もうすぐ
南杉田宿。きれいな花畑があった。

北杉田宿と南杉田宿の間は約１㎞と短い。途中、小さな菊が栽培されている畑の横を通る。菊は黄色やピンク色の小さなかたまりになっていて可愛らしい。きれいに管理されているので、鑑賞のために販売する花だろう。その隣に葉物野菜が植えられていた。ＪＲ杉田駅に寄りトイレ休憩をする。ＪＲの駅には駅舎の外にトイレがあることが多いので、私は少しくらい街道から離れていても寄ることにしている。そしてこの頃から日が差して暖かくなってきた。

杉田駅を過ぎてから旧家や蔵が現れて、街道筋の宿場の雰囲気が増してきた。その中で、表面の漆喰が一部剝がれて、下地の黄色や黒い色の土壁が露出している蔵があった。かなり古い蔵のようで、時代を乗り越えてきた貫禄に満ちている。それにしても、この中には何が入っているのだろう。中は暖かいのだろうか。置き屋根形式の蔵なので、屋根と壁との間に隙間があるように見えるが、雪や雨は吹き込まないのだろうか。そこから小鳥は侵入しないのだろうか。地面に近い部分の漆喰が大きく剝がれているのは、雪が積もった時に水がしみ込んで凍結してダメージを受けたために違いない。出入り口と思われる扉が高い所にあるのは、積雪に備えての対策だろう。それにしては、なぜ扉の真下に床下換気口があるのだろうか。これらの疑問が次々と頭の中を駆け巡る。しかし使い勝手がいい建物だから、今日まで残っているのだろうというアバウトな結論にしておいた。私は建築設備設計の技術者なので、ついこの様な視点で建物を見てしまう。

南杉田宿を過ぎると山間の静かな道へと入って行く。二本松市から大玉村へと旅の舞台は移った。

68 本宮宿

本宮　石雲寺

2018.11.16 9:50 本宮宿へ歩いている。安達太良山を見ていると何かほっとした気持になる。

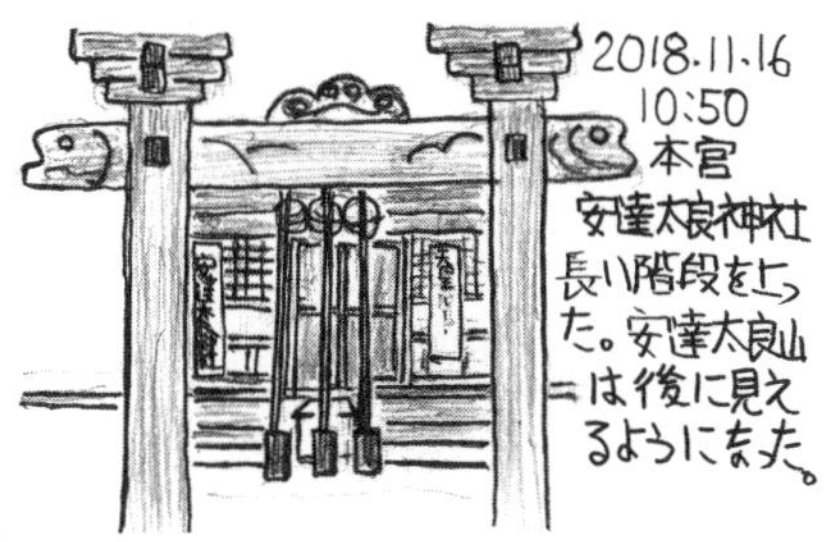

2018.11.16
10:50
本宮
安達太良神社
長い階段を上った。安達太良山は後に見えるようになった。

本宮

２０１８年11月16日

石雲寺の大イチョウは、黄葉の盛りだった。本堂を差し置いて、この木が主役を張っているかのようだ。

県道355号線は静かな山間の道で、大玉村に入ると家々が点在するようになった。刈り入れの終わった田んぼの向こうには、ＪＲ東北本線の貨物列車が通過して行く。背後の山々は紅葉していて、さらに奥に見える山は安達太良山だ。奥州街道をここまで歩いてきたが、青森県では八甲田山、岩手県は岩手山、宮城県は蔵王連峰、そして福島県では安達太良山が街道を代表する山だろう。右手に見えている安達太良山だが、少しずつ背後に移動していく。私は着実に南に向けて前進していた。

本宮宿に入ると、川の向こう側に石雲寺が見えた。寺まで行くには橋が少し離れているので、県道から川の土手道に移動して、川越しにスケッチをすることにした。大きなイチョウの木が本堂よりも高い。イチョウは今が黄葉の真っ盛りといった感じだ。近くで見るより少し離れたこの場所から見た方が、本堂や鐘堂、松など境内全体の配置がよく分かり、イチョウの大木のスケール感が強調されて素晴らしい景色だと思う。スケッチを終えてから、安達太良神社へ続く長い階段を上がり今日の安全を祈願する。落ち葉で焚火をしている方がいたが、火から離れたので戻ってくるまでの間、本殿を見ながら焚火の番をすることにした。

神社を後にして安達太良川を渡るが、地図を見ると直ぐ下流で阿武隈川に合流している。後日談となるが、約11カ月後にこの地域を台風が襲い、阿武隈川と安達太良川の堤防が決壊して大きな被害をもたらした。奥州街道の旅では何度か大雨警報が発令された雨の中を歩き、吉岡宿では停電になる程の台風に遭遇した。この様な災害報道に接する度に、私は大きな自然災害から偶然免れて旅を続けることが出来ているのだと思う。

話を道中記に戻す。ＪＲ本宮駅前の広い通りを歩くと趣のある店舗や蔵があった。本宮宿は爽やかな感じがする明るい雰囲気の宿場町だった。

69 高倉宿

高倉　鹿島神社　走り廻る狛犬

2018.11.16
12:10 高倉
鹿島神社
イチョウの
落葉が
一面に
ある。

高倉

鹿島神社ではイチョウの落ち葉が敷き詰められた参道を歩き、階段を上がると狛犬が岩の上を走り廻り吠えあっていた。

２０１８年11月16日

本宮宿を出ると県道8号線、355号線を歩いて五百川に架かる五百川橋を渡り、鹿島神社に着いた時は正午を過ぎていたので昼食休憩とする。ここは高倉宿である。鳥居の前に大きなイチョウの木があり、落ち葉が参道に敷き詰められ、黄色い絨毯の上を歩いているかのようだった。高倉宿を代表する1枚はこの景色だと思い、鳥居を正面から見て描く。その後鳥居をくぐり、本殿へ続く階段に腰かけておにぎりを食べながら通ってきた鳥居を見ると、ここからの方がさらにいい景色である。それに座っているので、安定した姿勢でじっくりと描くことが出来る。この場所から再び鳥居がある風景をスケッチしようかと思ったが、時間を費やすのが嫌なので止めた。私は各宿場で最低でも1枚は手帳に簡単なスケッチをしながら旅を続けている。その1枚をどこにするかは成り行きで決めるが、この様に一度描いた後で同じ場所を描き直したいと思うことは多々ある。そんな時、描く場所を見極める勝負に負けたような気がするので、描くことはほとんどしない。私は一期一会の気持ちを大切にして歩いている。最初の出会いを重視していると言えば聞こえがいいが、簡単に言うと十分に考慮して描く場所を決めていないということになる。

黄色の落ち葉と鳥居のある景色に満足したので次の宿場へ行こうと思ったが、まだ本殿を見ていないことに気が付く。階段を上がって行くと、岩の上に乗っている狛犬があるではないか。互いに吠えあって岩の上を飛び廻っているような感じだ。狛犬は一般に台座に鎮座して一対になっているが、この狛犬は岩の上をすみかにしているかのようで躍動感にあふれている。先程までスケッチする場所の選定を誤った気持ちを少し引きずっていたが、ここで勢いを取り戻した。再び黄色の絨毯の上を歩き、鳥居を過ぎてから一礼をして、次の日和田(ひわだ)宿へ向けて出発した。

70 日和田宿

西方寺の傘松
日和田　蛇骨地蔵堂から見た西方寺の傘松

2018.11.16
13:15
日和田への途中
奥州街道松並木

2018.11.16
13:30
安積山公園
松と紅葉
みごとだ。

日和田

２０１８年11月16日

松並木の道、安積山公園の松、西方寺の傘松など、日和田宿は松尽くしの宿場町だった。やはり街道には松がよく似合う。

県道355号線を歩いて行くと、松並木が見えてきた。街道歩きの旅では松をよく見かけるが、この様な立派な松並木に出会ったのは久し振りだ。奥州街道の旅で最初に見た松並木は平舘海峡に面した平舘宿で、見事な黒松の並木道だった。それから七戸宿で見た松並木もよかった。暑い日だったので木陰で休憩した時に吹き抜ける風の涼しさに松並木のありがたさが身に染みた。そしてこの日和田の松並木だが、アカマツがたくさん植えられていた。奥州街道の松並木は規模が大きい。

安積山（あさかやま）公園に来ると、ここにも大きな松があった。その隣に赤く色づいたモミジがあり、その組み合わせは絶妙だ。日和田宿だが、松尾芭蕉の「おくのほそ道」では「檜皮（ひわだ）の宿」の名で登場する。芭蕉はここで幻の花「花かつみ」を土地の人に尋ねながら捜して歩いたが、誰も知る人はいなかったと記述している。また浅香山（安積山）があり街道からも近く、付近には沼が多いとの記載がある。地図を見ると、ＪＲ日和田駅を過ぎた辺りには確かに沼が点在している。古今和歌集より「花かつみ」を詠う歌を紹介する。「みちのくの あさかのぬまの 花かつみ かつ見る人に こひやわたらむ」この花がどの植物を指すのかは諸説あり特定されていないようだ。郡山市のホームページによると、明治9年明治天皇の東北巡幸の際、日和田の安積山の麓の御休憩所で「菖蒲に似て最些小花（いとちいさき）」なるヒメシャガを花かつみとして天覧に供しました。以後「ヒメシャガ」が「花かつみ」とされ、昭和49年に郡山市の花に制定されたとのこと。

日和田の市街地に入ると西方寺に寄り、続いて蛇骨地蔵堂に行く。そこに「西方寺の傘松」と名付けられた松があった。きれいに剪定されて、枝が見えないくらいに扇の形をした松葉が幾重にも重なっていた。日和田宿は松尽くしの宿場町だった。

71 福原宿

福原　宝沢沼

福原

宝沢沼の周囲の木々は紅葉してきれいだった。この景色を前にして俳句を試みる。

「秋深し　手帳に落ちる　紅一葉」

２０１８年11月16日

2018.11.16
15:00
福原宿
民家を
見ながら
一休みを
する。

ＪＲ日和田駅を過ぎてから、県道３５５号線から離れて東北本線の上を横断する高架へ進み線路の反対側に出る。近くに日和田小学校があり、下校の時刻なので大勢の児童達と一緒に歩いた。「こんにちは」と挨拶をしてくれる生徒が多い。今日の朝、北杉田宿で出会った児童達は登校中だったので「おはようございます」の挨拶をしてくれた。福島県では人に温かく接する文化が根付いているのだろう。挨拶は互いの心を明るくする。私の住む地域も含めて、都会では見知らぬ人に子供達が挨拶をすることはほとんどない。人が多すぎるので挨拶などしていられない一面はあるが、犯罪に巻き込まれるのを防ぐためでもある。

再び県道３５５号線に合流した所で地図を確認すると、右手に宝沢沼があるので寄る。カルガモが水面に浮かび、周囲の木々が紅葉していた。沼の周りは散歩コースになっていて、たくさんの人が歩いていた。きれいな景色なのでスケッチをしていたら、手帳にモミジの葉が1枚落ちてきた。松尾芭蕉は「おくのほそ道」で、この辺りには沼が多いと記述している。確かにこの付近には沼が点在していて、その中で一番大きいのがこの宝沢沼である。芭蕉は春に通過したが今は晩秋だ。芭蕉も宝沢沼に寄ったに違いない。私の方が芭蕉よりも美しい景色を目にしていると思うと、愉快になり俳句を試みる。「秋深し 手帳に落ちる 紅一葉」 状況をそのまま文字に並べただけの駄句だが、思ったことを簡潔な文章にまとめる作業は結構おもしろい。松尾芭蕉は楽しみながら「おくのほそ道」の旅を続けたのだろうと思えてきた。

福原宿は日和田宿と同じで、街道に面した敷地の区画は間口が狭くて奥行が長い。そこに建つ民家は入母屋屋根と漆喰の白壁を組み合わせた建物が多かった。

72 郡山宿

郡山　安積国造神社　御神楽殿

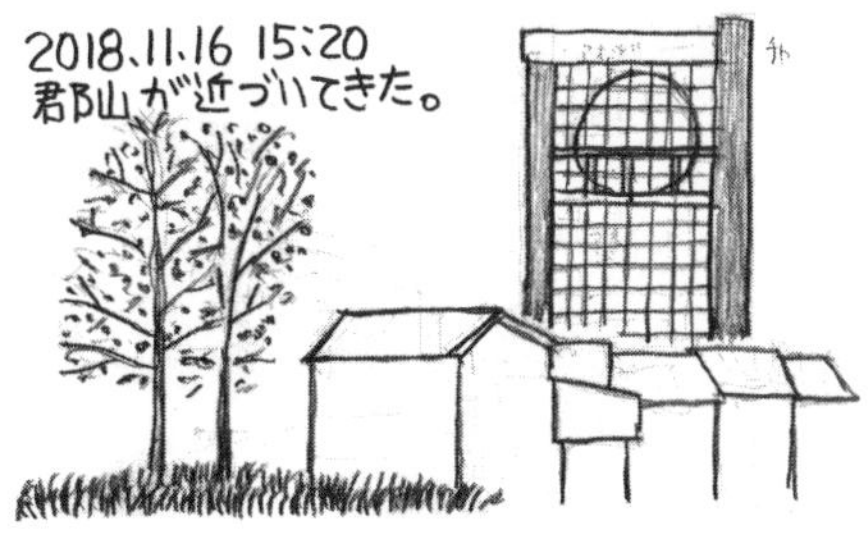
2018.11.16 15:20
郡山が近づいてきた。

2018.11.16 15:50
郡山宿 大町道標、
奥州街道と会津
街道の追分。
今日の宿
泊地に
無事到着。
右奥州
左會津
大町道標

郡山

2018年11月16〜17日

安積国造神社の御神楽殿に巨大なお多福の面が掲げられていた。ユーモア度満点だが、近くでよく見ると少し怖い表情をしていた。

県道３５５号線を進むと郡山市街地のビル群が見えてきた。球体が上部に浮かんでいるような「ビッグアイ」が一際目立つ。ＪＲ磐越西線を潜ると郡山駅は近い。磐越西線は毎年裏磐梯にクロスカントリースキーに行く時に利用している。２月頃に猪苗代駅まで行くが、郡山駅周辺ではほとんど積もっていない雪が、40分くらい列車に乗っただけで雪深い景色に変わる。正に冬の日本列島の天候の仕組みが体験できる路線である。

阿邪訶根神社(あさかねじんじゃ)に寄り、今日も無事に歩き終えたことを報告。そして「大町道標」の横を通る。ここが奥州街道と会津街道の追分だ。案内文によると、左側の石碑が会津街道への分岐を示す道標で、「右奥州街道、左會津街道」と刻まれている。会津への道は明治19年に新設され、越後街道に出るとのこと。

今日宿泊するホテルには16時に到着。そしてスケッチの用紙があと5枚しか残っていないことを知る。私はスケッチを一日に10枚くらい描く予定で用紙を準備するが、今回は連日好天に恵まれたので描いた枚数が多かったようだ。スケッチ用紙が足りなくて旅の予定を短縮せざるを得ないとは実に不甲斐ない。

翌日は晴れ。須賀川宿まで行くのは諦め、郡山駅の隣の安積永盛駅まで歩いてから帰宅することにした。8時にホテルを出発。安積国造神社に寄り今日の安全を祈願する。御神楽殿にお多福の巨大な面が掲げられているが、これは一体何なのだろう。おもしろいお面だが、近づいてよく見ると少し怖い表情をしていた。

73 小原田宿

小原田　円寿寺　本堂の前にある大きな石

小原田

香久山神社のアカマツを描いていると、地元の方に声をかけられ、この神社の歴史を丁寧に教えていただいた。

2018年11月17日

2018.11.17
9:30 小原田
香久山神社
本殿前にある
アカマツ
がすごい。
これを描
いていると
地元の方
に声をかけ
られて土塁を案
内された。
ここは戦国
時代は城
だったとの
こと。

郡山駅を後に県道３５５号線を南に歩き、ＪＲ東北本線の踏切を横断すると小原田宿だ。郡山市街地に近いので昔の街道筋の雰囲気はあまり感じられない。円寿寺の境内に入ると、本堂の前に大きな石があることに驚く。石は灰色で中に茶色のストライプが混じっている。石の周りには芝が生えているので、まるで緑色の大きな座布団の上に石が座っているように見える。背後の木々は赤色、黄色、橙色に色づき、さらに松も植えてあるので秋の色彩がいい感じで配置されていた。

次に寄ったのが香久山神社。本殿の前にある大きなアカマツをスケッチしていたら、散歩をしていた地元の方に「何かこの神社を調査しているのですか」と声をかけられた。そして香久山神社の歴史などをいろいろと教えていただいた。この場所は戦国時代には城だったとのことで、本殿の裏には土塁の跡があるので案内をしてくれると言う。後について行くと高低差はあまりないが、それらしき雰囲気が伝わってきた。私が奥州街道を東京方面に歩いている旨を話すと、「頑張ってください」と激励された。地元の人との会話は旅の印象を一層深いものにする。

旅先で見た美しい景色は時間の経過と共に徐々に記憶から離れていく。スケッチをした景色も同様に記憶が薄れていくが、描いた絵を見ると再び記憶を呼び戻すことができる。しかし旅先で人から受けた親切は、描くことは出来ないが決して忘れることはない。形としては残らないが、いい思い出として心の中にいつまでも残り続ける。これが「日本縦断徒歩の旅」から得た教訓である。

74 日出山宿

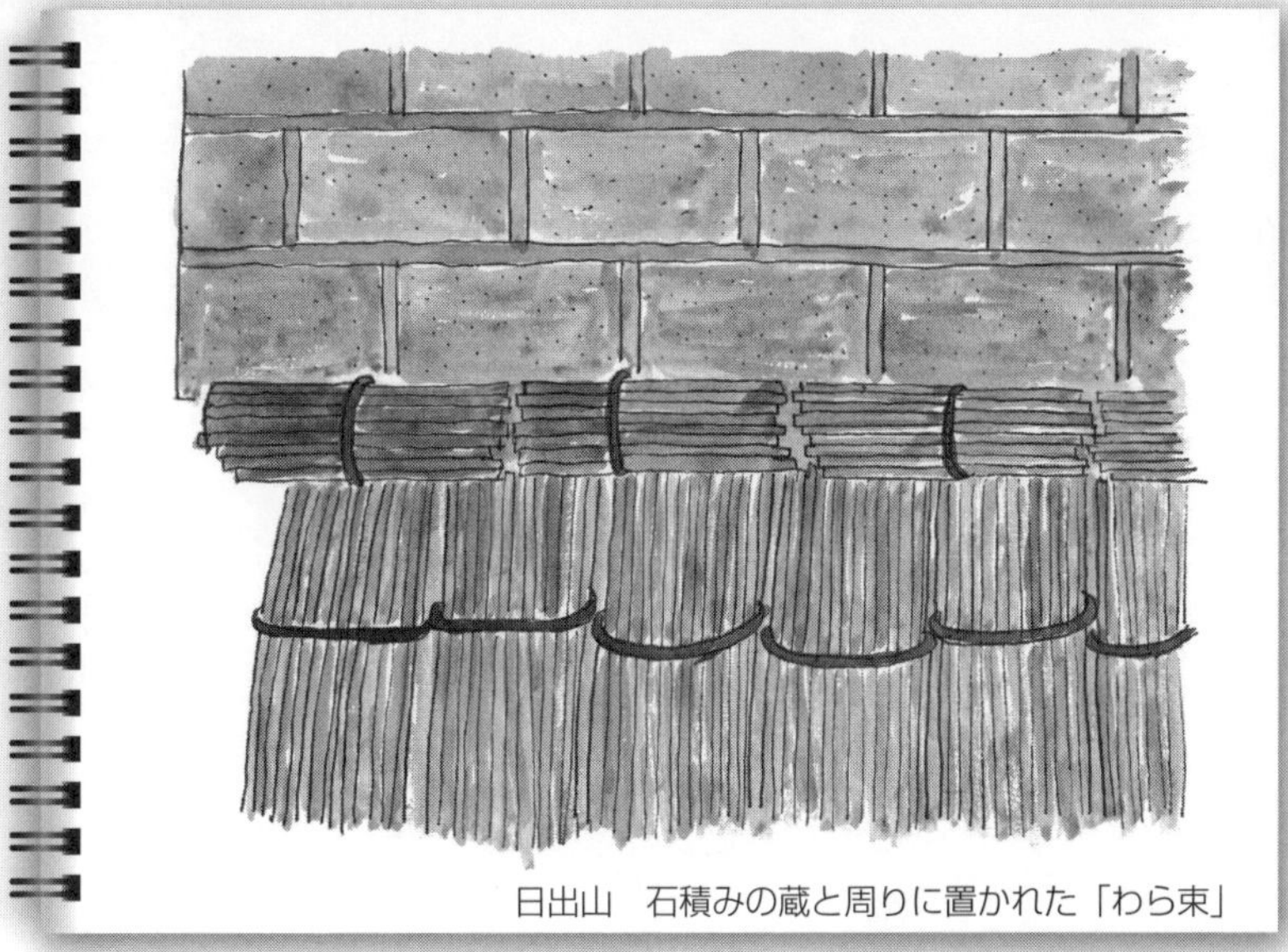

日出山　石積みの蔵と周りに置かれた「わら束」

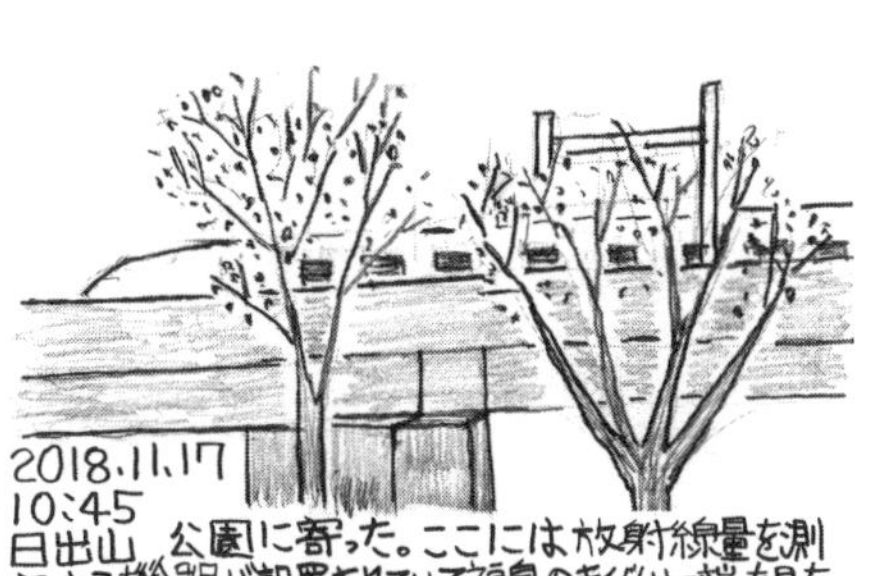

2018.11.17
10:45
日出山　公園に寄った。ここには放射線量を測定する機器が設置されていて福島のきびしい一端を見た。

日出山

石積みの蔵を数多く見かけた。蔵は必ずしも漆喰仕上げとは限らない。蔵のある景色はこの地域の原風景である。

２０１８年11月17日

国道49号線を横断して日出山（ひでのやま）宿に近づくと、蔵が頻繁に現れるようになった。それらの中には鉄筋コンクリート製で、外壁を白く塗装したものがある。やはり漆喰の白壁の感じを出したいのだろう。福島県に入ってから蔵をよく見かけるようになったが、蔵は街の風景に欠かせない構成要素のひとつで、この地域の原風景であり文化の一翼を担っている。福島県の北部では土壁の下地に漆喰を塗った蔵がほとんどだったが、この辺りから石積みの蔵を多く見かけるようになった。石は大谷石の様な気泡質の断熱性能が高そうな素材が使われていて、石積みの目地がアクセントになっている。腰壁部分の周りに「わら束」が置かれている蔵があった。基礎は鉄筋コンクリートで出来ているので、少しでも断熱性能を向上させて中に保管している物を寒暖から守っているのだろうと推測した。

公園がありトイレ休憩をすると、園内に放射能計測器が設置されていた。東日本大震災から7年以上経過しているが、福島県のきびしい現実を垣間見た気がした。今から2年程前のことだが、私は情報通信関連の研究機構に勤務していて、福島県の田村市と川内村の境にある大鷹鳥谷山（おおたかどややま）の山頂付近に設置されている標準電波通信施設を訪れたことがある。そこからは遠くに福島第一原発が望め、白い水蒸気のようなものが出ていたことを思い出す。施設の撤去までには長い年月がかかり、汚染水処理や除染等の課題が山積していることは認識しているが、早く放射能を意識しなくていい生活を取り戻してほしい。

この公園で描いたのが今日5枚目のスケッチで、持参したスケッチ用紙は全て使いはたした。これ以上は描くことができないので、公園を後にＪＲ安積永盛駅へ行き郡山駅まで電車で戻り、東北新幹線に乗り換えて帰宅。白石宿から始めた第3回目の奥州街道の旅を終えた。

75 笹川宿

笹川　JR安積永盛駅前を流れる阿武隈川

笹川

家紋の様な模様がある蔵を見ていると、蔵を建てることは家の誇りであり、昔から続く伝統の継承であると思う。

2018年12月3日

2018.12.03 10:20 くもり
水郡線を横切る。
その向こうを東北本線の貨物列車が通過。
文字ミドリ キャビネットグレー
135K770M
水郡奥州 踏切

今日から4回目の「奥州街道徒歩の旅」を再開。中山道の旅を終えてから2年間限定で「日本縦断徒歩の旅」を始めたが、残された期間は4ヶ月になった。もう12月なので気温は低く日暮れの時間は早い。この様な時期に東北地方を歩きたくないが宇都宮宿まで行く予定だ。JR郡山駅の新幹線待合室でNHKの朝ドラを見てから東北本線に乗り換えて安積永盛駅で下車。さすがに寒いが風がないのが救いだ。先ずは駅前を流れる阿武隈川を見に行く。カモ類がたくさん浮かんでいるが、冬鳥のキンクロハジロが多い。

県道355線を歩き出すと、間もなく笹川宿に到着。あまり古い民家や店舗は残っていないが、ブロックで出来た蔵が多いところに昔の街道筋の面影が感じられる。蔵には家紋のような模様が描かれていて、建て主が誇りを持って建てたことが分かる。物を保管するだけなら、単なる倉庫を建てればよいが、蔵でなければならない伝統及びその継承が福島県の各地域には根付いているのだろう。

JR水郡線の踏切を横断した。踏切付近にキャビネットがあり「水郡奥州踏切」と書かれている。水郡線は安積永盛駅と水戸駅を結んでいる路線である。ここで列車が通過すると絵になる風景だと思いながら眺めていると、その奥にある東北本線を貨物列車が通過して行った。水郡線は乗車したことがない路線なので、どんな列車が通るのか見たかったが、通過する時間が分からないのに何時までも待ち続ける訳にいかない。諦めて須賀川宿を目差して出発した。

76 須賀川宿

須賀川　宇宙恐竜ゼットン

2018、12、03
10：40
須賀川に
入る。
いい感じ
の蔵造り
の民家
あり。

須賀川

2018年12月3日

松尾芭蕉は須賀川宿で「田植歌」を披露したが、ウルトラマンシリーズの怪獣を見た時、私の頭から芭蕉は完全に消え去った。「宇宙恐竜ゼットン」、「コイン怪獣カネゴン」、「友好珍獣ピグモン」など、懐かしい面々が通りの両側に並んでいた。

筑後塚供養塔群に到着。説明板の文字は読み取れないが「庚申」、「三夜」、「十三夜」、「二十三夜」と刻まれた石碑がたくさん並んでいるのを眺めながら休憩。そしてJR東北本線を下に見て県道355号線を進むと松尾芭蕉が描かれた絵があった。芭蕉は「おくのほそ道」の旅で、須賀川宿では「風流の初めや奥の田植ゑ歌」を披露している。桑折宿の法圓寺では田植塚があり、後にこの句の真蹟を埋めたとされていた。

須賀川駅で昼食休憩としたが、何故かウルトラマンのグッズが販売されている。パンフレットがあるので手に取ると、「須賀川市はM78星雲　光の国と姉妹都市です」と書かれている。特撮の神様と称せられる円谷英二監督が須賀川出身とのこと。そしてウルトラマンや怪獣の像が駅前の通りに展示されていると書いてある。これを読んだ時、私の頭から松尾芭蕉は完全に消え去った。直ぐに怪獣の像を見たくなり駅を飛び出した。私がテレビでウルトラマンを見たのは小学5年生の頃だった。歌詞を口ずさみながら進む。「胸につけてる　マークは流星……」最近の歌謡曲は全く知らないのに、50年以上前の歌が自然に出てくる。「宇宙恐竜ゼットン」、「友好珍獣ピグモン」、「古代怪獣ゴモラ」、「コイン怪獣カネゴン」、それに「ウルトラマン」など懐かしい面々が通りの両側に立っているので、道路横断を何回も繰り返しながら進む。通りには寺社もあるが、頭の中は怪獣達に占領されていた。個人的には「レッドキング」も作ってほしい。

須賀川出身と言えば、１９６４年東京オリンピックでマラソン３位の「円谷幸吉さん」を忘れてはならない。優勝したエチオピアのアベベ選手が余力を残してゴールしたのに対して、円谷選手の力を出し尽くしてゴールした姿は今でも覚えている。

須賀川　コイン怪獣カネゴン

2018.12.03
14:10 須賀川の一里塚
両塚があり、日本橋
からは59番目。当時
は榎が植えられて
いたとのこと。

77 笠石宿

笠石　JR鏡石駅前　「牧場の朝」

2018.12.03
14:50
鏡石
どんよりとした天気の中を歩いてきた。
西光寺の本堂と「たらよう」

2018.12.03 15:40 鏡石駅
牛の置物がある。唱歌「牧場の朝」は鏡石町で生まれた。モデルはここからも近い「岩瀬牧場」

今日の旅はここまで。さてホテルへ行こう。

笠石

ここには唱歌「牧場の朝」のモデルになった岩瀬牧場がある。鏡石駅前に牛の置物がたくさんあり、私を出迎えてくれた。

２０１８年12月３〜４日

77　笠石宿

笠石宿に向けて県道３５５号線を歩いて行くと右手に西光寺があった。そこに「たらよう」の大きな木があり、推定樹齢は２５０年とのこと。この樹木の葉は肉厚で、その葉に傷をつけると黒く浮き出ることから、はがきの代わりに使われ、「葉書」の語源になっている。地図を見ると、この辺りの地名は「鏡沼」と記載されている。松尾芭蕉の「おくのほそ道」でも影沼（鏡沼）の地名が出てくる。「影沼といふ所を行くに、今日は空曇りにて物影映らず」とある。確かにこの付近にはため池と思われる沼が多い。須賀川宿では、私の頭の中から怪獣達に追い出されてしまった松尾芭蕉だが、西光寺に着いた頃には完全に復活していた。

ＪＲ鏡石駅に着くと、駅前の広場に牛の置物があった。説明板を読むと、ここから１㎞程離れた場所にある岩瀬牧場が唱歌「牧場（まきば）の朝」のモデルとのこと。「ただ一面に立ち込めた　牧場の朝の霧の海……鐘が鳴る鳴る　かんかんと」を口ずさむ。のどかな牧場の風景が目に浮かぶが、間もなく暗くなる時刻なので、岩瀬牧場に行くのは止めて駅前近くにある今日宿泊するホテルへと向かった。

翌朝は4時50分に起床。テレビの天気予報によると、全国的には雨だが福島県付近だけが曇りとのこと。6時50分に再び駅前広場に来たが、昨夜の雨で路面は濡れていた。今日は10か所の宿場町を通過する予定である。各々の宿場間の距離は短いが、宿場ごとに最低でも1枚はスケッチすることを心掛けているので、かなり時間がかかりそうだ。今から岩瀬牧場に行けば雨あがりの朝なので、「牧場の朝」で唄われている「霧の海」の情景が見られそうだが、行くのは諦めざるを得ない。その代わりに風車と牛の置物をスケッチして鏡石駅を後にした。少し歩くと笠石宿の中心部に到着。大きな入母屋屋根の家と広い敷地にすばらしい庭木のある家が多い。とても大きな民家が次々と現れるので圧倒されてしまった。

78 久来石宿

久来石　弁天沼

2018.12.04 7:50 久来石
街道らしさを感じる。

久来石

街道に面した家々の建物は大きかった。広い庭にある植木は手入れが行き届き、奥州街道の気品を高めていた。

２０１８年12月4日

国道4号線から離れて弁天沼の横を通る。この辺りから久来石宿は始まるようだ。曇り空だが風が吹いていないので穏やかな天気だ。沼の横に1本だけ立っている木が水面に映っているのでスケッチする。先の笠石宿の項で記載したが、松尾芭蕉は曇り空の下でこの辺りを歩き、沼には影が映らなかった旨を「おくのほそ道」の中で書いているが、私は曇り空でも物影を見ることが出来たのは風が吹いていないからだろうと勝手に想像する。近くに田んぼがあり、この沼から田んぼに水を引くためのポンプ施設があった。建築設備技術者の私は、この様な設備を見ると興味を抱く。写真ではなくスケッチなのでこの設備は省略してもよいのだが、設備技術者として絵の中に入れない訳にはいかなかった。

笠石宿では大きな民家がたくさん見られたが、この久来石宿も負けてはいない。とにかくすごい家が多い。あまりにも建物が大きすぎて、私の小さな手帳では描き切れない。それに家屋が大きいだけでなく庭が広くて、そこに植えられている木々はどの家も立派に手入れがなされていた。住人の方々が自分の家だけでなく、街道の気品を皆で高めているように感じられた。素晴らしい家々をじっと眺めている私に興味を持ったのか、それとも不審に思ったのかは定かでないが、自転車に乗った年配の女性が私の横に止まり話しかけてきた。

「旅かね。東京から来たのかね」と私に尋ねる。「奥州街道を旅して、東京に向けて歩いています」と答えた。ただそれだけのやり取りだが、一人旅をしていると人と話す機会がほとんどないので、このような何気ない会話でもよく覚えているものだ。しかし、首にタオルを巻き少し汚れたリュックを背負った怪しい男が、裕福な家を狙っていると思われた可能性の方が高いかも知れない。

79 矢吹宿

矢吹　JR東北本線　矢吹駅

2018
12.04
8:40
矢吹宿 松と柿

2018
12.04
8:50
矢吹宿
大木代吉
本店
街道筋
らしい
建物だ。
店本吉代木大

矢吹

矢吹宿では、モダンなデザインの駅舎が印象に残る。昔の奥州街道とは関連しないが、私を楽しませてくれた。

２０１８年12月4日

奥州街道の旅は国道4号線を中心に歩いて、宿場近くになると国道を離れて昔から残る旧道に入るパターンが多い。矢吹宿への道も同じで、旧道に入ってから松や柿の木々を見ながら歩く。まだ出来て間もない蔵があった。単なる倉庫ではなく蔵を建てることは、街道筋に住む人の心意気なのだろう。そんなことを思いながら歩いていると「大木代吉本店」が現れた。建物もすばらしいが、緑色で店名が書かれた看板は貫禄十分だ。ホームページによると、慶応元年（1865年）福島矢吹の地で初代代吉が酒造りを始めて以来、矢吹の豊かな自然とともに時代に先駆けた酒造りに挑んできたとのことで、代表銘柄は「自然郷」である。

このまま街道を歩き矢吹宿を通過しようとしたが、JR矢吹駅の近くに来たので、トイレ休憩のために寄ることにした。この建物が一般的な駅舎とはかけ離れたおもしろい外観をしていた。駅へ続く道に入ると、大きな丸い眼鏡をかけたような建物が正面に見えた。近づくにつれて建物全体が見えてきたので駅舎だと分かった。設計コンペをして建てられたのだろう。実に斬新なデザインだ。トイレにだけ寄るつもりでいたが、駅舎の中も見たくなったので、階段を上がり改札口まで行く。外観で眼鏡に似ていると思った部分はシリンダー状に反対側に突き抜けて通路になっていた。旅を終えてから知ったのだが、この建物は福島県建築文化賞を受賞したとのことだ。私は大学の専攻が建築工学なので、特徴のある建物を見ると興味を抱いてしまう。外に出て矢吹宿の見納めに駅舎を振り返ると、矢吹町のキャラクター「やぶきじくん」が手を振っていた。私の旅を応援してくれているように感じたひと時だった。

80 中畑新田宿

中畑新田　旧水戸街道分岐　常夜燈と子猫

中畑新田

2018年12月4日

奥州街道と水戸街道の追分に常夜燈が立っていた。その中に子猫がいたが、近づくと逃げてしまった。

2018.12.04 10:00 中畑新田
幸福寺のモミジの紅葉はあざやかだ。

笠石宿から歩き始めたこの日は、10か所の宿場を通過する予定である。つまり各々の宿場間が短い。中畑新田宿はＪＲ矢吹駅から約１㎞しか離れていない。何故、矢吹宿と合同でひとつの宿場にしなかったのだろうか。そんなことを考えていると中畑新田宿に到着。そこには旧水戸街道の追分に常夜燈があった。案内板を読もうとして近づくと、常夜燈の中に１匹の子猫がいて私をにらんで警戒していた。三毛猫である。常夜燈までの距離は10ｍくらいなので双眼鏡で子猫の様子を観察していたが、やはり案内板を読まない訳にはいかない。ゆっくり近づいて行くと子猫は排水溝の中に逃げ込んでしまった。案内板によると、この常夜燈は文化８年（１８１１年）に建立されたとのこと。さすがに長い年月を感じさせる立派な常夜燈である。旅人の道標として役立ってきたのだろう。

常夜燈の近くにある幸福寺に寄った。旅を再開して２日目だが、ひとつ気づいたことがある。旅を始める前、私は12月に福島県を歩くので、紅葉の時期はとっくに終わって、落葉樹は全て葉を落としていると思っていた。しかしモミジだけはまだ赤い葉をたくさん残していて、最後の彩りを放っていた。一般に紅葉と言えば、真っ先に思い浮かべるのは紅色のモミジか黄色のイチョウだろう。落語の世界と同様に真打は最後に登場すると言ったところだろうか。幸福寺でも色鮮やかなモミジが私を出迎えてくれた。そして時折見かける、白壁の上に入母屋屋根を載せた民家が昔の街道筋の雰囲気を感じさせていた。

８１ 大和久宿

大和久　旧奥州街道　山道

大和久

２０１８年12月4日

案内標示に従い山道へ入ったが、途中で道を見失って戻って来た。落ち葉が敷き詰められた土の道だっただけに残念だ。

2018.12.04 10:20 大和久宿 山王寺
赤い帽子をかぶった石仏を見て、地元の人々のやさしさを感じる

中畑新田宿の次は大和久宿だが、ここも宿場間は約１㎞と短いので直ぐに到着。山王寺に寄ると、お地蔵様が草地に座っていた。真新しい赤い帽子を被り、涎掛けを着けているお地蔵様を見ていると、地元の人達に大切にされているのが分かるので心がなごむ。お地蔵様が赤い帽子、涎掛けを身に着けているのは、子供を守り身代わりになってくれるとの信仰があり、赤は魔除けの意味があるので、子供が健やかに育つようにとの願いが込められている。

ここまで舗装された道を歩いて来たが、「旧奥州街道」の標示があり、左側に山の中へ入る道が続いていた。落ち葉が敷き詰められた土の道である。上るにつれ、先程まで歩いて来た舗装された道がだいぶ下に見えるようになった。ところが少し開けた場所に出た時、進むべき道がなくなった。周囲を5分間程探したが、行き止まり状態で道が見当たらない。これ以上無理に木々の間を漕ぐように先へ進んでもろくなことが待っていないと思い、諦めて引き返す。再び標示のあった場所に戻り他に道がないか辺りを見回す。もうひとつ山側に行く道があるが方向的に違うようだ。この様な状況の時、旧街道を忠実に歩く人なら絶対に引き下がらないで、時間をかけてでも徹底的に旧道を探すだろう。しかし私の場合は宿場ごとにスケッチをしながら歩くので、今日の様に通過する宿場の数が多いと、スケッチする時間を確保しておく必要がある。ここで旧道探しに時間をかけることは出来なかった。それに12月なので日暮れは早い。再び車道を歩く。左手の山側から合流する道があるか注意しながら歩いたが見当たらなかった。本当に先程の旧道は続いていたのだろうかと疑問に思ったが、納得いくまで道を探さなかったことに、少し苦い想いが残った。

82 踏瀬宿

踏瀬　五本松の松並木

2018.12.04 11:30
踏瀬宿
すごい旧家が多い。

踏瀬

2018年12月4日

「五本松の松並木」はよかった。踏瀬宿には大きな旧家が多く、どの家も敷地が広くて庭の手入れが行き届いていた。

12月なのにこの日は暖かい。大和久宿からは山間の静かな道が続いていた。坂道なので汗をかきながら歩き、上りが終わった頃に道の両側に立派な松並木が現れた。ここを「五本松の松並木」という。矢吹町のホームページによると、白河藩主松平定信が領内の街道に松を植えたのが始まりとされ、現在の松は明治18年（1885年）に捕植したものである。松には一本一本に虫寄せの「こも」が巻かれていて丁寧に保護されていた。「こも」はワラで出来ていて、松の害虫であるマツクイムシやマツカレハが越冬のために地中にもぐる習性を利用した古くから伝わる害虫駆除で、寒くなる前に取り付け、松の葉などから下りて来る虫を集める仕掛けである。松と「こも」の組み合わせは日本を代表する冬景色だと思う。

慈眼寺で昼食のため休憩。歩いている時は登り道だったので暑く感じたが、じっとしていると直ぐに体が冷えてきた。近くに屋根が緑色と赤色のトタン板で覆われた大きな民家があるが、以前は茅葺屋根だったのだろう。街道に面した家屋は大きいだけでなく、広い敷地に植えた木々や植物は半端でないくらいに手入れが行き届いていた。

踏瀬（ふませ）宿があるのは泉崎村である。私のギャンブルの趣味は競輪で、競輪新聞を読んでいると、福島県の選手の中に練習拠点を泉崎としている選手がいる。手持ちの地図を見るとサイクルスタジアムが近くにあるので、そこでバンク練習をしているのだろう。屋外練習ではこの松並木を見ながら走っているに違いない。車両の通行が少ない坂道であり、自転車の練習にはいい環境だ。選手達が坂道を必死にもがいている様子が目に浮かぶ。競輪選手の日々のトレーニングは非常に厳しいと聞いている。泉崎の選手達頑張れ。車券を買って待っているぞ。

83 太田川宿

太田川　大きな蔵造りの建物と小さな石積みの蔵がある風景

2018.12.04 12:00 太田川宿への途中。新池には白鳥が6羽。そのうち1羽は幼鳥だ。

太田川

２０１８年12月4日

道を間違えた。旧家や蔵のある街道筋らしい雰囲気にひかれて、成り行きで歩いたのが失敗だった。

踏瀬宿を出てから国道4号線を横断して少し行くと池があった。名を新池と言いハクチョウが6羽浮かんでいる。その内の1羽は体全体が灰色なので若鳥のようだ。少し離れているので、オオハクチョウかコハクチョウかの区別はつかない。今日は暖かいがもう12月。ハクチョウが本格的に飛来する季節である。

新池を出発すると山間の道へと進んで行く。車両はほとんど通らないので、歩く旅人とってこの様な道が一番歩きやすい。そして太田川宿が近づくにつれて、蔵が多く見られる様になってきた。公民館の前で蔵造りの建物を見ながら休憩する。そして道なりに、いかにも昔の街道筋らしい雰囲気の中を旧家や蔵を見ながら歩いて行ったが、何かがおかしいと感じ始めた。右側に見える東北自動車道が次第に近づいてくるのだ。そして東北自動車道の下を潜る地点まで来た時に、道を間違えていることを確信した。来た道を引き返し、先程休憩した公民館に戻る。周囲を見渡すとこの公民館を右側に見て行く道があるではないか。私は街道歩きをしている最中、常に地図を確認して、次の分岐点や目標物、曲がる方向を頭に入れて歩いている。この時は公民館の横を通る事しか頭に入れていなかったので、休憩した後は当然のように旧街道の雰囲気が漂う方向へ歩き出したのが失敗だった。私が「公民館を右手に見て進む」とより具体的に頭に入れておけば道を間違えなかったかも知れないが、間違えるのを恐れすぎるのは歩く旅の楽しさを損なう。頭の中は出来るだけ空にしておいた方が、感受性は強くなると思う。１km程行ってから戻ったので、合計で２km余分に歩いてしまったが、それに伴う約30分の時間のロスが痛かった。結局この時間の遅れがこの日予定した場所まで到着できない原因となったのだが、この時点では急いで歩けばなんとか挽回できると思っていた。

84 小田川宿

小田川　武光地蔵（首切り地蔵）

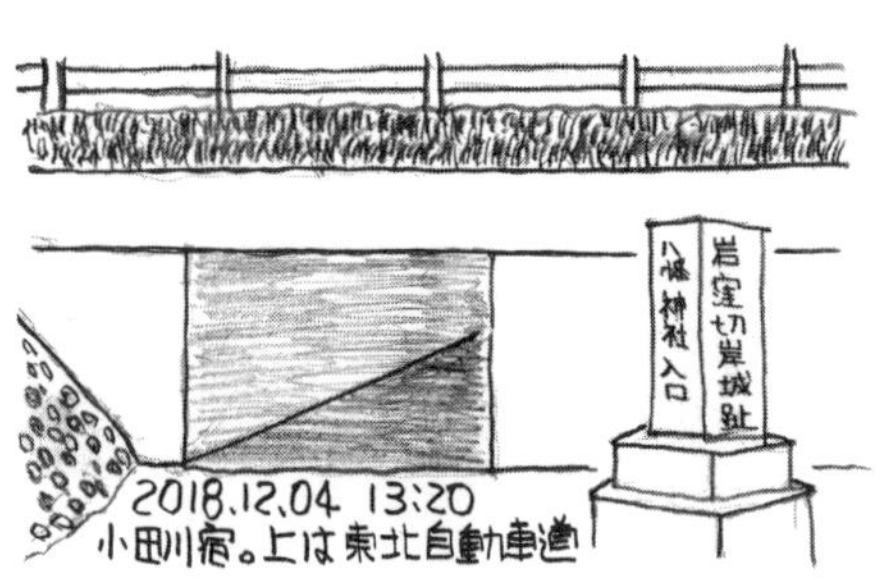
八幡神社入口
岩室切岸城趾
2018.12.04 13:20
小田川宿。上は東北自動車道

2018.12.04 13:40
小田川宿
すごい家と
蔵が多
い。

小田川

２０１８年12月４日

武光地蔵が鎮座していた。首切り地蔵とも呼ばれていた地蔵様で、昭和40年代まで頭の部分が落ちていたとのことだ。

84　小田川宿

太田川宿で道を間違えたので、遅れを取り戻すべく急いで歩いたが、草地の斜面に大きな石仏が鎮座しているのが目に入った。案内板を読むと、武光地蔵と言い首切り地蔵とも呼ばれた地蔵様である。昭和40年代まで首から上は落ちていたとのことだ。昭和40年代と言えば私が子供の頃である。このような大きな地蔵様の頭が近くに転がっていたのでは、少し不気味な光景だっただろう。それに紛失しなくてよかった。今は赤い帽子と前掛けがかけられ、足元には花が添えられていた。付近の人達に大切にされている証である。表情もおだやかな感じで微笑んでおられ、この道を通る子供達を少し高い所から見守っているように思われた。

小田川（こたがわ）宿に近づくにつれて大きな家と蔵が目立つようになってきた。昔の街道筋の雰囲気を醸し出すのは、旧家や蔵、神社や寺、さらには石仏や石碑などだが、それらを見る度に立ち止まってしまうのでなかなか先に進まない。特にこの日は２㎞以内くらいの間隔で次々と宿場町が現れるので、スケッチする機会が多くて気持ちは急いでいるのだが実際に歩く速度はかなり遅かったと思われる。小田川宿を歩いている時には、白河宿を通り抜けて今日の目的地であるＪＲ白坂駅まで行くのは無理だと思い始めていた。

小田川バス停付近から見た民家は大きかった。これだけ屋根が大きいと、屋根裏の空間はとても広いだろう。何に利用しているのだろうか。屋根の棟には換気用の小屋がついている。これは煙出しの役目をしていると思われる。子供達が囲炉裏を囲み、燃えている薪から立ちのぼる煙を見上げている情景を思い浮かべながらスケッチをした。

85 根田宿

根田

根田　「根田醤油合名会社」の端正な建物

2018.
12.04
14:00
根田宿に向かっている。
蔦とモミジの紅あざやかだ。

根田

長い間見続けた阿武隈川は、奥州街道の旅から去っていった。次の主役は何が待っているのだろう。

２０１８年12月4日

小田川宿を後に少し行くと国道4号線に合流。そして30分程国道を歩き、根田(ねだ)宿に向かうべく左側の旧道に入ると大きなモミジの木があった。紅葉した葉が鮮やかで、太い幹には色づいた蔦が這い上がっている。12月なので晩秋を過ぎて初冬のはずだが、最後の色の輝きを放っているかのようだ。

根田宿に入ると蔵がいくつか見え、立派な庭木のある住宅が並ぶが、昔の街道の雰囲気はあまり残っていないようだ。そんな中で「根田醤油合名会社」の建物が端正な外観を見せていた。丸窓がいい感じで配置されている。ここでは醤油と味噌を作っている。私が子供の頃と言っても50年以上前の話だが、学校へ行く途中に醤油を作っている作業所があり、周囲には独特の強い匂いが漂っていた。ここでは全く匂いがしないので、脱臭装置が完備されているのだろう。昔と比べると臭い、騒音、振動等の環境基準は相当厳しくなっている。昔の川はゴミが捨てられたりして汚かったが、今は家庭や工場、下水処理施設から出る排水は汚濁濃度基準値以下にして放流されているので、河川はどこもきれいになり美しい景観をつくるようになった。

国道4号線から国道294号線へ入り田町大橋を渡る。下を流れるのは阿武隈川の清流だ。槻木宿の付近からこの川の上流を目差すかのように歩いてきたが、阿武隈川はここから西の山側に流れを移していくのでお別れだ。安達太良山に続いて阿武隈川も奥州街道の主役から去って行く。阿武隈川は福島県の南端の旭岳を源としているので、福島県を巡る旅の終わりもだいぶ近づいてきた。次の旅の主役は何が待っているのだろう。田町大橋を渡りながら私は考えた。旅の主役は山や川などの自然だけではない。福島県での旅の主役は「蔵のある景色」だった思う。立派な蔵を作ることで、近所の人達が互いに競い合っていい文化を育んでいるように思われた。蔵の中には家の歴史がたくさん詰まっていそうな気がした。

86 白河宿

白河　大谷家住宅

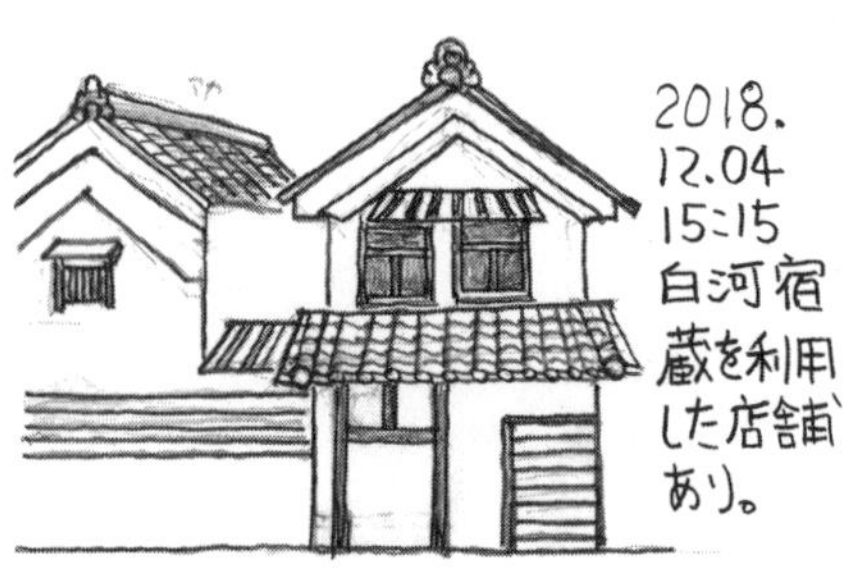

2018.
12.04
15:15
白河宿
蔵を利用
した店舗
あり。

2018.12.04 15:30
白河 萩原朔太郎
の妻・美津子
の生家

白河

白河宿は、蔵造りの旧家や古い店舗が数多く残っていた。夕暮れ近くに到着したので、ゆっくり見て廻る時間がなかったのが残念。

２０１８年12月４～５日

田町大橋を渡ると間もなく白河宿に到着。蔵造りの店舗があり、この街が奥州街道の雰囲気を残そうとしているのを感じる。また白壁の店舗が多くて、いかにも街道を歩いている気分にさせられる。今日の宿泊はこの白河宿だが、予定ではここを通り過ぎてJR白坂駅まで歩き、電車で新白河駅に戻るつもりだった。しかしこの白河宿をよく知りたくなり、ゆっくりと歩くことにした。それに15時を過ぎているので1時間以内に暗くなり始める。今日はここで止めておくのが正解だろう。明るい時間帯でも道を間違えることがあるのに、暗くなると地図が見にくいので、さらに道を間違えやすくなる。明日頑張ればいいのだ。

煙突のある建物が見えてきた。酒造所のようで、店の表側に行くと案内板があった。この建物は詩人の萩原朔太郎の妻美津子の生家とのこと。他にもこの通りは古くて趣のある建物が多いが、その中で特に大谷家住宅が目立つ。蔵造り風の建物で腰壁部分がなまこ壁模様になっている。なまこ壁は日本の伝統的装飾模様で、目地の漆喰部分が盛り上がり建物の表情に深みを与えている。屋根は赤い瓦葺で、窓の格子や出入り口の桟がこげ茶色。アクセントのように庇屋根の一部に深緑色を用いた美しい建物だった。大谷家住宅を描き終えた時は16時を過ぎていた。寒いし間もなく暗くなり始めるので、新白河駅近くのホテルへ急ぐ。白河宿はもう少し時間をかけて見て廻りたかった。

ホテルには16時半に到着。スケッチの仕上げを終えたのは20時。今日は好天の下、笠石宿から白河宿まで宿場を10カ所も通ったので、スケッチした枚数は22枚。これから風呂に入って遅い夕食である。

翌日は6時20分にホテルを出発。日の出前なので周囲は暗くて非常に寒い。昨日予定の場所まで行けなかったので遅れを挽回しなくてはいけない。「歩く旅人のつらいところよ」とつぶやいて歩き出した。

87 白坂宿

白坂　境の明神

2018.12.05 7:30
白坂宿に向

山の中に雲
が入り込ん

和泉屋
2018.12.05
8:20AM
白坂宿
街道に面した家々
には、当時の
屋号の杭が立っ
ている。

白坂

２０１８年12月5日

住宅の前に昔の屋号を示す杭が立っていた。それを描いていたら、地元の方から白坂宿について色々と教えて頂いた。

国道２９４号線を歩く。途中に池があり、背後にある山々の間に雲が入り込む景色を見て立ち止まる。池の前に石碑があり、その横をカルガモが歩いていた。もうすぐ白坂宿という所で、大きなケヤキの木が２本立っていて、その間に鳥居がある場所で小休止をしてから宿場の中心部へと踏み入れた。

2018.12.05.8:05AM 白坂
大きなケヤキあり。

白河市地域づくり活性化支援事業
奥州道中
福島県白河市白坂
白坂宿
2018.12.05
8:30AM
家号を眺めていたら、地元の方に声をかけられた。すばらしいパンフレットをいただいた。

　白坂宿では通りに面した家々に昔の屋号を記した杭が立っていた。それを描いていると、地元の方に「奥州街道を歩いているのですか」と声をかけられた。その方が言うには、今度宿場の出入り口付近に案内板を作るとのこと。親切にも白坂宿のパンフレットをいただいた。このパンフレットが大変立派なもので、白坂宿の沿革と明治６年頃の家々の配置と屋号が記載されている。白坂宿の始まりは天正18年（１５９１年）豊臣秀吉による奥州仕置きの際に住民が協力したので、駅逓（えきてい）の設置が許されたことからとのこと。その奥州仕置きの舞台となった九戸城跡に寄った時は激しい雨だったことも、今では懐かしい想い出だ。白坂宿を後に坂道を上がって行くと、左に二所ノ関跡、右に「境の明神」があり、今日の安全を祈願した。

奥州と関東の境

2018.12.05 9:10AM
栃木県に入った。
ここで関東に入る。
東北の旅はここで
終わる。みちのく
の旅は長かった。
ここは奥州と関東
の境だ。

栃木県 那須町

奥州と関東の境　国道294号線

奥州と関東の境

福島県の白河市から栃木県の那須町に入った。これは単に県境を越えただけの話ではない。
奥州の旅が終わり、関東へ足を踏み入れたのだ。

2018年12月5日

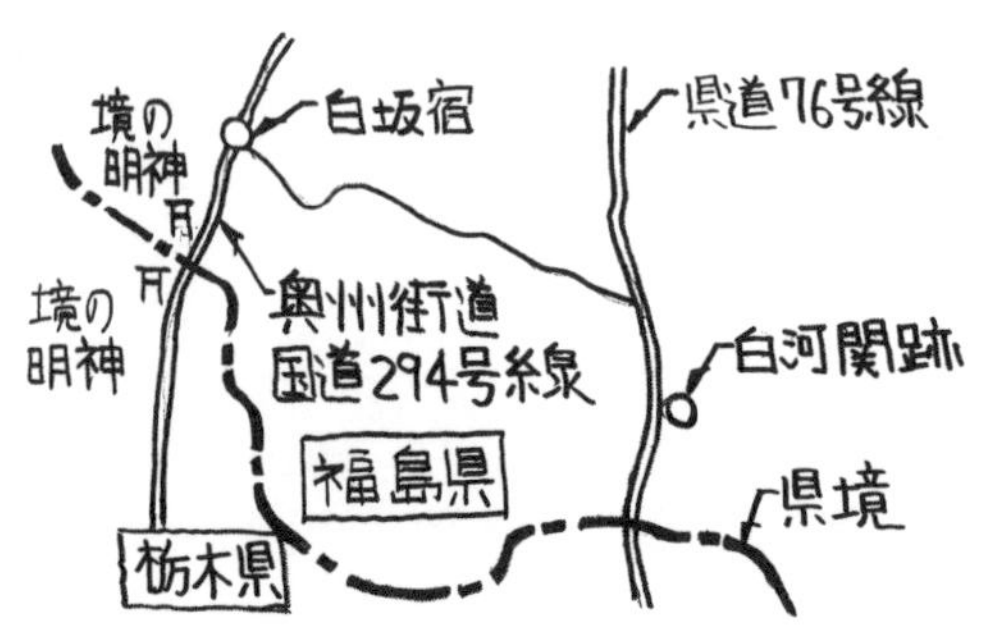

白坂宿の「境の明神」を後に歩き出すと栃木県那須町の標示が目に入った。特に意識することなく、ここが福島県と栃木県の県境だと思い歩き出そうとした。その時に私は気が付いた。これで奥州の旅は終わったということを。そして関東に入ったのだということを。今年の5月に青森県の龍飛岬から歩き始めて三厩宿を通り、奥州街道の旅は始まった。これまで4回に亘り旅をして、通過した宿場町の数は87である。龍飛岬で受けた強烈な風、渋民宿で見た雪が残る岩手山の雄大さ、有壁宿本陣の素晴らしい建物などが思い出されるが、大雨警報が発令されている中、少し不安な気持ちを抱きながら歩いたことも忘れられない。

地図を見ると、ここから東へ6㎞程行った所に白河の関跡がある。松尾芭蕉は「おくのほそ道」の中で、「白河の関にかかりて旅心さだまりぬ」と記述している。芭蕉は白河の関を越えてから「みちのくの旅」への決心が固まった。今日では、白河の関の名は高校野球に受け継がれている。高校野球では、東北の高校はまだ甲子園大会（春夏の全国大会）で日本一になっていないので、悲願の優勝旗を持ち帰ることを「白河の関を越える」との言い方をしている。早く東北の高校から優勝チームが出て欲しい。決勝には何度か勝ち上がっているし、東北からは好投手が次々と現れるので近々に実現するだろう。

峠を越えて下って行くと栃木県側の「境の明神」があった。ここでも旅の安全を祈願した。栃木県那須町を標示する案内板に描かれたいちごのキャラクターが微笑んで私を出迎えているように見える。今日は少し贅沢していちごを食べたいと思ったが、12月上旬の今は店頭に出るにはまだ少し早い。

【追記】２０２２年夏の大会で、宮城県代表の仙台育英学園高校が優勝して悲願が達成された。

88 芦野宿

芦野　山間の道（国道294号線沿い）

2018.12.05 10:15
はれ。国道294
号線を芦野に
向けて歩いている。
赤い花も
咲いている。
ツバキを鳥に見たてて
剪定しているようだ。

風が強
くなって
きた。
2018.12.05 11:30 遊行柳

芦野

遊行柳に寄る。西行や芭蕉が訪れた暖かな季節と違い、この日は冷たい風が吹き抜けていたので早々に退散した。

２０１８年12月5日

88　芦野宿

関東に入って最初の宿場である芦野宿を目差すが、国道２９４号線は次第に山間の道となってきた。脇沢地区から国道と並行する脇道へ入る。風が吹くと上から枯葉が落ちてきて、何とも風情がある道だ。やがて国道に合流すると、有名な「遊行柳（ゆぎょうやなぎ）」があった。この柳を見て西行は「道のべに 清水流るる柳かげ しばしとてこそ 立ちどまりつれ」と詠み、松尾芭蕉は「田一枚 植ゑて立ち去る 柳かな」と詠んでいる。各々の句から、西行も芭蕉もここで長い時間を過ごしたと思われる。私も偉大な二人の先達にならい、ここで時を過ごそうと思い昼食休憩にした。しかし西行や芭蕉が訪れた暖かな季節と違い、今は初冬なので冷たい北風が吹き抜ける。早々に近くの休憩所に退散した。

ここから国道を離れて芦野宿へと入って行く。通りに並ぶ店には昔の屋号が書かれた置物があり、街道を盛り上げようとする地元の気合いを感じた。「石の美術館」があった。美術館のホームページによると、既存の古い石蔵を再生して、美術館に再構築した建物である。以前は農協の米蔵として使用されていたが、その後放置されていたのを、石材の可能性を広げる美術館を作ろうとしたとのこと。芦野石・白河石は栃木県芦野及び福島県白河市を中心に採掘される石英安山岩質溶結凝灰岩で、花崗岩に比べて柔らかい準硬石なので、比較的加工しやすく耐火性に優れている。赤レンガのような重厚感はないが、がっちりとした安定感がある素敵な外観だ。残念だが、見学するのに十分な時間がないので入館は諦めた。

89 越堀宿

越堀　黒羽領境界石

2018.12.05 12:55
越堀宿へ向かって72号線を歩いている。見えてきたのは那須連峰だろう。風が強くなってきた。

越堀

那珂川の手前に黒羽領境界石があり、「従此川中東黒羽領」の石碑が立っていた。

２０１８年12月5日

芦野宿を出ると、国道２９４号線から離れて県道72号大田原芦野線へ入り坂道を上って行く。車両はほとんど通らないアップダウンのある山間の道を気持ちよく歩いた。双眼鏡を出してバードウォッチングをしながら進む。黒川に架かる黒川橋を渡ると、遠くに高い山が見えてきた。方角から判断して那須岳だろうと思われる。午後になってから風が強くなったので非常に寒い。余笹川を渡り、寺子の信号を横断して富士見峠を越えると越堀（こえぼり）宿に到着した。

「黒羽領境界石」の案内表示があるので寄ることにする。それは浄泉寺の中にあり、説明板が立っていた。黒羽藩主大関増業は自藩と他藩の境界を明らかにするために文化10～11年（１８１３年～14年）何カ所かに境界石を建てた。ここ浄泉寺境内にある標柱には、「従此川中東黒羽領」と刻まれている。もともとこの境界石は那珂川の左岸越堀宿（黒羽領）側に建てられていた。川を挟んで向こう側は鍋掛宿（幕府領）で、両宿は奥州街道の宿場であった。大正７～８年（１９１８～19年）頃に保存のため、現在地に移されたとのことだ。この越堀宿と次の鍋掛宿との間は約１㎞と短い。各々に宿場町を設けたのは那珂川を挟んで管轄が異なるのと、増水のため那珂川を渡れない場合に備えて川の両側に宿泊できる施設が必要だったためだろう。その那珂川に昭明橋が架かっていた。それはごつい鉄骨に青色の塗装が施された武骨な橋だった。鋼材の接続部分は分厚いプレートを介してたくさんのボルトで接続されていて、何があっても壊れない安定感抜群の橋である。人に例えるなら、昭和の時代の硬派な男と言ったところだろうか。

90 鍋掛宿

鍋掛　鍋掛宿消防小屋

鍋掛

清川地蔵と鍋掛神社に旅の安全を祈願。冷たい雨が降る中、歩道のない道を歩くので、神仏の両方にお願いをした。自分の力だけでは安全は保てない。

２０１８年12月5～6日

2018.12.05 15:05
鍋掛宿
芭蕉の句碑
『野を横に
馬牽(ひ)きむけよ
ほととぎす』

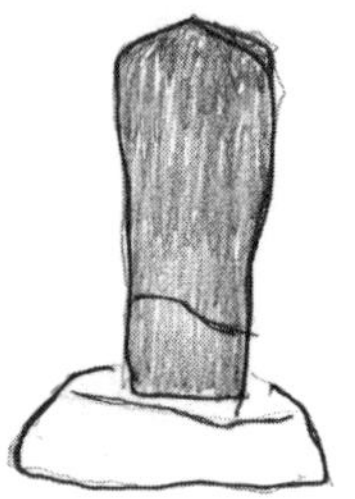

90　鍋掛宿

鍋掛宿に着くと、なまこ壁模様が描かれた蔵造り風の消防施設があり、「鍋掛宿消防小屋」との看板が出ていた。その近くに芭蕉の句碑があり、「野を横に　馬牽(ひ)きむけよ　ほととぎす」と刻まれている。説明板によると、この句はどのあたりでつくられたか明らかでないが、余瀬より蜂巣を過ぎると野間までは広き原野が続いていたので、この間につくったと思われると書かれている。地図を見ると確かに余瀬と蜂巣の地名が記載されている。この句碑の建立は文化5年（１８０８年）と思われるとのこと。句の意味から、芭蕉は馬に乗って野道を進んでいる時にホトトギスが横切ったので、馬を止めて鳴き声を楽しもうとしたようだ。この日の宿泊は鍋掛交差点からＪＲ黒磯駅方面に３㎞程行った那珂川温泉である。奥州街道からかなり離れるが、温泉に浸かって旅の疲れを癒すのが楽しみだ。さて暗くなる前に出発しよう。

途中で夕食を購入してホテルに到着したのは16時。スケッチの仕上げを終えてから敷地内に隣接する皆幸乃湯に行った。大きな温泉施設で露天風呂、内風呂、サウナの全てに入る。温泉からあがると次はビールだ。「旅」、「温泉」、「ビール」の組み合わせ以上の楽しみを私は知らない。

翌日は5時半に起床。外は雨。この時期に雨の中を歩くのは少々つらい。この日は隣の大田原宿までなので、歩程は約16㎞と短いのが救いだ。コーヒーを飲みながら食堂でのんびり過ごし、8時半にホテルを出発。昨日通った鍋掛交差点まで来ると、雨は本降りになってきた。近くに清川地蔵尊があるので雨宿りを兼ねて早々に休憩。この地蔵様の建立は延宝7年（１６７９年）とのこと。冷たい雨の中を歩くので、いつも以上に心を込めてこの日の安全を祈願した。今日は寒いがお地蔵様は赤い帽子と布をまとっていて暖かそうだ。私は気合いを込めて県道72号線を歩き出した。少し行くと鍋掛神社があるので、階段を上がり薄暗い参道を

鍋掛　鍋掛神社

2018.12.06
9:20
鍋掛宿
清川地蔵
雨が本降り
になってきた。
雨宿りと
する。
この地蔵の建立
は延宝7年
(1679年)
今日の安全を
祈願する。
今日は冷たい
雨の中を歩くこ
とになりそうだ。

2018.12.06
10:50
県道72号線を歩くが歩道
のない50Km道路なの
で少々あぶない。

歩いて本殿に安全を祈る。これで神様と仏様の両方にお参りした。今日の安全はこれで完璧に大丈夫なはずだ。歩いている道は歩道がなくて、しかも制限速度が50 kmの道路である。それに加えて雨なのでかなり危ない状況だ。安全祈願に気を配ったのは大正解だったと思われる。

91 大田原宿

大田原　大田原城跡

2018.12.06
11:15
大田原への途中。練貫地区

2018.12.06
12:10
大田原への途中、営業していない医院の入口で立って昼食。雨を避けられるだけでもありがたい!

大田原

2018年12月6〜7日

悪天候で薄暗い中、大田原神社の拝殿は室内に灯りがともり、オレンジ色の光が外にもれて美しい光景だった。

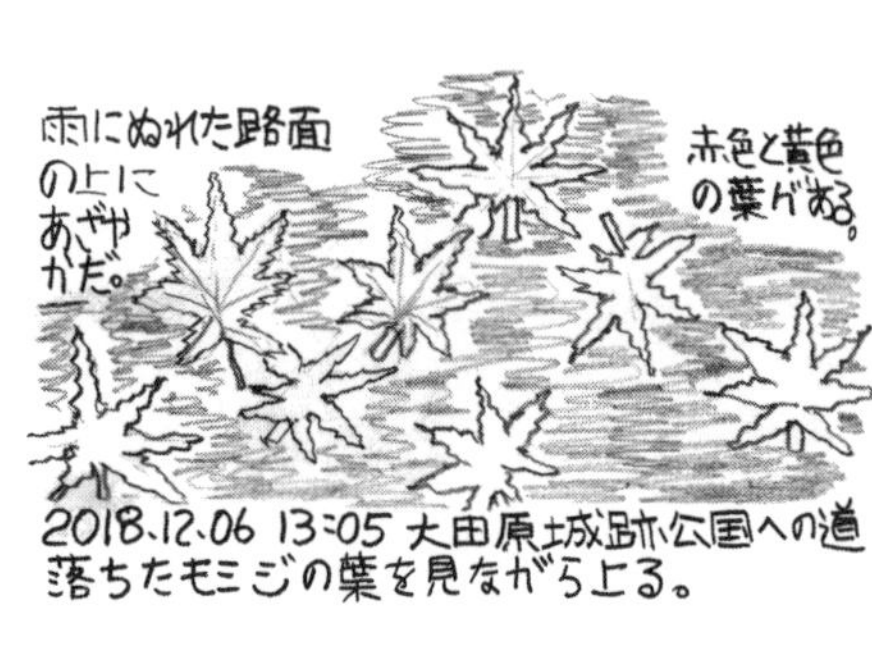
雨にぬれた路面
の上に
あざやかだ。
赤色と黄色
の葉がある。
2018.12.06 13:05 大田原城跡公園への道
落ちたモミジの葉を見ながら上る。

冷たい雨が降っているが、今日は16km程しか歩かないので心に余裕があった。それに目的地の大田原宿に早く着いてもホテルに入れないので時間を持て余してしまうだけだ。県道72号線の静かな道をゆっくりと歩き練貫（ねりぬき）地区に来た頃から、大きな入母屋屋根の家が頻繁に現れるようになった。屋根の棟飾りがすごいので、傘をさしながらスケッチ。地図を確認すると、この練貫から東に約3km行った場所が鍋掛宿の芭蕉句碑の説明板に記載されていた蜂巣である。さらに先へ歩くが、正午近くになっても雨にかからないで座って昼食が出来る場所が見当たらない。一般に旧街道には寺社が点在しているので、建物の軒先でおにぎりを食べることが多いが、地図を確認してもこの辺りに寺社は記載されていない。歩き続けていると休業中の医院があった。玄関の庇の下は雨が当たらないので、そこで立ったままでおにぎりを食べた。

蛇尾川を渡り大田原宿へ踏み入れる。大田原城跡への案内に従い、赤いモミジの葉が貼りついた坂道を上がって行くと、真っ赤に紅葉したモミジの大木があった。木々の中でもモミジは葉が散るのが遅いので、紅葉・黄葉リレーチームに例えると、第3走者がイチョウ、モミジはアンカーで最後を締めるキャプテンと言ったところだろう。

今日の宿泊は大田原宿で、ホテルにチェックイン出来るのは16時以降である。大田原城跡に着いたのが13時なので、ホテルに入るまで3時間もある。晴れて暖かい時期ならよいが、今日のように雨に加えて寒い日

大田原　大田原神社

に、屋外で3時間もじっとしているのは少々きつい。大田原宿をあちこち見て廻ることにした。
大田原城跡を出てから最初に行ったのは大田原神社。雨が降っていることもあるが、周囲は木々に囲まれて薄暗い雰囲気の中に神社は佇んでいた。拝殿の内部に灯りがともり、扉は開け放されているので、室内がオレンジ色の光に満ちてとても美しい光景だ。今日も無事にここまで来ることが出来たと報告をする。その後に傘をさしながらスケッチをしたが、手帳に雨がかかり描くのに苦労した。それに寒さで傘を持つ指がかじかんできた。
大田原神社を後に竜泉寺を経由して光真寺に寄る。ここで面白かったのが本堂の屋根を支える柱に付いている獅子の像だ。目が飛び出ているように彫られている。実にユーモラスな姿で何かに驚いているような表情をしている。私に向かって全速力で走ってくるようにも見える。「ビヨーン」

2018.
12.06
14:20
大田原
光真禅寺
本堂より。
柱についている像は目がとび出ている。

と叫んでおどけているようにも見える。この庇の下は雨がかからないので、傘を置いて落ち着いて描くことが出来た。

金燈籠の交差点に着くと、その名前の通り「金燈籠」が立っていた。これは歴史ある燈籠で大田原宿のシンボルである。市のホームページによると文政2年（1819年）大田原宿の有志38人により防火や町内の安全、旅人の夜道の無事を祈願し、上町十字路に立てられた。初代金燈籠は太平洋戦争末期の「金属回収運動」により応召、二代目は三斗小屋宿から譲り受けたが、昭和53年に黒磯市に返却した。三代目は昭和54年、地元商店街の有志により初代そっくりに再現。初代の心意気と意志を受け継ぎ市街地の中心にあって通行者を見守っている。

次に寄ったのは正法寺。ここでは大きなイチョウの木が印象に残る。今回の旅でイチョウは何度か見かけたが、その多くは既に葉が散っていた。このイチョウの大木は、まだたくさんの葉を残している。多少の寒さには動じないのだろう。その周りには黄色い落ち葉が絨毯のように敷き詰められていた。

時間はまだ15時前。これ以上見るべき所がなくなったので喫茶店を求めて歩き廻るが、こんな時に限って見当たらない。1時間近く歩き廻り、16時にやっとホテルに入ることができた。目的がなく歩き廻ったので精神的に疲れ、体はすっかり冷え切ってしまった。部屋に入ると先ずは風呂に入り温まった。

翌日は5時半に起床。7時15分にホテルを出発。県道48号線に並行する百村川（もむらがわ）に沿って歩く。昨日とは打って変わって天気は晴れ。周りの山々は雲海の上に浮かんですばらしい景色だ。川にはカワセミやダイサギ、カルガモ、それに加えて川岸近くの岩に三毛猫が座っている。川の流れが怖くないのだろうか。遠くの山々だけでなく、近くの川にも色々な面々がいて楽しませてくれた。

大田原　正法寺　イチョウの大木

2018.12.07 7:50AM 百村（もむら）川沿いを歩く。
カワセミがとまった。その先には三毛猫がいる。

92 佐久山宿

佐久山　御殿山公園　佐久山城跡

2018.12.07 9:40
佐久山城跡
楓の紅、強烈。
カエデ

2018.12.07 10:20
佐久山
公衆便所
ここは那須与一の里だ。
与一の里大田原

佐久山

２０１８年12月7日

佐久山城跡で見た土佐楓の紅葉はすごかった。昨日の雨で苔むした石も鮮やかで、紅色の落ち葉を引き立てていた。

県道48号大田原氏家線を歩いて行くと、佐久山宿に近づくにつれて蔵や白壁のある大きな民家、大きな門が現れる。それらの家々は大きな庭に素晴らしい庭木を植えているものが多い。正浄寺に寄り、県道52号線に入り、佐久山城跡に行く。近くに与一温泉があるので、道路横の排水桝からは湯気があがっている。そして佐久山城跡のある御殿山公園に到着。ここの楓の紅葉がすごかった。赤い葉をつけた木々がたくさんあり、その落ち葉で公園の斜面は真っ赤に染まっている。これは決して大袈裟に言っているのではない。その赤い絨毯を踏みしめながら佐久山城跡へ上がっていく。階段の横に苔むした石が並んでいて、楓の木の幹には蔦が絡みついている。苔は昨日の雨でしっとりとしていて、正に赤と深緑の共演といった感じだ。ここの楓は「土佐楓」と呼ばれ、土佐の山内氏から養子となり家督を継いだ福原資敬（すけたか）がもたらしたと伝えられている。

御殿山公園の紅葉に大満足して県道52号線に戻ると公衆トイレがあった。その壁に那須与一が描かれているではないか。屋島の戦いで、平氏の軍船に乗った女官が掲げた扇の的を射落とすシーンが鮮やかな色彩で描かれている。絵の中に「与一の里大田原」と書かれていた。那須与一は地元のヒーローなのだ。この絵を見て思い出したことがある。以前、山陽道を歩いて七日市宿（岡山県井原市）を通った時、屋島の合戦の軍功で那須与一は備中（現在の岡山県西部）に領地を賜ったことを知った。七日市宿の中心部にある井原駅は三角錐の形状で、屋根は美しい曲線を描いていた。それは弓と矢をイメージした建築だった。「日本縦断徒歩の旅」は思わぬ場所でつながっている。さらに私は学生時代、アーチェリー部に所属していて毎日のように矢を射ていた。その頃の4年間が私の青春時代の中心だった。私の心の中でも那須与一はヒーローである。

93 喜連川宿

喜連川　喜連川神社

2018.12.07
13:20
喜連川
内川に架かる金竜橋
を渡るところ。
山の上に見える塔は
何だろう。

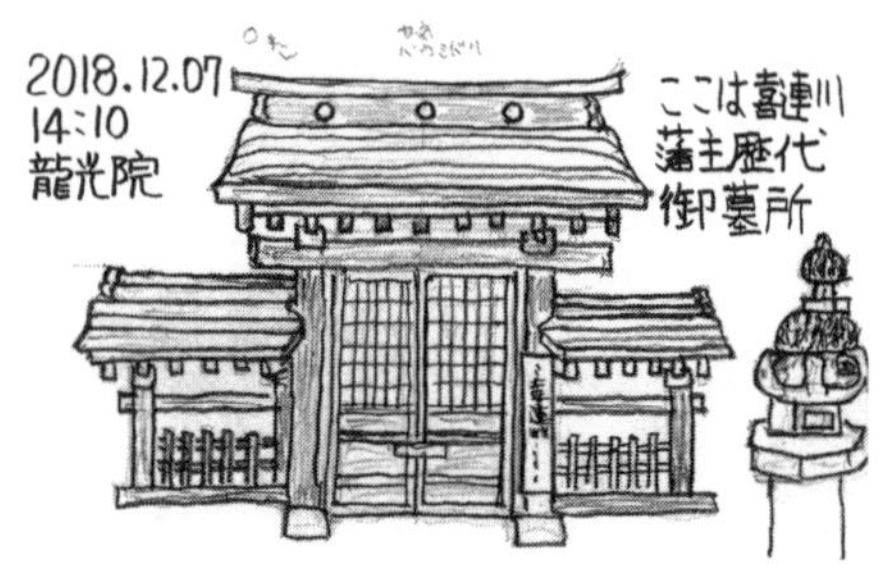
2018.12.07
14:10
龍光院
ここは喜連川
藩主歴代
御墓所

喜連川

２０１８年12月７～８日

「日本三大美肌の湯」のひとつ喜連川温泉に浸かった。寝湯で仰向けになり、これまでの「奥州街道徒歩の旅」を振り返った。

2018.12.07 14:35 喜連川 御用堀
大きな鯉が流れの中を泳ぐ。
この付近は大きな門構えが
続く。

佐久山宿を出て県道１１４号線を歩くが、山間の静かな道だった。時折現れる蔵は石積で出来たものが多い。江川のほとりで昼食休憩をしてさらに歩いて行くと、正面に山が現れ、その上に大きな塔が突き出ているのが見えた。そして内川に架かる金竜橋を渡り喜連川（きつれがわ）宿へと入る。

喜連川宿は寺社や蔵、趣のある店舗が多い。龍光院に寄ると、立派な門の奥に喜連川足利氏歴代藩主の御墓所があった。そして印象に残ったのが御用堀だ。板塀が続き昔の武家屋敷が並ぶ通りに堀があり、近くの内川や荒川から取水した水が勢いよく流れていた。その流れに負けまいと鯉が懸命に泳いでいる。鯉は油断をしていると下流に流されてしまうので大変そうだ。御用堀から階段を上がると喜連川神社が佇んでいた。この静けさからは想像出来ないが、夏に行われる天王祭りは「あばれ神輿」で知られている。

喜連川神社を過ぎて「お丸山公園」に行く。公園は全体が小さな山で、楓が赤く紅葉していてきれいだ。その斜面を上って行くと、県道１１４号線を歩いている時に見えた山の上に突き出ていた塔の横に出た。今回の旅を終えてから知ったのだが、約7年前の東日本大震災で「お丸山公園」は被害を受けてしばらくの間立入禁止だった。この展望タワーも地震で損傷したことが原因で廃業したとのことだ。

公園に隣接する「ホテルニューさくら」に着いたのは15時半。広縁付の8帖の和室で、窓から見える景色はすばらしい。ここの温泉がよかった。大浴

槽、うたせ湯、ジャグジー、寝湯の４つがあり、その全てに浸かった。この喜連川温泉は「日本三大美肌の湯」である。あとのふたつは佐賀県の「嬉(うれし)野(の)温泉」と島根県の「斐乃上(ひのかみ)温泉」だ。私が「九州縦断徒歩の旅」で長崎街道を歩いた時、「嬉野温泉」に泊まったのは昨年（２０１７年10月）のことだ。日焼けした私が美肌を求めても既に手遅れだが、残りは「斐乃上温泉」だけなので機会があれば訪れたい。夕食を終えてテレビを見ていたが、もう一度温泉に入りたくなった。ジャグジーでリラックスし、うたせ湯で肩の疲れをとり、寝湯で仰向けに横たわり、これまでの奥州街道の旅を振り返る。私は質素だが贅沢な旅をしていると思った。肌はすべすべになり満足して部屋に戻った。

喜連川温泉旅館
「ホテルニューさくら」より
今日は宇都宮まで歩く。
天気予報ではかなり寒いようだ。
2018.12.08 6:00AM

翌日は晴れ。部屋の窓から日光方面の山々が見える。今日は今回の旅の最終目的地である宇都宮宿まで歩く予定だ。朝食は旨かったし、大満足でホテルを8時半に出発。再び「お丸山公園」を通り県道１１４号線に出る。荒川に架かる連城橋を渡る時、日光方面を望むと男体山と女峰山が雲海の上に浮かんでいた。奥州街道の旅では、八甲田山、岩手山、蔵王連峰、安達太良山など各県を代表する山々を仰ぎ見てきたが、栃木県の代表はもちろん男体山である。

連城橋を渡り終えて川沿いを歩いて行くと「奥州街道古道」との案内標示があった。当然その道へ分け入るが、次第に草に覆われてきて暗い雰囲気になってきた。「高塩背徳の墓」と書かれた表示を見ていた時、

喜連川　連城橋からの景色　男体山と女峰山が雲の上に浮かぶ

私が歩いてきた細い道を車がゆっくりと上がってきた。そして私の横に停車して、Uターンして再び戻って行った。この様な薄暗い雰囲気の場所で、見知らぬ人に出会うのはいい気がしない。さらに進むと再び舗装された道に出たのでほっとした。地図に記載がない道を歩く時は、どうしても少し不安が付きまとう。

2018.12.08 6:50AM
喜連川 ホテルニューさくら より
男体山と女峰山に陽が差してきた。

94 氏家宿

氏家　光明寺　青銅不動明王座像

上野
2018.12.08
10:10
氏家宿への途中。
カエルのマンホールあり。
男体山がよく見えてきれいだ。国道293号線を歩いている。

2018.12.08　10:30　氏家
女山峯山の右側に気になる大きな山あり。

氏家

2018年12月8日

光明寺の青銅不動明王座像は迫力満点。しかし私が一番印象に残ったのは、カエルの絵柄のマンホール蓋である。

今朝の天気予報では、福島県の郡山市付近は雪とのこと。郡山市から今回の旅を始めたのは5日前なので、際どく雪から免れたようだ。国道２９３号線を歩き、この日の昼食を買うべくコンビニに入る。そこで私に幸運が待っていた。くじを引くとアサヒスーパードライ３５０㎖缶が当たったのだ。まだ午前10時前で旅の途中である。直ぐに飲む訳にはいかないが、大いに気分をよくして氏家宿へと歩いて行った。

さくら市を歩いているが、おもしろい絵柄のマンホールを発見。カエル２匹が葉を雨傘にしている。カエルの表情がユニークだ。マンホール蓋の絵柄にはその地域の特徴を簡潔に表現しているものが多い。明石市では天文台、佐賀市ではムツゴロウ、函館市ではイカが描かれていた。それらのマンホール蓋は絵柄の意味が直ぐに理解出来たが、さくら市とカエルの関係は何だろうと思いながら眺めていた。

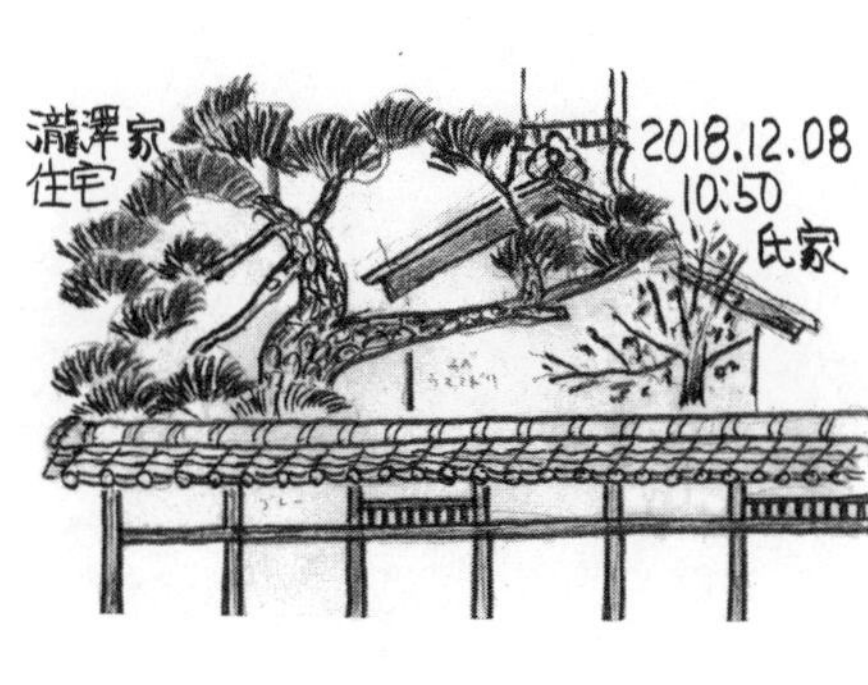

氏家宿に近づくと大きな民家が頻繁に現れるようになった。どれも板塀が長くて門が大きい。敷地内には大谷石で出来た蔵も多く見られる。その中でもひときわ目立つのが「瀧澤家住宅」だ。長屋門は工事中だったが、敷地の外に工事現場事務所を設けるほど規模が大きい。それに加えて板塀が非常に長く、望楼が立ち上がる建物がある。さくら市ミュージアムのホームページによると、この建物は「蔵座敷」と言い、明治20年の墨書が残る伝統的な土蔵造りの建物の屋根に、明治25年（１８９２年）の明治天皇行幸を機に望楼を増築したとのこと。

2018.12.08
12:30
阿久津大橋を
前にして昼食。
鬼怒川を前
にして休む。

光明寺に寄った。細い参道の奥に門があり、その上に不動明王が顔を出している。近づくと不動明王は拝殿の屋根の上に座っているように見える。さらに近づくと、その背後にある岩に座っているように見えた。像には火炎光背があり迫力満点だ。案内板によると、「享保8年（1723年）の五十里洪水や大火など相次ぐ災難に、氏家宿の安穏を願った光明寺十二世広栄上人は、不動明王の造立を決意し、宿挙げての協力により、宝暦9年（1759年）宇都宮の名工によって鋳造されたのが本像である。なお、本像を鋳造する際に木型として使用した原型は木造不動明王座像（県指定有形文化財）として町内に保存されている。」と書かれている。

氏家宿を後にして勝山公園の横を通り進んで行くと、道沿いの左手の林の中に将軍地蔵があるので寄る。案内板によると「室町時代のころ、ここから日光山に修行に行ったお坊さんが意地悪山伏に素麺を無理やり食べさせられて気絶しました。別のお坊さんが来て日光中の素麺を食べつくしたので山伏は降参しました。このお坊さんは将軍地蔵の姿になりお坊さんを連れて勝山に帰りました。」それからソーメン地蔵伝説が生まれたそうな。仏像の中でもお地蔵様は庶民的なイメージがあるせいか、いろいろな逸話に引っ張りだこである。この後1㎞程歩いて鬼怒川の土手道で昼食休憩とした。

95 白沢宿

白沢　水車のある旧家

2018.12.08 13:30 『奥州街道白沢宿まち歩きマップ』が置いてあった。奥州街道に対して、地元の気合と誇りが伝わってきた。

白沢

白沢宿のパンフレットに、大正時代の街並みの写真が掲載されていた。それは、私に強烈なインパクトを与えた。

２０１８年12月8日

鬼怒川に架かる阿久津大橋を渡る。奥州街道の旅も鬼怒川を見る所まで来た。鬼怒川に並行するように歩き、右手を流れる西鬼怒川を越えると白沢宿だ。「白澤宿」の標識板があり、「奥州街道白沢宿まち歩きマップ」が置いてあるので1部いただき読みながら休憩する。パンフレットに大正時代の白沢宿の街並み写真が掲載されているのを見て衝撃を受けた。茅葺の家々が並び、通りを歩く人々や荷車が写っている。私はこの道中記で「昔の街道筋の雰囲気を感じることができた」などと何度も記載してきたが、この写真と比較すると、私の見た世界は現代そのものだった。「日本縦断徒歩の旅」を通して旧街道を歩くことで、池波正太郎氏に代表される時代小説の世界を少しでも体験したいと考えて始めた旅だが、この写真のような場面には一度も出会った事がなかった。江戸時代はこれよりさらに50年以上前である。旧街道を歩くだけで小説の世界に入り込むなど、到底出来るはずがないことを痛感。私に強烈なインパクトを与えた一枚の写真だった。

気を取り直して現実に戻り、目の前にある白沢宿を見なくてはいけない。パンフレットにも記載があるが、宇都宮宿側から見てこの白沢宿は第1番目の宿場である。この道中記でも江戸日本橋から宇都宮宿までの区間は日光街道として扱っている。通りの両側には昔を思わせる旧家が並び、その中で建物の前に水車がある民家がありスケッチをしながら休憩。さらに先へ歩いて行くと「公衆便所」との表示があり、トイレを利用しようと近づくがどこにもトイレは見当たらない。ここは江戸時代の公衆便所跡とのことだった。パンフレットによると、白沢宿では七福神めぐりが出来ると書いてある。七つの神様を1枚の用紙に納めてスケッチすれば旅のいい記念になると思ったが、時間がかかりそうなので止めておく。白沢宿は街道に面した家々に屋号が掲げられていて、地元の方々が風情ある景観と歴史を残そうとする情熱が伝わってきた。

96 宇都宮宿

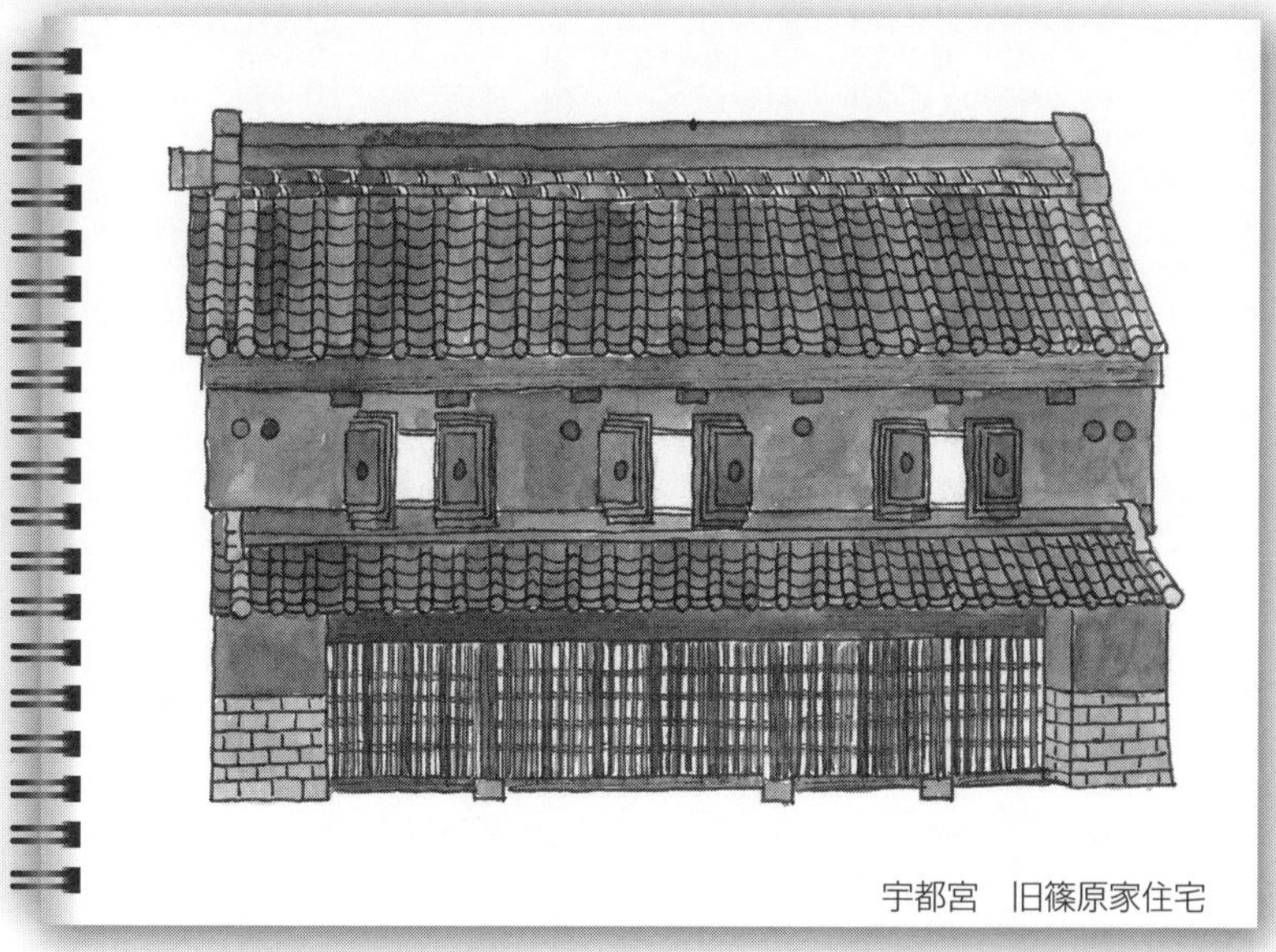

宇都宮　旧篠原家住宅

2018.12.09 8:40

宇都宮八坂神社　大谷石でできた蔵はこの地域の文化である。

宇都宮

2018年12月8～9日

「旧篠原家住宅」はすごかった。黒漆喰仕上げの大きな建物で、分厚い2階の窓や、1階の開口部の格子など、力強い外観をしていた。

この道中記では宇都宮宿を過ぎてから日本橋までの区間を日光街道としてまとめるので、宇都宮宿は奥州街道の旅を締める最終の宿場町となる。そして今日の宿泊は宇都宮宿としている。ＪＲ宇都宮駅から新幹線に乗れば2時間程で自宅へ帰れるが、今日はこれまでの奥州街道の旅を振り返り、心行くまで余韻に浸りたい。

宇都宮宿へは県道１２５号線を真っ直ぐに行けば着くので、道を間違える心配は全くない。宇都宮市街地に近づくにつれて車両の通行が多くなり道幅が広くなった。昔の街道らしさはないが、時折現れる大きな長屋門に名残がうかがえた。ホテルには16時に到着。ホテルの大浴場に浸かりながら考えた。次の旅は宇都宮宿から日本橋を目差すか、それとも日光から宇都宮宿経由で日光街道を完全踏破すべきかと。

翌日は5時半に起床。この日は旅の最終日で帰宅する日だ。それに宇都宮宿より先の宿場まで歩くつもりはない。朝食を終えてコーヒーを2杯飲んでのんびり過ごす。それでも私は貧乏性というのか欲張りというべきか、宇都宮宿をあちこち歩き廻ろうと考えて、ホテルを8時に出発。先ずは八坂神社で今日まで無事に旅をすることが出来たことの報告をした。蔵造りの建物があるが、外壁の素材は地元産の大谷石である。

「旧篠原家住宅」というすごい住宅があった。開館は9時からなのでまだ入ることが出来ない。この日は非常に寒くて、10分以上も外で待つのはつらいが、通りの反対側に移動して、建物をスケッチすることにした。この住宅は全体が黒い漆喰で仕上げられた大きな建物だ。間口が狭い敷地に建つのではなく、通りに大きく面した敷地に堂々と建っているので力強さを感じる。外観を描き終えたところで、中に入って見学することにした。先ずは冷えきった体をストーブで温めながらパンフレットを読む。篠原家は江戸時代から醤油醸造業や肥料商を営んでいて、この住宅は明治28年（１８９５年）に建てられ、主屋は1、２階合わせて１００

宇都宮　旧篠原家住宅　2階座敷

坪の広さである。土間の広い空間があり、隣接する帳場には大黒柱があった。その断面は一尺五寸角（1辺が約45㎝）と太い。箱階段があり、昔の雰囲気を出すのに一役かっている。主屋を通り抜けると新蔵、文庫蔵、石蔵が並んで敷地いっぱいに建っていた。主屋に戻り2階に上がると大広間や客間がある。私以外に誰も人がいないので、床の間を背に正座をして大店の主人の気分を味わう。そして廊下に出るとレトロなガラスをはめた窓があり、それを通して少しゆがんだ景色を見て楽しんだ。「旧篠原家住宅」は、奥州街道の旅の最後を飾るのにふさわしい建物だった。そして、次回の旅は日光から日本橋まで日光街道を全区間歩くことに決めた。

日光街道　徒歩の旅

日光から鉢石宿、宇都宮宿を通り日本橋まで

日光街道宿場一覧

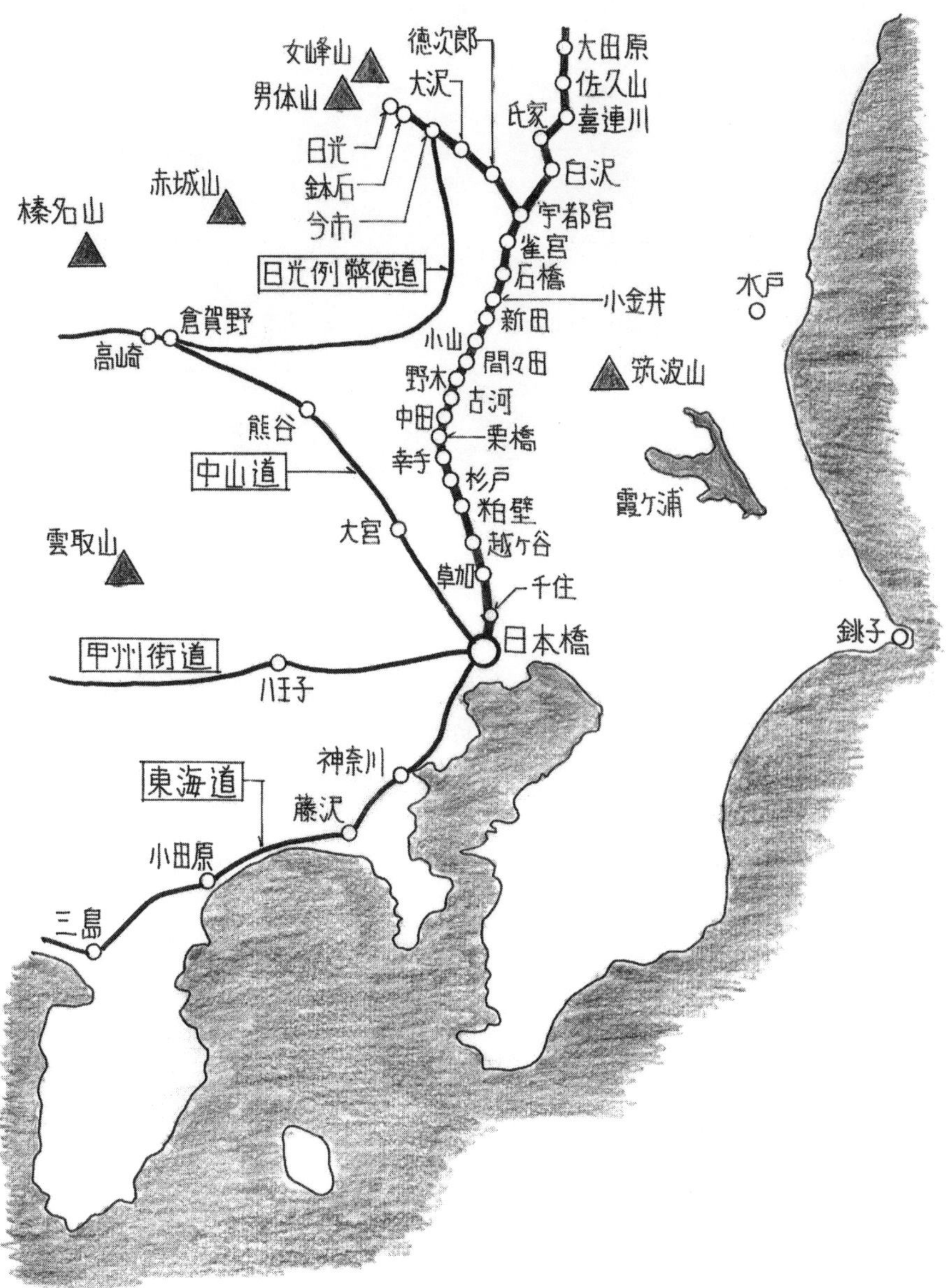

女峰山
男体山
徳次郎
大沢
日光
鉢石
今市
大田原
佐久山
氏家
喜連川
白沢
宇都宮
雀宮
石橋
小金井
新田
小山
間々田
野木
古河
中田
栗橋
幸手
杉戸
粕壁
越ヶ谷
草加
千住
日本橋
赤城山
榛名山
日光例幣使道
倉賀野
高崎
熊谷
中山道
大宮
雲取山
甲州街道
八王子
神奈川
東海道
藤沢
小田原
三島
水戸
筑波山
霞ヶ浦
銚子

日光

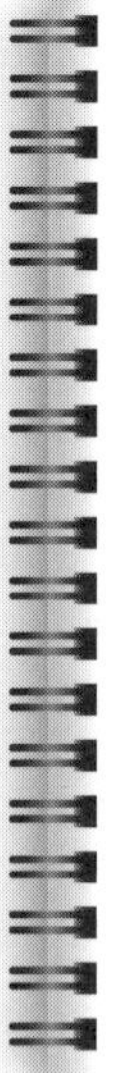

日光　神橋

2019.03.01　10:20　東照宮に寄る。
三猿が出迎えてくれた。外国人客が多いようだ。

2019.03.01
10:25
陽明門
にぎやかな門である。

日光

2019年3月1日

日光街道の旅が始まった。「日本縦断徒歩の旅」の総仕上げだ。神橋を渡る。橋姫神様は、私を守って下さるだろう。

２０１９年３月早々に「日光街道徒歩の旅」を開始。８時20分にＪＲ日光駅に着いたが、まだ春には程遠く非常に寒い。日光街道の起終点である神橋までバスで行く予定だったが、雨があがったので約２㎞の道を歩く事にした。

神橋には９時に到着。朱塗りのきれいな橋で、下を流れるのは中禅寺湖から華厳の滝を経てきた大谷川(だいやがわ)。寒いこともあるが、清流に身が引き締まる。せっかくの機会なので、入場料を払い神橋を渡ることにした。

パンフレットによると、錦帯橋、猿橋とともに日本三大奇橋の一つとされている。また神橋には「橋姫神」という姫神様が祀られていて、対岸の深沙大王(じんじゃだいおう)と共に男女一対となり橋の守護神として、橋の恒久的な安泰と橋を渡る人々の安全を祈っているとのこと。「橋姫神」を祀る祠に今回の旅の安全を祈願していると、狩衣、烏帽子姿の神職が供え物を携えて来られたので、少し離れてその作法を見守った。

日光東照宮は徳川家康をお祀りした神社で、現在の主な社殿は三代将軍家光により建て替えられたものである。表門を通り神厩舎(しんきゅうしゃ)の上に掲げられていたのが、「見ざる・聞かざる・言わざる」で有名な三猿だ。観光客が多く、その半分以上は外国人である。ここは日本で最も華やかな神社のひとつなので、多くの外国人を呼び寄せるのだろう。先へ進むと東照宮の代名詞とも言える陽明門がある。この門の装飾性はすごい。金色や白色に彩られた獅子のような動物がたくさん並んでいる。一言でいえばド派手な門である。時代を経て色が失われた寺社建築を見慣れてきた私には、お腹がいっぱいの状態になってきた。でもまだまだ見所は続く。坂下門を通って奥宮に向かうと、門の上にあるのが左甚五郎の作と言われる眠り猫だ。小さいがかわいらしい姿をしている。そして奥宮の拝殿に着いた頃から雨が降り出したので、少し急いで見て廻ることにする。薬師堂ではこれまた有名な鳴龍を体験。係の方が拍子木を打つと反響した音の余韻が響いていた。

東照宮を出ると隣接する二荒山神社に行く。ホームページによると霊峰二荒山（男体山）を神の鎮まり給う御山として仰ぐ神社で日光の氏神様である。境内は日光国立公園の中枢をなす日光連山をはじめ、御神域は３４００haに及ぶ広大な境内地であり、華厳の滝、いろは坂、神橋も含む。男体山山頂に奥宮、中禅寺湖畔に中宮祠（ちゅうぐうし）、日光市内に御本社が鎮座している。すごいスケールである。私のお気に入りは神楽殿に祀られた足尾の大黒様と白ねずみの像だ。金色の大黒様の両脇に銀色の白ねずみが愛くるしい姿で鎮座していた。

輪王寺を忘れてはいけない。黒門を通り、鐘楼の前に来たのが正午の少し前だった。鐘楼の前で紺色の作務衣を着た梵鐘を撞く方が時計を見ていた。正午になり撞木（しゅもく）を動かし始める。鐘に当てる勢いをつけるために、撞く直前には体を思い切り後方に傾けて反動をつけるので、実にダイナミックな所作である。それを見終えてから、輪王寺を後にして神橋に戻った。ここから日光街道を巡る旅が始まった。

日光　二荒山神社　足尾の大黒様

日光　輪王寺

1　鉢石宿

鉢石　JR日光駅

鉢石

2019年3月1日

日光杉並木を歩いた。その中で、「並木太郎」は立ち姿がよく、気品があり、周りの杉から一目置かれていた。

姿がよくて気品がある太杉だ。
2019.03.01 14:10
『並木太郎』この杉は一目おかれている。
並木太郎
日光東照

神橋の近くの食堂で五目ラーメンを食べ終えるとようやく体が温まった。街道の両側に趣のある建物が並ぶが、中でもJR日光駅は大正時代のレトロな雰囲気を漂わせた洋風建築の駅舎である。

駅を過ぎると杉の巨木が見えてきた。ここからが有名な日光杉並木の始まりだ。3月は杉花粉飛散の最盛期なので、花粉症の私がここを歩くのは無謀な行動である。最初は車道を歩いていたが、やがて車道と並行する旧道に入る。こちらは車がほとんど通らないので落ち着いて歩ける。杉は一段と大きくなってきた。その中で「並木太郎」という特に大きな杉があった。幹回り5・35m、樹高は38mで、真っ直ぐに伸びていて気品がある。周囲の杉から一目置かれる存在感があった。

鉢石　日光杉並木

2　今市宿

地蔵尊
奉納地蔵尊

今市　追分地蔵

2019.03.01
14:35
石畳の道を歩いている。
半分苔に覆われた杉あり。

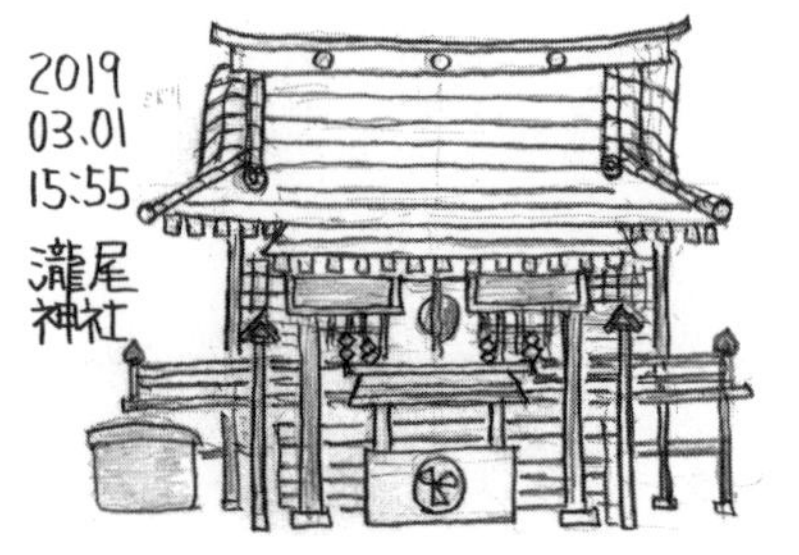

2019
03.01
15:55
瀧尾神社

今市

２０１９年３月１〜２日

ホテルに忘れ物を取りに戻った。その後「追分地蔵」に寄ったが、地蔵様は「もっと落ち着いて歩きなさい」と微笑んでおられた。

苔がびっしりと付着した幹を見ていると、杉にも各々個性が感じられておもしろい。新しい杉と樹齢を重ねた杉が混在していることも分かってきた。戊辰戦争の際に砲弾が当たった跡がある杉があり、その様な歴史を目にしながら歩くのは楽しい。杉が大きくなるには水が必要で、大谷川からの水が豊富に流れるのも日光の杉が大きくなる理由のようだ。この旧道にも水路が設けられていて、杉を大切に育てているのがうかがえる。杉の幹に団体や個人の名前が記されたプレートがついているのがあちこちに見受けられる。日光街道杉のオーナー制度があり、栃木県が日光杉並木街道保護基金で運用し、オーナー杉は日光杉並木保護財団と東照宮が管理をしている。このような努力で素晴らしい杉並木を保ち、皆を楽しませてくれている。

移築された古民家を見ながら歩いて行くと、やがて車道に出て瀧尾神社で休憩。もう今市宿に入ったようだ。そして16時過ぎに船村徹記念館に到着。17時で閉館なので、残念だが見学は諦めてこの日の宿に向かう。

しかし諦めきれない。信号待ちをしていると、北海道の宗谷岬で聴いた船村徹作曲「宗谷岬」のメロディーが頭の中を流れていく。「流氷とけて　春風吹いて……」。今も春ではないか。何かの縁に導かれるように引き返して、少しの時間でもいいので入館することにした。先ずは夢劇場シアターに入る。見学者は私一人だけだが、このシアターがよかった。最初に女の子が透き通った声で「別れの一本杉」を唄うのに続いて、３Ｄ映像と名曲のメロディーが連続し

男体山
女峰山
2019.03.01 16:40 船村徹記念館より
日光連山を見る。色々な曲をシアターで楽しんだ。

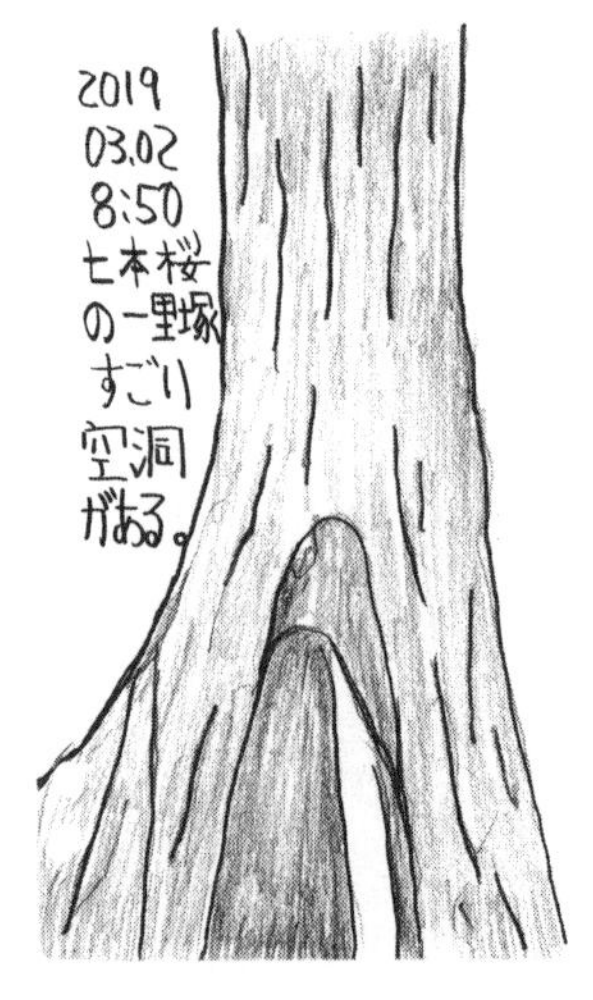
2019
03.02
8:50
七本桜
の一里塚
すごい
空洞
がある。

て登場する。トップバッターは北島三郎の「風雪ながれ旅」だ。その後は、ちあきなおみの「矢切の渡し」、美空ひばりの「みだれ髪」、鳥羽一郎の「兄弟船」などが次々と現れては消えていく。すごい演出で大迫力だった。シアターを出ると閉館まで15分くらいしか時間がない。3階にエレベーターで上ると日光連山の大パノラマが見えた。男体山や女峰山の眺めが素晴らしいのでスケッチをする。閉館時間が迫ってきたので、残り時間5分で走るようにして展示を見て廻り、本日宿泊するホテルへと急いだ。

翌日は4時半に起床。ホテルの部屋からは、山から昇る太陽が見えた。天気予報で6時現在、この付近の気温は1・2℃と報じていた。ホテルを8時に出発。防寒服を着ていないので寒い。特に首の辺りに冷たい風を感じるが、風邪でもひいたかと思いながら5分ほど歩いた時、マフラーをしていないことに気づいた。ホテルの部屋に忘れてきたようだ。今まで気づかなかったとは、我ながら実にアホである。再びホテルに戻ると、部屋のハンガーに掛かっていたので一安心。今日は落ち着きが足りないと反省し、ホテルの近くにある追分地蔵に寄り、本日の安全を祈願した。地蔵様の優しい顔を見ていると、「もっと落ち着いて歩きなさい」と微笑んでおられた。この追分は日光街道と日光例幣使街道の分岐点である。日光社参は京都の朝廷の公卿達も行った。捧げものを携えた例幣使は、京都から中山道経由で倉賀野宿から栃木、鹿沼を通り日光に入ったので、この道を日光例幣使街道と呼ぶようになった（日光街道宿場一覧参照）。

今市　七本桜付近の杉並木

さて仕切り直しだ。再び日光街道を歩き出す。「七本桜の一里塚」に来ると両塚が残っていて、北塚には根本に大きな空洞がある杉が立っている。大人が4人入れることから「並木ホテル」と呼ばれている。この様な状態でも生きているのだから杉の生命力はすごい。日光杉並木はまだまだ続く。

3　大沢宿

大沢　男体山を望む

2019.03.02 10:20 大沢 交差点より男体山と女峰山
を見る。ここまで歩いてきた杉並木はすごかった。

大沢

２０１９年３月２日

この日は快晴。雪がまだ残る男体山は雄大な山容を見せていた。一度は登りたい山である。

カケスやシジュウカラの鳴き声を聴きながら歩いて行くと、「水無（みずなし）一里塚」があった。ここは両塚が保存されているので、その間を通ることで間違いなく江戸時代の街道を歩いていると共に、当時の道幅が確認できる。そして旧道はやがて車道に合流して大沢交差点に到着。ここはもう大沢宿である。今まで杉並木の中を歩いたので気づかなかったが、今日の天気は快晴だ。後ろを振り返ると男体山と女峰山がきれいに望めた。歩道が車道よりも1mくらい高い所にあるので、安全だし見晴らしがよくて、気分も爽快だ。杉は街道の両側にまだあるが、桜の木が多く見られるようになってきた。

向かい側から一目で日光街道を歩いている旅人だと分かる人が来た。すれ違う際、「あれが男体山ですか」と尋ねられた。遮るものがほとんどないので、男体山の大きな山容は否が応でも目立つ。山頂付近に残る雪が美しさを引き立てている。二荒山神社の奥宮が山頂にあることを思うと、男体山に登らずして本当の日光をまだ見ていない気がしてきた。

しばらく歩き続けると赤い布で体中を巻かれた石仏があった。案内板によると、この地蔵様に人体の悪い箇所と同じ所に赤い布を付けてお願いをすると、不思議に治るらしい。その名を「お願い地蔵尊」という。多くの人にお願いされたらしく、赤い布でぐるぐる巻きに覆われてしまったようだ。人々を救済する地蔵様らしい話である。

4　徳次郎宿

徳次郎　第六接合井

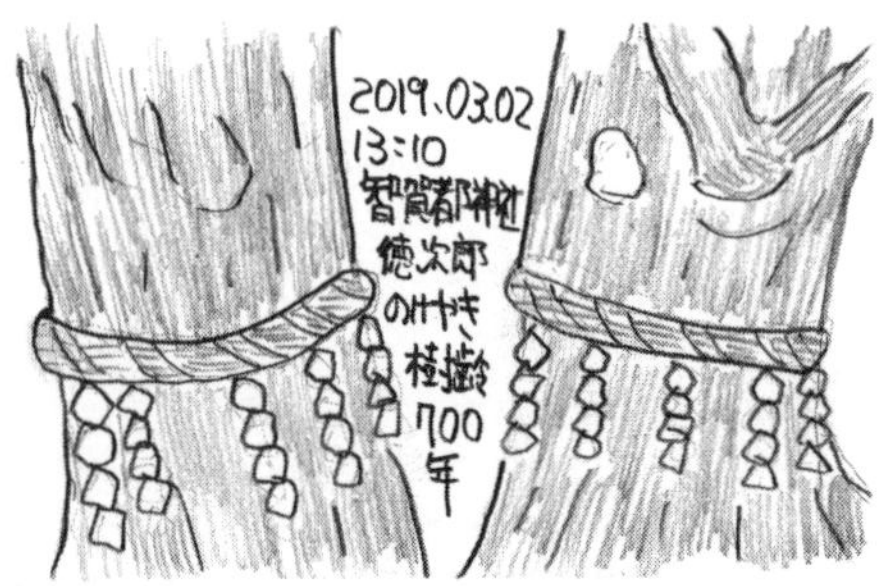

徳次郎

第六接合井は大正時代のレンガ造りの建物で、まるで「歴戦の兵」を思わせる風貌をしていた。

２０１９年３月２日

大沢宿から10㎞程行くと智賀都(ちかつ)神社に到着。休憩した後、街道に戻ろうと参道を歩いて行くと、鳥居の両側に大きなけやきの木が2本そびえるように立っていた。注連縄(しめなわ)が巻かれているので、由緒ある木なのだろう。説明板によると樹齢は約７００年とのことだ。

智賀都神社を後に少し行くと、「第六接合井」と書かれたレンガ造りの建物があった。この施設は配水管の送水圧力を調整する役割を担っている。私は建築設備設計の仕事をしているので、このような施設を見ると設計者魂が湧いて興味津々となる。大正4年（１９１５年）の建築で、小山のような草地の上にたたずんでいた。その姿は「歴戦の兵(つわもの)」と言うのが相応しい風貌をしていた。

徳次郎宿では、大谷石を使用した蔵をいくつか見かけた。大谷石は宇都宮市大谷町一帯で採掘される石材で、柔らかくて加工しやすく耐火性に優れていることから、昔から建材として使用されてきた。大谷石を使った建物で有名なのは、アメリカ人の建築家フランク・ロイド・ライトが設計した旧帝国ホテル本館である。現在は愛知県犬山市の明治村に中央玄関部分が移設保存されていて、私は二度訪れたことがある。彫刻された大谷石が重厚で格調の高い空間を造っていた。大谷石は地元の文化の一翼を担っているだけでなく、世界的な建築家も認めるすばらしい石材である。

街道の両側に杉はほとんど見られなくなった。その代わりを担うかのように白梅がきれいに咲いていた。もう3月に入っているが、この辺りは寒いので今が梅の見頃らしい。

5　宇都宮宿

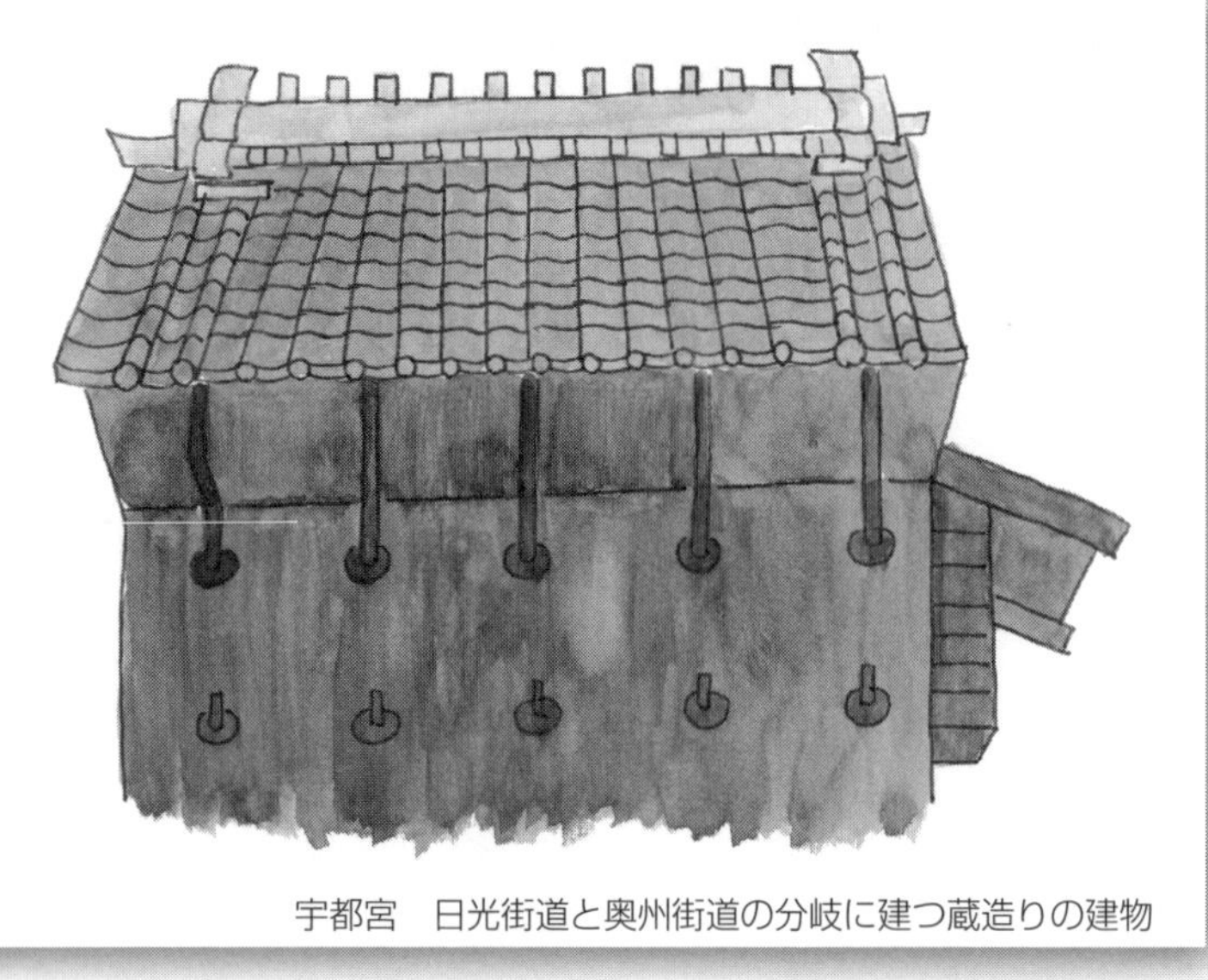
宇都宮　日光街道と奥州街道の分岐に建つ蔵造りの建物

2019.03.02 15:40
宇都宮 桂林寺
猫を見つけるとつい
描きたくなる。

2019、03.02
16:10
宇都宮
都橋。
今日の旅は
ここで終り。
ずっと
杉並木を
歩いた一日
だった。花粉
症の私にはつ
らかった。

宇都宮

２０１９年３月２～３日

奥州街道と日光街道の分岐点に到着。杉並木の中を歩いたので、花粉に苦しんだ一日だった。

上戸祭(かみとまつり)の一里塚を過ぎると、宇都宮市街地に近づいたので交通量が多くなってきた。道の両側の木は桜が多い。桂林寺に寄ると、本堂の軒下に猫がいたので休憩を兼ねて眺めていた。ここには宇都宮生まれで江戸時代後期の儒学者、蒲生君平の墓があった。蒲生君平は高山彦九郎、林子平と共に寛政の三奇人のひとりと言われている。「奇人」とは「優れた人」の意味である。この三人の中では林子平が『海国兵談』でロシアの南下を警戒して海防の必要性を説いたことくらいしか知らない。高山彦九郎は2年前の２０１７年3月、中山道を歩いた時に京都三条大橋の横で見た土下座した姿の像を覚えている。あの時は寒風が吹き抜けていたが、同じ3月でも今日は暖かい。

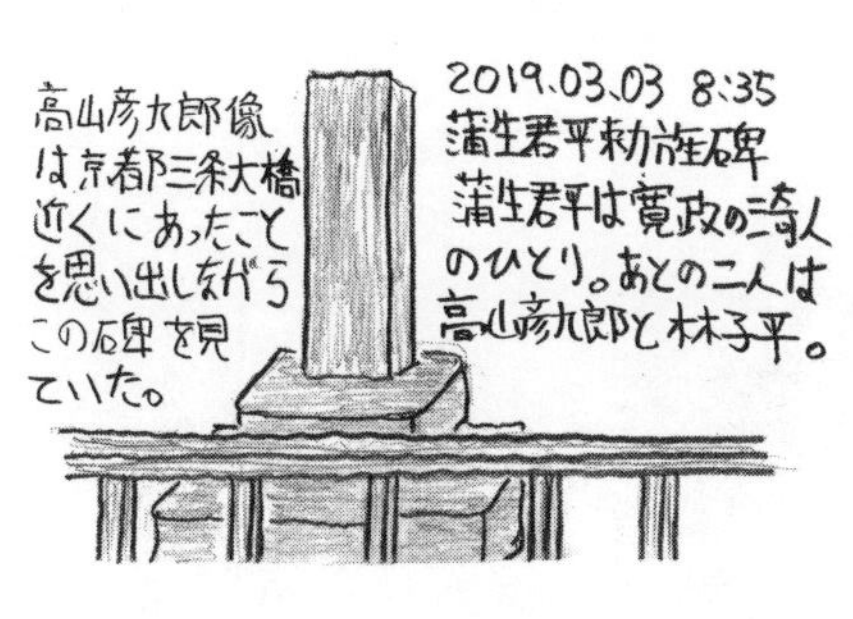

2019.03.03 8:35
蒲生君平勅旌碑
蒲生君平は寛政の三奇人のひとり。あとの二人は高山彦九郎と林子平。
高山彦九郎像は京都三条大橋近くにあったことを思い出しながらこの石碑を見ていた。

奥州街道と日光街道の分岐点に到着したのは16時。宇都宮二荒山神社まで足を伸ばしてからホテルに入った。日光杉並木を歩いたので花粉症の私にはつらい一日だった。ホテルに備え付けのティッシュをひと箱使い切ってしまった。

翌日は4時半に起床。テレビの天気予報は正午前から雨と報じている。今日は小山まで約30kmを歩くが、確実に雨につかまりそうだ。7時にホテルの朝食を食べ終え、直ぐに出発しようとしたが腹が痛い。トイレに入ることを数回繰り返す。早く出発しようとあせるがどうにもならない。結局、ホテルを出たのは8時だった。奥州街道と日光街道の分岐に建つ蔵造りの建物を描いてから宇都宮宿を後にした。空模様は怪しいが、私の腹の様子もかなり怪しい状況だった。

6　雀宮宿

雀宮神社
奉納
雀宮　雀宮神社

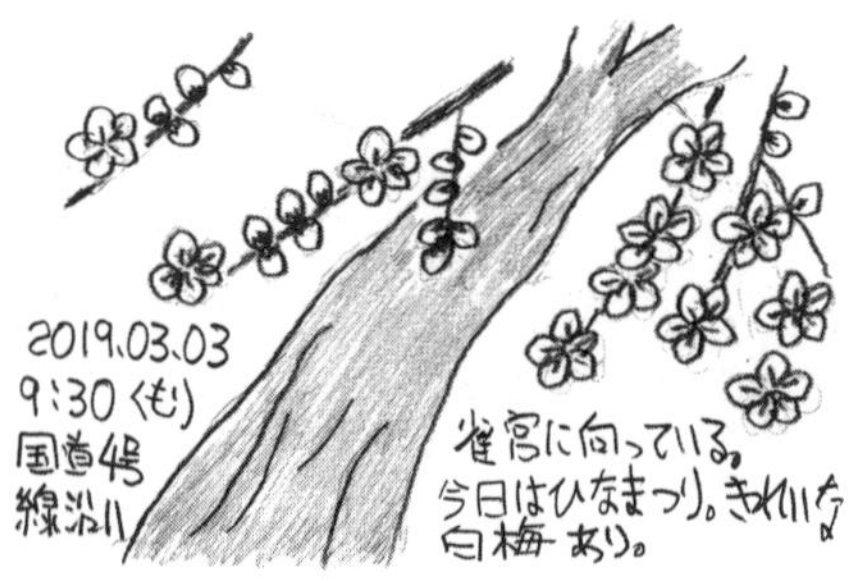
2019.03.03
9:30 くもり
国道4号
線沿い
雀宮に向っている。
今日はひなまつり。きれいな
白梅あり。

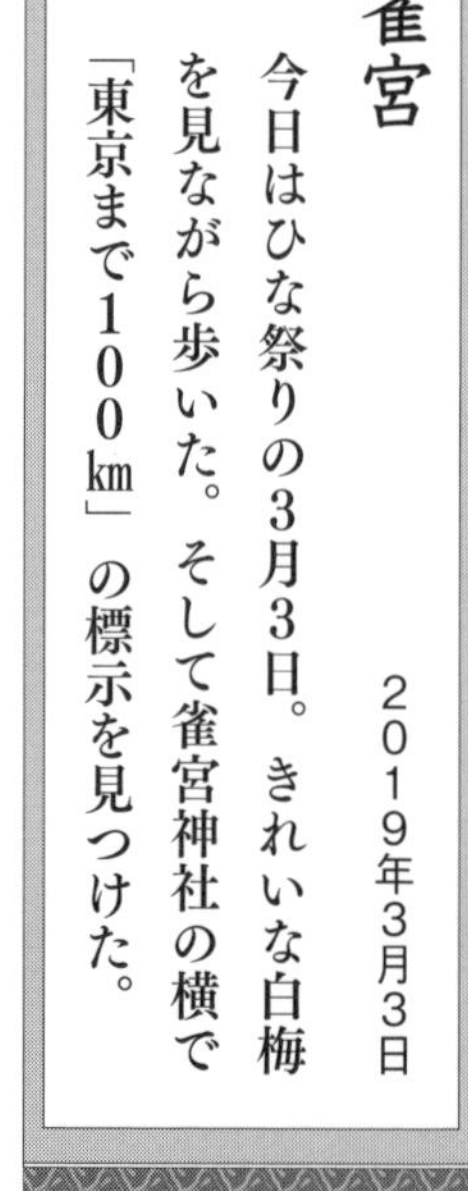
雀宮
今日はひな祭りの3月3日。きれいな白梅を見ながら歩いた。そして雀宮神社の横で「東京まで100㎞」の標示を見つけた。
２０１９年３月３日

2019.03.03　10:00
雀宮　ここで雨が
降りだした。
雀宮神社前
私の旅も残り
100kmとなった。
4
東京まで
to Tokyo
100km
国分寺
まで
13km

車両の往来の多い国道4号線を進む。雨が降り出す前に出来るだけ遠くまで歩いておきたいので、どうしても急ぎ足になってしまう。道路沿いには、昔の街道筋が感じられるような旧家や店舗、石碑は見当たらない。それでも白梅が満開に咲いているのを見て立ち止まり、今日3月3日のひな祭りを祝っているかのようだと思いながら眺めていた。私は桜より梅の方が好きだ。桜が咲く季節は日本中が浮足立ち、皆がお決まりのように満開を騒ぎ立てる状況を好まない。しかし桜の花それ自体が嫌いな訳ではない。桜と梅の関係は、歌舞伎と文楽に似ていると思う。歌舞伎の華やかな演出は満開の桜のようである。一方、梅の小ぶりな花は凛と引き締まった感じで、文楽の太夫の語り、三味線の響き、人形の動きが三位一体となって演じる緊張感に似ている。これは梅の咲くのが寒い時期なのに対して、桜が咲くのはようやく寒さから開放された明るい季節のせいかも知れない。念のために言っておくが、私は歌舞伎と文楽のどちらも同じくらいに好きだ。歌舞伎も文楽も季節に関係なく上演されるので、梅の花が咲く時期に思う私の感想である。

国道4号線で、「東京まで100㎞」の標示を見つけた。私の旅も残り少なくなった。この標示の前に雀宮(すずめのみや)神社があるので、今日の安全を祈願。そこに日本酒と新鮮なタマネギ、ニンジン、ピーマンが供えられていた。きれいな色の組み合わせに感心していると雨が降り始めた。まだ10時なので、天気予報より2時間程早いが、天気に文句を言ってもしょうがない。神社の庇の下で雨具を着る。雨を避けられる場所で着替えが出来るだけでもありがたいと思った方が前向きな気持ちになれる。「春雨じゃ、濡れてまいろう」と粋な気持ちで出発したいところだが、雨は冷たくて今日は厳しい旅になりそうな予感がしていた。

7　石橋宿

石橋　開雲寺

2019.03.03 11:30
鞘地蔵尊
東屋で雨を避けて休む。もうすぐ石橋宿。
この時期に冷たい雨は、少々つらい。

2019.03.03 13:20 雨
小金井宿に向かって静かな道を歩く。
両側は畑、
白梅と松が雨に濡れている。どちらも気ままに枝を伸ばしている。

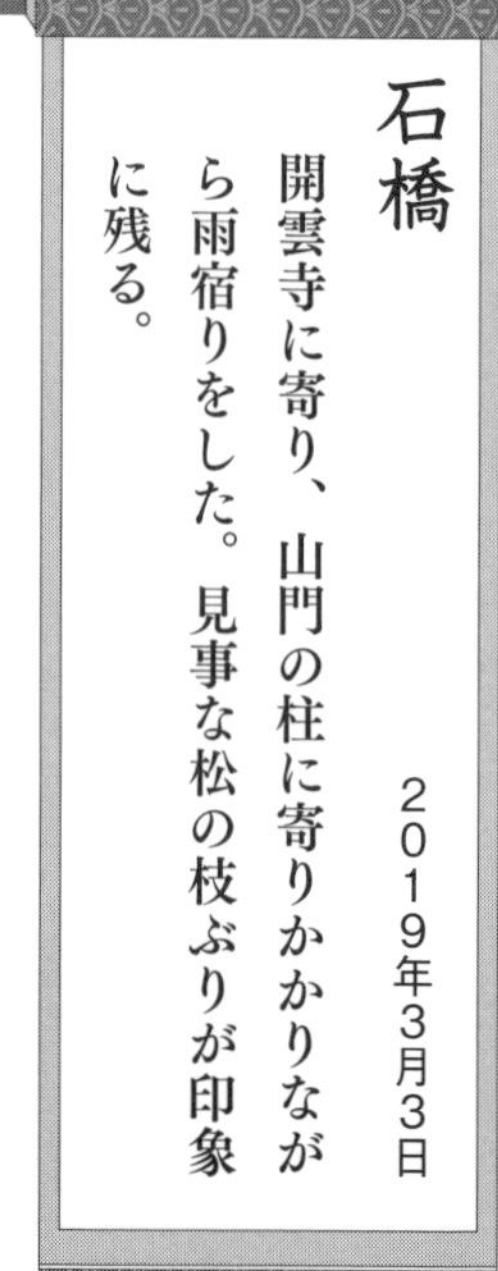

石橋

開雲寺に寄り、山門の柱に寄りかかりながら雨宿りをした。見事な松の枝ぶりが印象に残る。

２０１９年３月３日

雨の中をひたすら国道4号線を石橋宿に向けて歩く。歩き旅では見所やコンビニの位置を予め確認し、道のどちら側を歩くのがよいか注意を払わなければならない。簡単に道路を横断できる場合は気にする必要はないが、車両の通行が多くて信号のある場所でしか横断が出来ない場合に備えることは、歩く旅人の大切な心掛けである。私は「日本縦断徒歩の旅」を通して、この様な用心は自然に身に付いた。

雨が強く降ってきたので鞘地蔵尊で雨宿りをする。ここは室町時代に「小山・宇都宮の戦い」があり、戦死者の鞘を集めてここに埋葬し、堂を建て地蔵を安置したとのこと。東屋があるので座ることが出来るので助かるが、じっとしていると直ぐに体が冷えてきた。

寒いのでコンビニの中で昼食休憩しようと思い、地図で場所を確認して道路の左側を歩き出す。日光街道沿いはコンビニがたくさんあるので助かる。買い物の他にトイレを利用出来るからで、今日の様に腹の調子が悪い時は大変ありがたい。これまでの旅では昼食を確実に確保するために、最初に見つけたコンビニで購入することが多かったが、宇都宮宿を過ぎてからは、その様な気遣いはしなくても大丈夫なようだ。

石橋宿に入り開雲寺に寄る。この寺の庭と松の枝ぶりが見事だった。それを山門の下で柱に寄りかかり、雨を避けるようにして眺めた。後日談となるが、開雲寺のホームページを見て、松の前にある枯れ木が「徳川三代将軍手植えの槙」であること知った。落雷により倒木し、現在は根の部分だけが残っており、その前には記念碑があるとのこと。その枯れた根と記念碑も描いたスケッチに含まれているが、当時は雨が強く降っていたので、近づいて記念碑に書かれた文字を読まなかった。スケッチをする前に記念碑を見ていたら「徳川三代将軍手植えの槙」を構図の中心に据えただろう。

8　小金井宿

小金井　小金井の一里塚

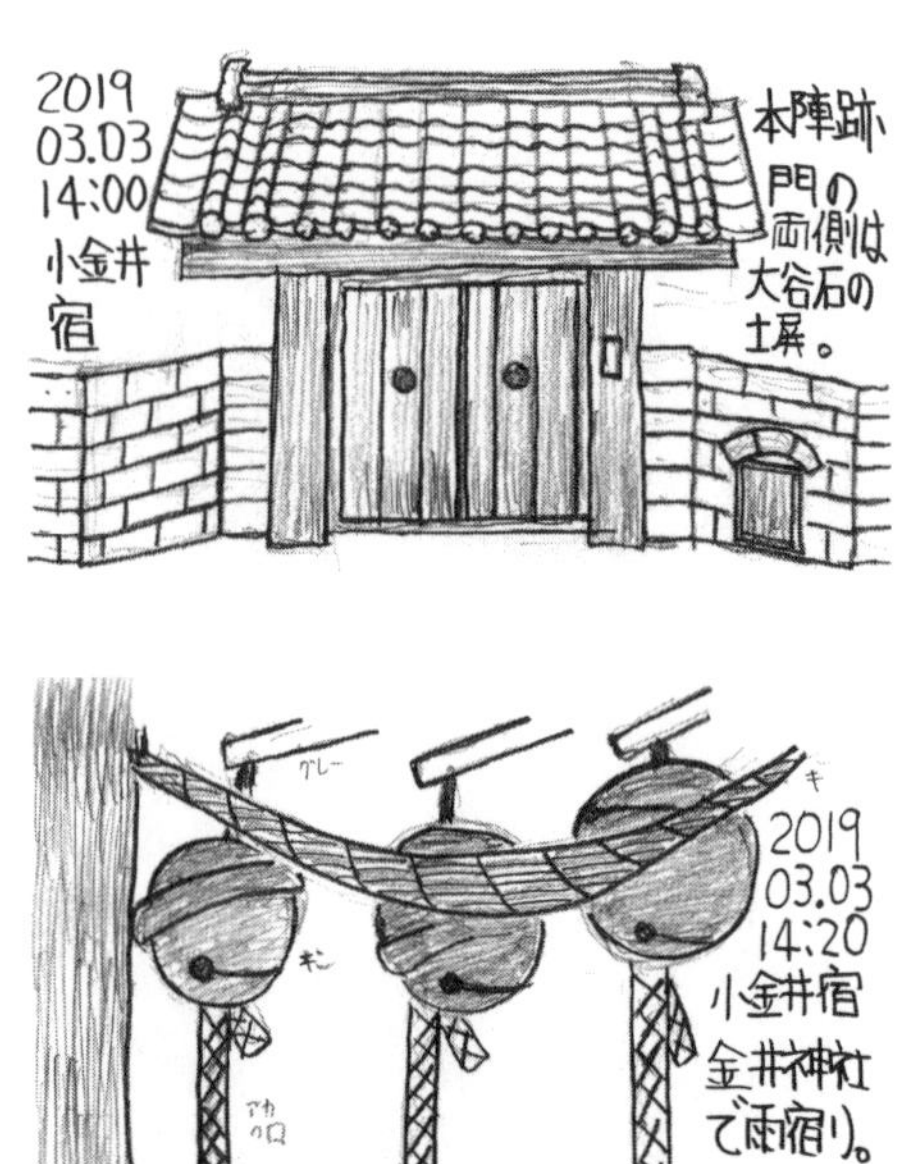
2019
03.03
14:00
小金井
宿
本陣跡
門の
両側は
大谷石の
土塀。
2019
03.03
14:20
小金井宿
金井神社
で雨宿り。

小金井

小金井の一里塚は、両塚が共に残っていた。
そこには榎(エノキ)と櫟(クヌギ)が同居していた。

２０１９年３月３日

石橋宿を出てから国道4号線を進み、途中から国道と並行する旧道に入る。車両があまり通らない静かな道を歩くが、やがてJR自治医大駅付近で再び国道に合流する。小金井宿に近づくにつれて大きな旧家が目に付くようになった。本陣跡には門が残っていて、その両側は大谷石の門壁が続いていた。この辺りには、古い建物が国道に面して多く残っているので、昔の街道筋の雰囲気の一端をうかがうことが出来た。

雨は益々強くなり、金井神社の小さな庇に隠れるように雨宿りをした。雨は冷たくて、じっとしていると直ぐに体が冷えてくる。再び歩き出すと小金井の一里塚があった。両塚が残っていて、案内板によると榎（エノキ）と櫟（クヌギ）が同居しているとのこと。一里塚は道の両側に造られるので、当時の街道の道幅が分かるので貴重である。この両方の一里塚を見ながら考えた。人や馬が通るだけなら江戸時代の道幅でも問題はないが、自動車が通行する時代になると道路の拡張工事が必要になる。旧街道と同じ場所で工事をする場合、両端の一里塚の間隔では必要な道路幅が確保出来ないので、せめて片方の一里塚だけでも残そうとする場合が多いのだろう。この小金井の一里塚は、両塚共に新設された国道から際どく外れたので生き残ったようだ。街道の両側に必ず一里塚があったとすると、現在では両塚共に消失している場合が圧倒的に多い。片方の一里塚だけが現存しているケースでさえ稀である。街道に面した場所は商売をするのに適しているので、一里塚で盛り上げた土を平らにしたこともあっただろう。我ながら実にいい視点に気づいたが、少し待てよと思う。江戸時代の往来は、現代と比較するとたかが知れている。何故、一対の両塚が必要なのだろう。街道の片側にひとつだけ設置しても、十分に一里塚の役割は果たせたと思う。私の街道歩きの旅に新たな謎が加わった。

9　新田宿

2019.03.03 15:00
新田宿 石碑が雨にうたれている。

新田

橿原神社の社殿に続く参道には、両側に赤い灯籠が並んでいた。参道を通る人は誰もいないので、私は参道の真ん中に立ちスケッチをした。

２０１９年３月３日

宇都宮宿を出発してからJR宇都宮線と並行するように歩いている。駅が5㎞くらいごとにあるので、何かアクシデントがあっても鉄道に確実に乗れる状況は心にゆとりを生む。それに国道4号線を基本に歩くので道に迷う心配は全くない。日光街道は平坦な道が続くので、雨の中を歩いてもあまり疲れない。そのため、普段なら見過ごしそうな石碑にも注意を向けることが出来るのは、心に余裕があるからだろう。新田宿に近づくにつれて街道の両側には広大な敷地に建つ民家が目立つようになった。そして雨に打たれている石碑を見ていると、じっと寒さに耐えているように思われて愛おしくなる。

橿原神社の横を通り過ぎようとしたが、新田宿の思い出になるのではと思い、寄ることにした。長い参道の両側に赤い色をした灯籠が並んでいる。さらに外側には木々が立ち並び、枝が参道に張り出していた。その枝で屋根が隠れているが、正面に社殿が見える。夜この灯籠に灯りをともしたら、とてもきれいな光景になるに違いない。この雨では参道を通る人などいるはずがないので、参道の中央に立ち灯籠のある景色を描きたくなった。雨が手帳にかかり鉛筆がのらないので苦労したが、新田宿を代表する1枚はこの時に描いたものである。雨の中で描くということは、右手にはシャープペンシルしか持つことが出来ないので、左手の中指、薬指、小指の3本で傘を持ち、残りの人差し指と親指の2本で手帳を固定して描く。これまでの旅で何度もしてきた事だが、結構大変な作業である。この様な苦労は旅を終えた後にいつまでも覚えているものだ。恐らく数年後に振り返った時、灯籠のあるきれいな景色より、かじかむ手で傘を持ち、手帳につく水滴を拭きながら、一所懸命に描いたことの方をよく覚えていることだろう。

10 小山宿

小山　須賀神社

2019.03.03 16:45 小山 愛宕神社
雨
この狛犬はかなり歴史がありそうだ。

2019.03.04 8:25AM

道面道路の国道4号線

小山

2019年3月3～4日

関ケ原に向かう徳川家康が戦勝を祈願した須賀神社に寄る。私は今日の安全を祈る。家康に比べてあまりにも小さな願いだ。

17時半にJR小山駅近くのホテルに到着。冷たい雨の一日だったが、花粉の飛散は少なかった。

翌日は5時に起床。今日も天気予報では一日中雨とのこと。8時にホテルを出発。雨と風が結構強い。先ずは小山評定跡を見ることにする。徳川家康が会津の上杉景勝を討つため小山に着陣した時、石田三成挙兵の知らせを受けて軍議（小山評定）を開き、三成打倒を決議して、直ちに西へ引き返すことを決定した場所だ。実はこの時に私が読んでいた小説が山岡荘八氏の『徳川家康』で、今回の旅にも持参していた。この小説は全26巻の大作で一度読み通したことがあるが、再度読んでいる最中だった。クライマックスのひとつが関ケ原へ向かうことを決定する小山評定である。そんな縁を感じて評定跡碑を探したが、なかなか見つからない。小山市役所の敷地内にあるとは思いもしなかったので、だいぶ付近を探し廻り、諦めかけた頃にようやく見つけた。市役所は国道4号線に面していて、この通りは「評定通り」との別名がある。

次に寄ったのが須賀神社。家康は慶長5年（1600年）7月にここで戦勝を祈願して関ケ原へと向かった。私も気持ちが高揚していたのだろう。雨が強く降る中で拝殿をスケッチした。建物を描くのは時間がかかるので雨の日に描くのは避けたいのが本音だが、この時ばかりは違った。私も家康の真似をして、拝殿に今日の安全を祈願した。天下取りを願った家康と比べて、祈願の内容及びスケールがあまりに小さい。

小山は大きな街なので、旧家などはあまり見かけないが、須賀神社の周辺には寺社が多い。それに小山評定の地であるという事実が日光街道の宿場町としての重みを増している。私は天下取りを目差す気持ちになって、約400年前に徳川家康が通ったであろう道を歩き出した。雨や風や寒さに負けない強い気持ちが心の中に宿っていた。

11 間々田宿

間々田　車屋美術館

2019.03.04 10:00
西堀酒造
この雨の中描
くのはき
つい

2019.
03.04
11:00 間々田
龍昌寺
雨が勢いよく
といをつたって
落ちていく。
梅が満開
だ。

間々田

２０１９年３月４日

上からの雨、横からトラックの水しぶきを傘で避けながら、西堀酒造の煙突や酒蔵のある風景を一所懸命に描いた。

県道265号線を歩き国道4号線に合流した頃、西堀酒造の建物が見えてきた。レンガ造りの煙突もある。これを見た限りは、たとえ雨の中でも描かない訳にはいかない。この時の私は、徳川家康の強い決断に高揚した気持ちがまだ続いていた。建物が大きいので道路を横断して反対側に行きスケッチを試みる。雨が手帳にかかり、トラックが横を通る度に風圧で傘が飛ばされそうになるので大変だった。「日本縦断徒歩の旅」を通して多くの酒蔵を見てきたが、その度に立ち止まり描いてきた。この西堀酒造の創業は明治5年（1872年）で銘酒は「若盛」、「門外不出」である。考えてみれば、私の旅はたくさんの酒蔵を見て日本酒の銘柄を知っただけでも意味があったかも知れない。

国道4号線沿いには長屋門や蔵のある民家が時折現れる。龍昌寺本堂の庇の下で雨宿りをしたが、紅梅が満開できれいだった。樋の鎖をつたわる雨が勢いよく下へ落ちていくのを眺めながら花見としゃれこんだつもりだが、寒くなってきたので出発。歩き出すと直ぐに大きな蔵造りの建物が見えてきた。これが車屋美術館で、この日は月曜日なので閉館していた。ここには小川家住宅という旧家があるので見学したかったが残念だ。

正午近くになり、寒いし腹が減ったので何か温かい物が食べたくなり蕎麦屋に入った。雨具が濡れているので、入り口の前で水滴を落とすなど気を使う。今までの旅ではコンビニで購入したおにぎりを寺社の境内やベンチで食べる事が多かったが、今日の風雨と寒さでは食堂に入りたい。注文した「けんちんそば」は大変旨くて体が温まり元気を取り戻した。日光街道には商店が多く並んでいるので、食堂や喫茶店を利用しながら歩くのがよいと思う。

12 野木宿

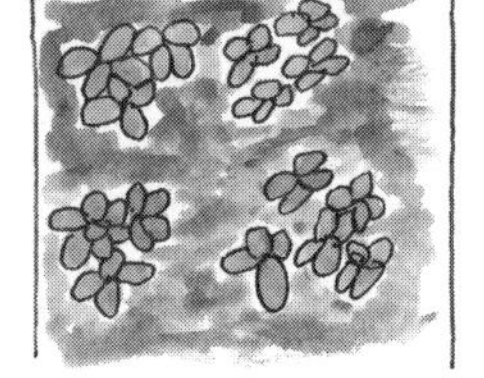

野木　野木交差点　「野木宿はないっぱい推進会」の花壇

野木

２０１９年３月４日

「野木宿はないっぱい推進会」が活動している花壇があった。冷たい雨に打たれている黄色い花を愛おしく眺めていた。

2019.03.04 13:20
野木宿　浄明寺
昨日からずうっと雨の中を
歩いている。ここの梅は
ピンク色だ。

野木宿へは国道4号線を行けば迷うことなく到着する。地図で分岐点などを確認する必要がないので楽だ。雨の日は地図を取り出すと濡れて破れやすくなるので、地図を見ないで歩きたいのが本音である。日光街道は道路の整備が行き届いているので、路面に水溜まりがほとんどなく、車両からの水しぶきを浴びることが少ないので助かる。街道筋にはコンビニが多いし、今まで歩いたどの街道よりも恵まれた旅だと思う。

野木宿が近づくにつれ、道路に面して大きな敷地を持つ住戸が多くなってきたが、昔ながらの民家や店舗は少ないようだ。それでも長屋門が見られるのは、かつて街道だったことの証である。この様に宿場の中心部が近くなると大きな家々が現れるパターンが続いている。風雨は相変わらず強いので、浄明寺に寄り本堂の庇の下で雨宿りをした。雨の日は傘を持ち続けるので、曲げた腕の筋肉が硬くなる。また寒い中を歩くので、全身に力が入り背中の筋肉がこってくる。軽い体操やストレッチをしてふと顔を上げると、ピンク色をした梅が目に留まった。私の心はまだ花を楽しむ余裕があるようだ。

野木交差点に来た時に、「花ロード」との看板がある花壇を見かけた。「野木宿はないっぱい推進会」と言うボランティア団体が日光街道の野木宿を盛り上げようと活動しているのだろう。「野木宿」という言葉が入っているところに、日光街道の宿場町として栄えた誇りと地元への愛着が感じられる。パンジーと思われる黄色い花が雨に打たれているのを愛おしく思い眺めていた。正直、2日間降り続く冷たい雨に気持ちが萎えかかっていたが少し元気が出た。それに雨の日は、花粉の飛散が少ないメリットもある。前向きに考えることが大切だ。

13 古河宿

古河　店舗

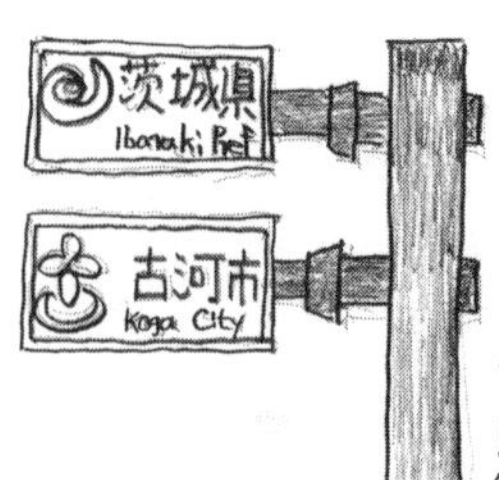

2019.03.04
14:00 雨
茨城県に入る。
栃木県を通過した。栃木県の旅は楽しかった。
茨城県は何が待っているかな。

2019、03、05　6:55AM
古河
津賀屋ホテル

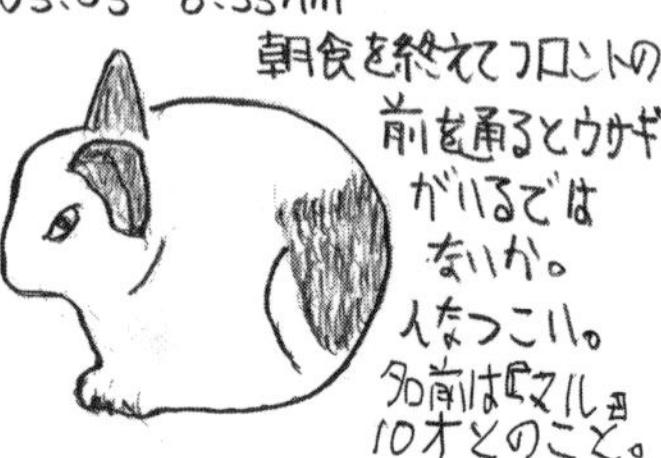

朝食を終えてフロントの前を通るとウサギがいるではないか。
人なつこい。
名前は[illegible]マル君
10才とのこと。

古河

可愛らしいウサギを見て気持ちが緩んだのか、歩く方向を間違えてしまった。油断禁物である。

2019年3月4～5日

野木交差点で国道4号線から離れて古河市街地へ続く道に入ると、旧街道のたたずまいが感じられ出した。そして栃木県から茨城県に入った。道の両側には大谷石で出来た建物など趣のある店舗が並び、いい雰囲気を醸し出している。案内板が立っていて、江戸時代初期の藩主は土井利勝と書かれていた。今回の旅に持参した小説『徳川家康』にも頻繁に登場する人物で、大老を勤めたが実際に名君だったようだ。

15時にJR古河駅に到着。宿泊するホテルは駅から近いので、旅の余韻を楽しもうと喫茶店でコーヒーを飲みながら今日描いたスケッチを仕上げた。「ホテル津賀屋」に入ったのは16時半。このホテルは30年程前、住宅会社に勤務していた頃に何度か利用したことがある宿で懐かしかった。先ずは共用の大きな風呂に入りくつろぐ。天気予報で明日の天気は晴れと報じている。美味しい夕食を食べながら飲むビールが旨かった。

翌朝は5時に起床。電車の通過する音で目覚めた。朝食を終えて部屋に戻ろうとしてフロントの前を通ると、かわいいウサギがいた。箱の中に入っているが、ここから逃げることはないらしい。名前は「マル」といい、触ると毛がふくふくして気持ち良い。10歳とのことだ。

ホテルを7時半に出発。しかし何故か東の方向へ行ってしまい、再び古河駅まで戻って来た。90度歩く方向を間違えるとは、歩く旅人として実に不甲斐ない。以前よく訪れた場所なので油断してしまった。

2019
03.04
20:40
古河のホテル
津賀屋にて
部屋に花が
一輪あり。
いいではないか。
今日と昨日と
2日続けて雨の
中を歩いた。
明日は好天の
中利根川を
渡れそうだ。

14 中田宿

中田　光了寺

2019.03.05
8:15AM
浄善寺
松と白梅が
青空を背景に
きれいだ。

2019.03.05
9:10
香取神社
今日の安全
を願う。
今日は暑い。

中田

2019年3月5日

光了寺の庭に藁で出来た飾りがあった。松尾芭蕉の句「いかめしき 音やあられの ひのき笠」に関連があるのかな。

空気は冷たいが天気は快晴。昨日までの2日間冷たい雨の中を歩いたので、今日は晴れてよかった。私は苦行をする為に歩く旅をしている訳ではないのだ。最初に寄ったのは浄善寺。松の枝ぶりがきれいなのでスケッチをしていたら、寺の関係者らしき人が来て「絵を描いているのですか」と尋ねられた。突然のことだったので、思わず「エッ」と聞き返すと、その方は首をかしげて「エ」と笑いながら答える。どうやら私が、「絵」を「エ」とかけてギャグを言ったと思ったらしい。私も実に間抜けな返事をしたものだと恥ずかしかった。

県道228号線を歩くが、車両がほとんど通らないうえに歩道が広くて歩きやすいのでゆっくりと進む。9時に香取神社に着いた時にはだいぶ暖かくなってきた。今日の安全を祈願してから上着を脱ぐ。そして中田宿に到着したのは10時。鶴峯八幡宮、円光寺、本願寺など寺社が多い。天気がいいせいもあるが、明るい感じがする宿場町だ。

光了寺に入ると、きれいな庭があり、藁（わら）で出来ていて先端を笠の形にしたような飾りが立っていた。藁の黄色が鮮やかで、周りの松や庭木、庭石を引き立てている。芭蕉の句碑「いかめしき 音やあられの ひのき笠」があるので、この藁の飾りをひのき笠に見立てていると思うのは私の考え過ぎだろうか。庭の中をジョウビタキが「ヒッ、ヒッ」と鳴きながら盛んに飛び回っている。ジョウビタキは「あられ」の役割を担っているかのようだ。光了寺は源義経の愛妾、静御前ゆかりの寺として知られている。古河市のホームページによると、静御前の守り本尊、御衣、義経かたみの懐剣、鐙（あぶみ）などを所蔵しているとのこと。奥州街道から日光街道へと続く旅は源義経と松尾芭蕉にゆかりの場所が多い。

利根川

利根川　利根川の土手道と菜の花

利根川

２０１９年３月５日

利根川に架かる利根川橋を渡ると埼玉県に入る。埼玉県に居住している私には、ついに地元に凱旋したとの思いがした。

2019.03.05 10:20
利根川橋を渡っている。
ついに埼玉県に入った。
青空の下で利根川を
渡りたかったので、願い
がかなった。
埼玉県
久喜市
4号左車線へ

中田宿を後にして5分程歩くと、利根川の土手道に上がる階段に着く。これを上がると急に視界が開け、目の前には利根川の雄大な流れがあった。右側にはJR宇都宮線の鉄橋、左側には利根川橋が見える。日光から歩き始めた今回の旅では、青空の下でこの利根川を渡りたいと思っていた。風雨が強かった昨日までの状況では傘を差してこの橋を歩くのは困難だっただろう。事前に旅の計画をする際、10日間天気予報を確認して昨日は古河宿泊まりとしたので、予定通り今日は晴れになった。土手道に立つと、ついにここまで来たのだと感慨深い。私は土手道に咲く菜の花の大歓迎を受けていた。

利根川は信濃川に次いで、日本で二番目に長い川である。群馬県と新潟県の境、大水上山（おおみなかみやま）に源を発し、千葉県と茨城県の県境付近を流れて太平洋に注ぐ。関東で一番大きい川なので坂東太郎の別称がある。日本の川の長さランキングでは、①信濃川、②利根川、③石狩川、④天塩川、⑤北上川、⑥阿武隈川となっている。信濃川は新潟県内の呼び方で、長野県内では千曲川と呼ばれている。千曲川は「中山道六十九次徒歩の旅」で渡った。石狩川と天塩川は「北海道縦断徒歩の旅」で渡り、北上川と阿武隈川は「奥州街道徒歩の旅」で渡った。どの川も抜群の存在感があり、旅の主役を担っていた。

この日は昨日までの荒れた天気と違い、春の陽気で暖かい。茨城県と埼玉県の境界が利根川橋の中央付近にあった。埼玉県は私の居住地だ。私は地元に凱旋したような気分になり橋を渡る。この様な時に私の頭の中を駆け巡る曲は決まっていて、行進曲『威風堂々』である。そのメロディーを口ずさみながら胸を張り、いつもより足を高く上げ、手を大きく振って県境を越えた。

15 栗橋宿

栗橋　八坂神社　狛鯉

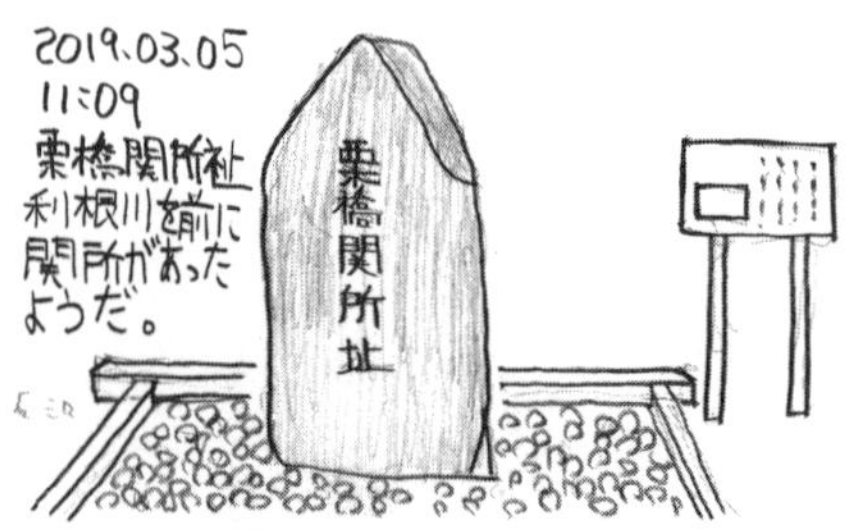
2019.03.05
11:09
栗橋関所祉
利根川を前に
関所があった
ようだ。
栗橋関所址

2019
03.
05
11:15
栗橋
黒い
商家
あり。

栗橋

八坂神社の狛鯉はユニークだった。阿吽一対になっており、吽形の鯉の台座には小さな亀も彫られていた。

２０１９年３月５日

利根川を渡ると栗橋宿だが、工事のため土手道の下にある県道60号線に下りることが出来ない。迂回して八坂神社前の交差点に出た。八坂神社に埼玉県まで無事に来ることが出来たと報告をする。拝殿の前に狛鯉があり、阿吽の形で対をなしていた。吽形の狛鯉の台座に亀が彫られているのがおもしろい。そう言えば「日本縦断徒歩の旅」をしていると、蛙や兎などが阿吽で一対になった像を時折見かけた。これらは何か意味があるのだろうか。狛犬は勇ましい姿をしているので神社を守っている感じがするが、鯉や蛙、兎はあまり強そうでない。さらに稲荷神社では狐の像があり、天満宮では牛の像を当たり前のように見かける。日本人は昔から動物に親しみと尊敬の念を抱いていたのだろう。ここは広島カープのファンにお薦めのスポットである。

栗橋宿に入ると街路灯に「日光街道　栗橋宿」の旗を吊して、街道の雰囲気を盛り上げていた。11時に栗橋関所址に寄り栗橋宿を歩いて行くが、ここで昼食を購入しなかったのが大失敗だった。いつもならホテルを出ると最初に見たコンビニで昼食を買うのだが、これから都会に近づいて行くのだから、食堂やコンビニはどこにでもあるだろうと思っていた。ところが栗橋宿を出ると、国道4号線に歩道がないので、国道と並行するように下を通る道を歩いた。車がほとんど通らないのはいいが、コンビニや食堂どころか商店もない。思わぬ場所で日光街道から兵糧攻めを受けた。

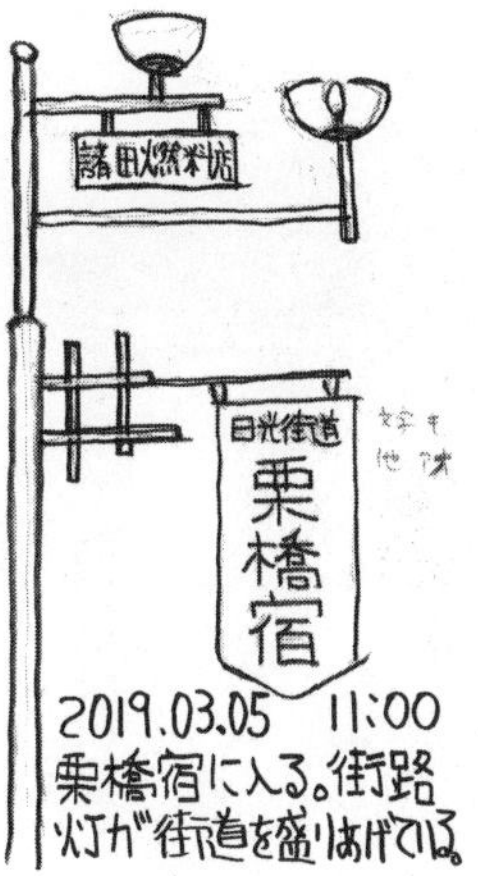

16 幸手宿

幸手　商家の妻面に描かれた「おくのほそ道」の絵

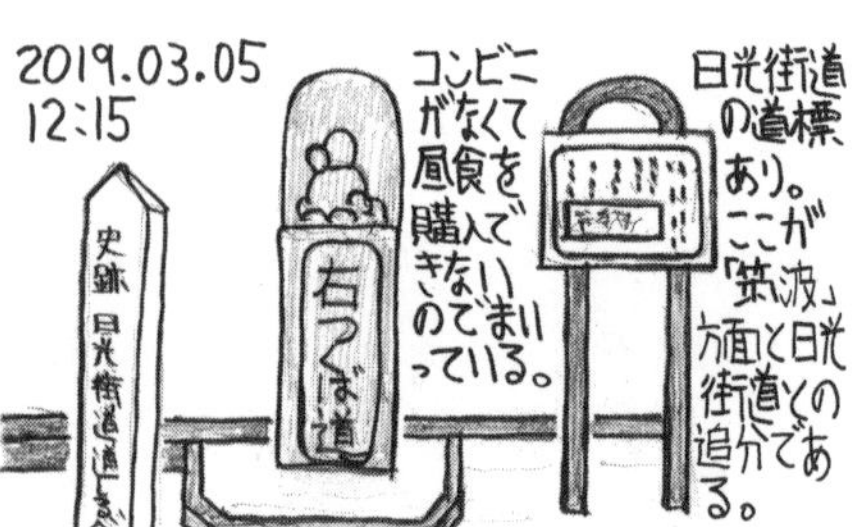

2019.03.05
12:15
史跡 日光街道道しるべ
右つくば道
コンビニがなくて昼食を購入できないのでまいっている。
日光街道の道標あり。ここが「筑波」方面と日光街道との追分である。

幸手

２０１９年３月５日

幸手宿は、昔からの街道筋の匂いが漂う街だった。商家の妻面に描かれた「おくのほそ道」の絵が気に入った。

筑波道への追分道標を見ていると、このような追分をいくつも通って来たが、よく間違えないでここまで歩いて来られたと思う。何か人生を感じる。私にも自分の人生を左右する分岐点が何度かあったが、違う方向の道を歩いたら何が待っていたのだろうと思う。今回の旅でも日光街道を歩くという明確な目標があるから道に迷うことなく歩き続けたが、ただ漠然と前に進むとしか考えていなかったらどこに到着するのか分かったものではない。そんなことを考えていたら腹が減ってきた。人生を考えるより、先ずは何か食べたい。国道4号線に合流して交差点でコンビニを見つけた時は13時を過ぎていた。廃業したアパートの廊下に座り、やっと昼食にありつくことができた。やはり食が満たされないと充実した人生は送れないようだ。

幸手宿に到着したのは13時半。趣のある店舗が道の両側に並んでいる。雷電神社への案内標示に従い足を向け、あちこち探したが何故か見つからない。ここで時間をかける訳にはいかないので、幸宮（さちのみや）神社にだけ参拝して日光街道に戻る。市街地を歩いて行くと、妻面に黒い波型トタン板が貼られていて、そこに白い線で松尾芭蕉と曾良が描かれた商家があった。大きな絵で大変素晴らしい。道路を横断すると問屋場跡があり、幸手宿を紹介する広場になっていた。ここから芭蕉と曾良が描かれた商店をスケッチした。再び歩き出して幸手の市街地が終わった頃、白梅を見ながらこの幸手宿には何時の日か再び訪れたいと思った。

白梅を見ながら

2019.03.05 14:00
残念だ！
幸手宿ともこのあたりでお別れ。街道筋の匂いがする街だったが、あまり立ち止まれなかった。いつか必ず、また来たい。必ず。

17 杉戸宿

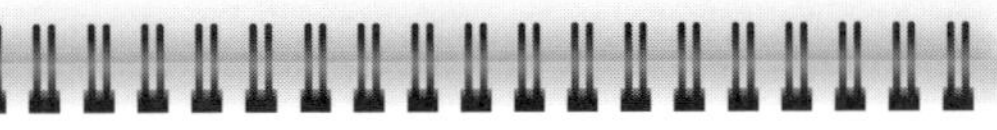

杉戸　小島定右衛門邸の蔵

杉戸

杉戸宿は古民家や蔵が街道の両側に目白押しのように並んでいた。特に小島定右衛門邸の黒い蔵はすごい。まるで古武士が黒い鎧を着て仁王立ちしているかの様だ。

2019年3月5日

陽はだいぶ伸びてきたが、急がないとまずいと思いながら歩き15時に杉戸宿に到着。ここには古民家が街道の両側に目白押しのように並んでいた。これを見た限りは立ち止まらずにはいられない。先ずは大きな旧家をスケッチ。次に目を留めたのが小島定右衛門邸の黒い蔵だ。まるで黒い鎧を着けた古武士が仁王立ちしているかのようだ。これまで多くの蔵を見てきたが、これが一番いい。真打は黒い羽織を着て最後に登場すると言ったところか。蔵の前にはブロック塀があるが、その塀を省略して表現出来るのがスケッチのいいところだ。この蔵は腰壁部分も含めて全部を描きたかった。

渡辺金物店跡の建物もよかった。妻面を見ると棟の部分が少し壊れかけていて、白塗りの漆喰仕上げが剝がれていた。そのために下地の竹小舞と黄色い土壁が露出している。それは長い間風雨に耐えてきた証である。先に進むと高札場が復元されていた。杉戸町は日光街道を大切にしているのがよく分かる。他にも酒蔵や寺社など見所がいっぱいで、杉戸宿は昔の街道筋の匂いが漂う宿場町だった。

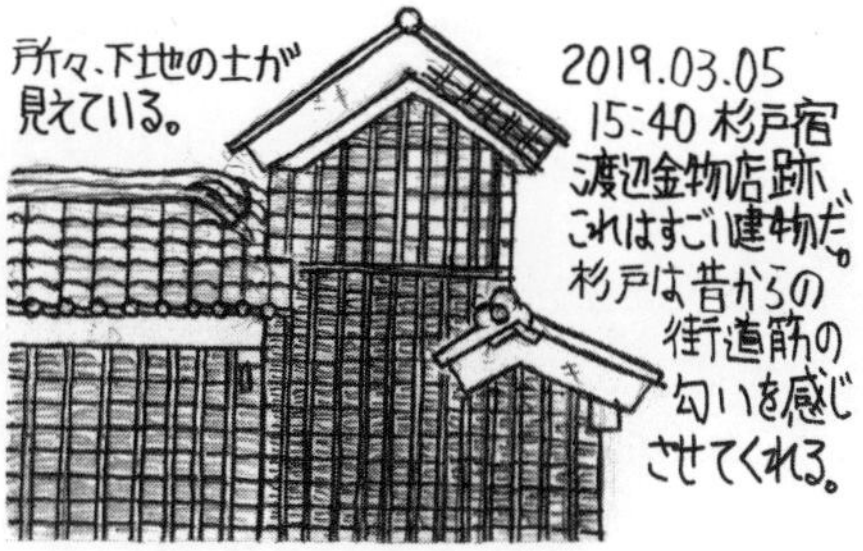

18 粕壁宿

粕壁　公衆便所

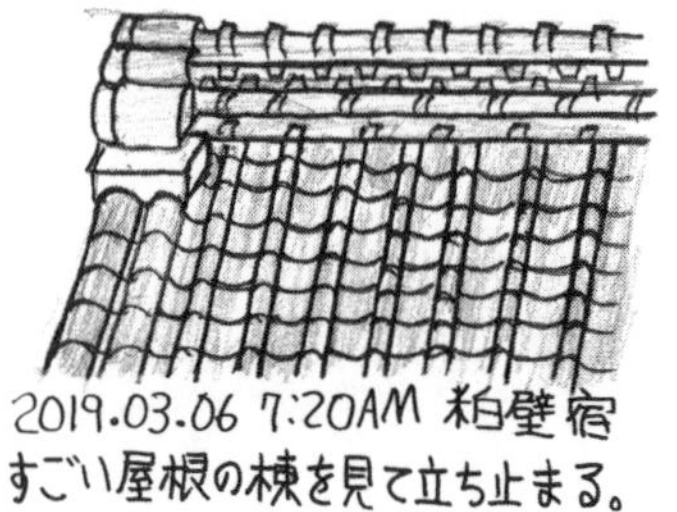

2019.03.06 7:20AM 粕壁宿
すごい屋根の棟を見て立ち止まる。

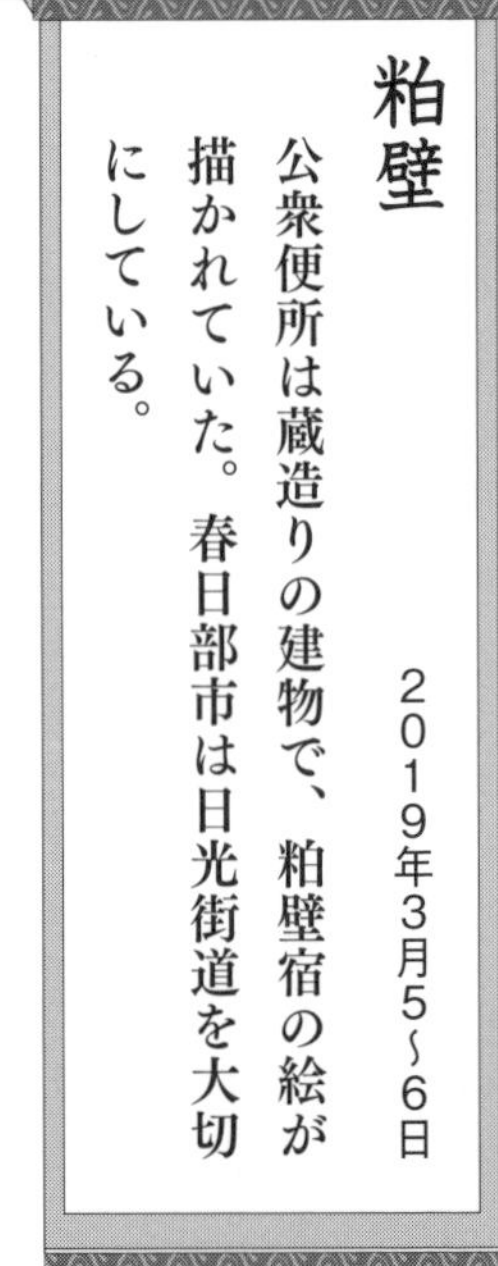

粕壁

2019年3月5～6日

公衆便所は蔵造りの建物で、粕壁宿の絵が描かれていた。春日部市は日光街道を大切にしている。

杉戸宿を出てから急ぎに急いで歩く。小渕の交差点で国道4号線から離れて右側の通りに入ると粕壁宿(かすかべ)だ。新町橋を渡る時は太陽が沈みかけていたが、水平方向からの光が目を直撃するので、眩しくてこの情景を描けなかった。この日の宿は東武スカイツリーライン春日部駅近くのホテルである。春日部駅から私の自宅まで電車を利用すれば2時間程で着くが、旅人気分をもう少し味わいたくて宿泊することにした。明後日の天気予報は雨なので、明日は自宅に戻る予定だ。旅の最終日は青空の下で日本橋を目差したい。

ホテルに着いたのは18時。この日の夕食と明日の朝食を購入してからチェックインをした。スケッチの仕上げを終えたのが20時過ぎで、それから風呂に入り、夕食を食べ始めたのは21時に近かった。そして考えた。これまで「日本縦断徒歩の旅」では旅館や民宿、ホテルで180日くらい宿泊したが、最後の宿泊がこのホテルである。今、私が食べているのはコンビニで買ったスルメとビールで、次に控えるメインディッシュがカレーライスだ。最後に宿泊する日くらい、もう少し贅沢をしてもよかったかなと思った。

翌日は4時半に起床。パンと牛乳で簡単に朝食を済ます。6時半にホテルを出発。日光街道は春日部駅の反対側にあるので、入場券を買って駅構内に入り反対側の出口へ行く。そして日光街道が通る交差点に戻った。近くに公衆便所があるが、蔵を模した造りで壁に粕壁宿の絵が描かれていた。昨日は暗くて分からなかったが、通りの反対側は白壁の商家が並んでいて昔の街道らしい雰囲気が感じられた。歩き始めると直ぐにすごい棟飾りのある商家が目に付いた。春日部市の街道沿いに住む人達は出来るだけ昔の雰囲気を保持しようと努力をしているらしい。天気予報では今日は午後から雨とのこと。「日光街道徒歩の旅」は、今日を含めて残り2日になった。

19 越ケ谷宿

越ケ谷　商家　はかり屋

ふと上を見上げるとキジバトらしき鳥が電線に留まっている。まさか・・・
2019.03.06
8:50AM
越谷市に入るとおもしろいマンホールあり。シラコバトの絵柄である。
おすい

荒縄のハチマキをしているようでおもしろい。
2019.03.06
9:55AM
古奥州道道標
もうすぐ越谷宿

越ケ谷

越ケ谷宿は、道の両側に趣のある店舗が並び、これぞ日光街道の宿場町という雰囲気を十二分に伝えていた。

2019年3月6日

春日部市から越谷市へ入った頃、おもしろい絵柄のマンホールがあった。シラコバトが描かれている。シラコバトは埼玉県の「県鳥」で越谷市の「市の鳥」でもある。越谷市を中心に関東の一部の地域に生息しており、その個体数は非常に少ない。私は図鑑でしか見たことがないが、キジバトに似た鳥である。マンホールから目を離してふと上を見ると、電線にキジバトのような鳥が留まっていた。しかし双眼鏡を取り出す間に飛んで行ってしまった。まさか……と思う。何と言ってもここは越谷市なのだから。

草地に道標らしき石碑が三つあった。「西金剛」や「法印」の文字が読み取れる。石碑の上部には荒縄が巻かれていて、鉢巻きを締めているような姿がおもしろい。

2019.03.06
12:00
蒲生の一里塚
で昼食

北越谷駅の前を通り元荒川に架かる大橋を渡ると、通りの両側に趣のある昔ながらの商店が並んでいた。これぞ日光街道の宿場町という雰囲気満点で、どの店を描くか迷う。その中で「はかり屋」と看板がある商家をスケッチした。黒い色をした蔵造り風の建物である。二階部分の梁が突き出ているのが特徴で、その下に横長の小さな窓が配置されていて意匠的にも優れている。私は埼玉県に50年以上住んでいるが、越谷市にこの様な街並みがあることを知らなかった。

ＪＲ武蔵野線の下を潜り、蒲生の一里塚のベンチで休憩。案内板によると、埼玉県内に現存する日光街道唯一の一里塚とのこと。この横には綾瀬川に架かる蒲生大橋があり、この橋を渡ると草加市である。

20 草加宿

草加　水門の横の壁に描かれた「おくのほそ道」の絵

草加

2019年3月6日、3月8日

草加宿では何と言っても草加松原だ。素晴らしい松並木が綾瀬川沿いに続いていた。

2019
03.06
芭蕉文学碑。
草加松原
の中にあ
り、この松
並木もみ
ごとだ。

草加　草加松原　ドナルド・キーン碑付近

綾瀬川沿いに歩いて行くと、水門の横の壁に簡略化した二人の人物が描かれていた。どうやら松尾芭蕉と曾良のようだ。杖を持っているのが芭蕉と思われるが、芭蕉の荷物の方が弟子の曾良の荷物より大きい。芭蕉は「おくのほそ道」で、「痩骨の肩にかかれる物、まづ苦しむ。ただ身すがらにと出で立ちはべるを、紙子一衣は夜の防ぎ、浴衣・雨具・墨・筆のたぐひ、あるはさりがたき餞（はなむけ）などしたるは、さすがにうち捨てがたくて、路次の煩（わづら）ひとなれるこそわりなけれ。」と記述している。芭蕉は体ひとつで身軽な旅をしたかったが、旅に必要なたくさんの荷物を持ち、義理ある人からの餞別などを頂いたので、旅の初日から、痩せて骨ばった肩にかけた荷物の重さに苦しんだようだ。曾良に、背負う荷物を少し手伝ってもらえばいいのにと思うが、自分の事は自分で

2019.03.06 13:30
草加宿
芭蕉像
私は芭蕉とは反対方向を歩いてきた。

するという芭蕉の強い決意がうかがえる。

綾瀬川沿いに続く草加松原は素晴らしかった。松尾芭蕉文学碑があり、橋には「百代橋」、「矢立橋」など「おくのほそ道」ゆかりの名前が付けられていた。気に入った松の前にあるベンチに座り、橋の上から松並木を眺めながら進む。そしてドナルド・キーン氏が揮毫した石碑の前で休憩。キーン氏は日本文学の研究者で、この草加松原や松尾芭蕉を愛していたのだろう。やがて松尾芭蕉像に到着。私は芭蕉とは反対方向へ行くので、ここで互いにすれ違い挨拶を交わしたような気がした。

草加と言えば「草加せんべい」が有名で取り扱う店舗が多い。商店街を進むと東武スカイツリーラインの草加駅に到着。ここから日本橋までは残り20㎞程だ。「おくのほそ道」で松尾芭蕉は草加宿を最初の宿泊地とした旨を記述しているので、私はここを最後の宿泊地とするのもおもしろいと考えたが、予定通り一旦家に帰ることにした。また、曾良は旅日記で最初の宿泊地を粕壁と記録しており、こちらが正しいとされている。今日、私は粕壁宿から歩いているので、芭蕉と曾良が1日で歩いた道を2日間かけて歩くことになる。私より芭蕉一行の方が健脚である。

自宅に戻り最初に思った事は、やはり自分の家が一番落ち着くということだ。旅の道中記を書いている私が「それを言っちゃー、おしまいよ」だが、旅を終える度に思う本音である。

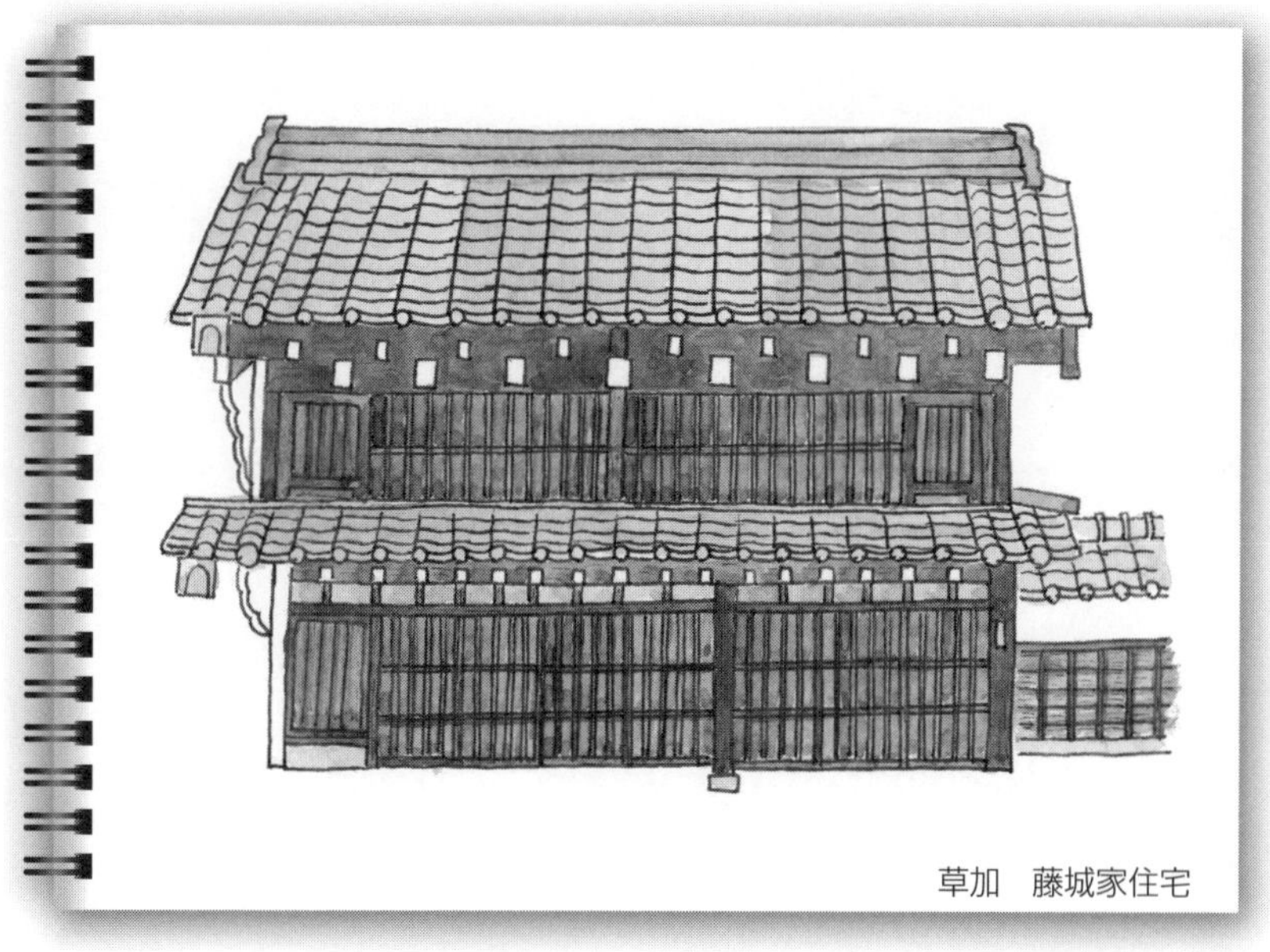

草加　藤城家住宅

「日光街道徒歩の旅」の最終日は自宅を5時前に出発。途中JR武蔵野線の車内から日の出を拝み、東武スカイツリーラインの車内から真っ白な富士山を見た。昨日降っていた雨はあがり、旅の最後を飾るにふさわしい快晴だ。草加駅を6時半に出発。草加宿の最後の一枚は藤城家住宅だった。

2019.03.08 6:10AM
JR武蔵野線の車内にて。
太陽が昇ってきた。
今日は日本橋まで歩く日だ。
私の『日本縦断徒歩の旅』
も今日で終わりだ。
嬉しいような寂しいようだ。
どちらかと言えば寂しい気持
が強い。

2019.03.08
6:25 はれ
東武スカイツリー線
車内。
富士山が見える。
まだ真白だ。

荒川

荒川　鷲神社

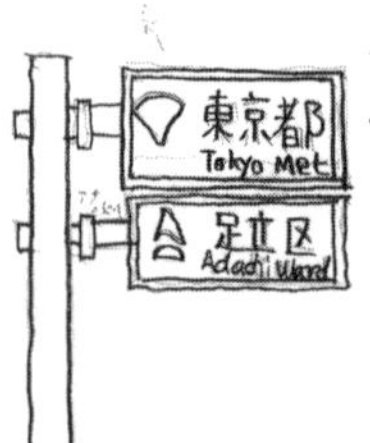

2019.03.08 7:40AM
毛長川に架かる水神橋を渡る。埼玉県に別れを告げて東京都に入った。私の日本縦断徒歩の旅の中で最後の都道府県だ。旅は大詰めを迎えている。

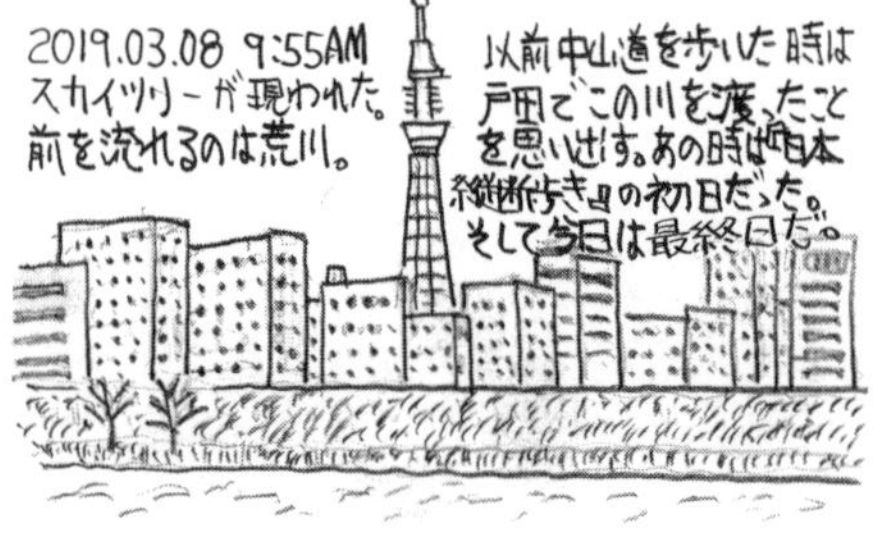

2019.03.08 9:55AM
スカイツリーが現われた。前を流れるのは荒川。

以前中山道を歩いた時は戸田でこの川を渡ったことを思い出す。あの時は日本縦断歩きの初日だった。そして今日は最終日だ。

荒川

荒川の土手道からスカイツリーが見える景色を見て、遠い過去からタイムマシンに乗って現代に戻ったような気がした。

２０１９年３月８日

毛長(けなが)川に架かる水神橋に来ると東京都足立区の標示があった。都道府県の中で、東京都は「日本縦断徒歩の旅」の起終点である。記念に何か描きたくなり地図を見ると。近くに鷲(わし)神社があるので寄る。社殿に本日の安全を祈願した後でふと考えた。今日は電車の中から富士山を見た。そしてこの鷲神社だ。初夢で見ると縁起がよい例えに「一富士・二鷹(たか)・三茄子(なすび)」がある。鷹も鷲も同じようなものだとして、後は茄子だけだ。昼食で茄子天ぷら付きのそばを食べよう。そのような不謹慎なことを考えていたら、後ろから柏手の音が聞こえた。振り向くと、参拝をする人の邪魔をしていたらしい。慌てて社殿から離れた。今日は「日光街道徒歩の旅」だけでなく「日本縦断徒歩の旅」の最終日でもある。もう少し真面目に行動しようと反省した。

環七通りを横断して先へ進むと荒川の土手道に出て、急に視界が広がり東京スカイツリーが現れた。私が「日本縦断徒歩の旅」を開始した3年半前、日本橋から中山道を歩き、板橋宿を過ぎて蕨宿に入る手前で荒川に架かる戸田橋を渡ったのは旅の初日だった。そして今日、旅の最終日に同じ荒川を渡る。あの時は池波正太郎氏に代表される時代小説の世界を体験したくて街道歩きの旅を始めた。そして今、目の前には荒川の向こうにビル群が立ち並ぶ景色が広がり、その中を東京スカイツリーがひときわ高く空に向かって突き出ている。まるで遠い過去をさ迷い、タイムマシンに乗って現代に戻ったような錯覚を覚えた。東京スカイツリーはさすがに高くて、雲はその下に浮かんでいた。下流側を見ると千住新橋が見える。あの橋を渡ると日光街道最後の宿場町である千住宿が待っている。

21 千住宿

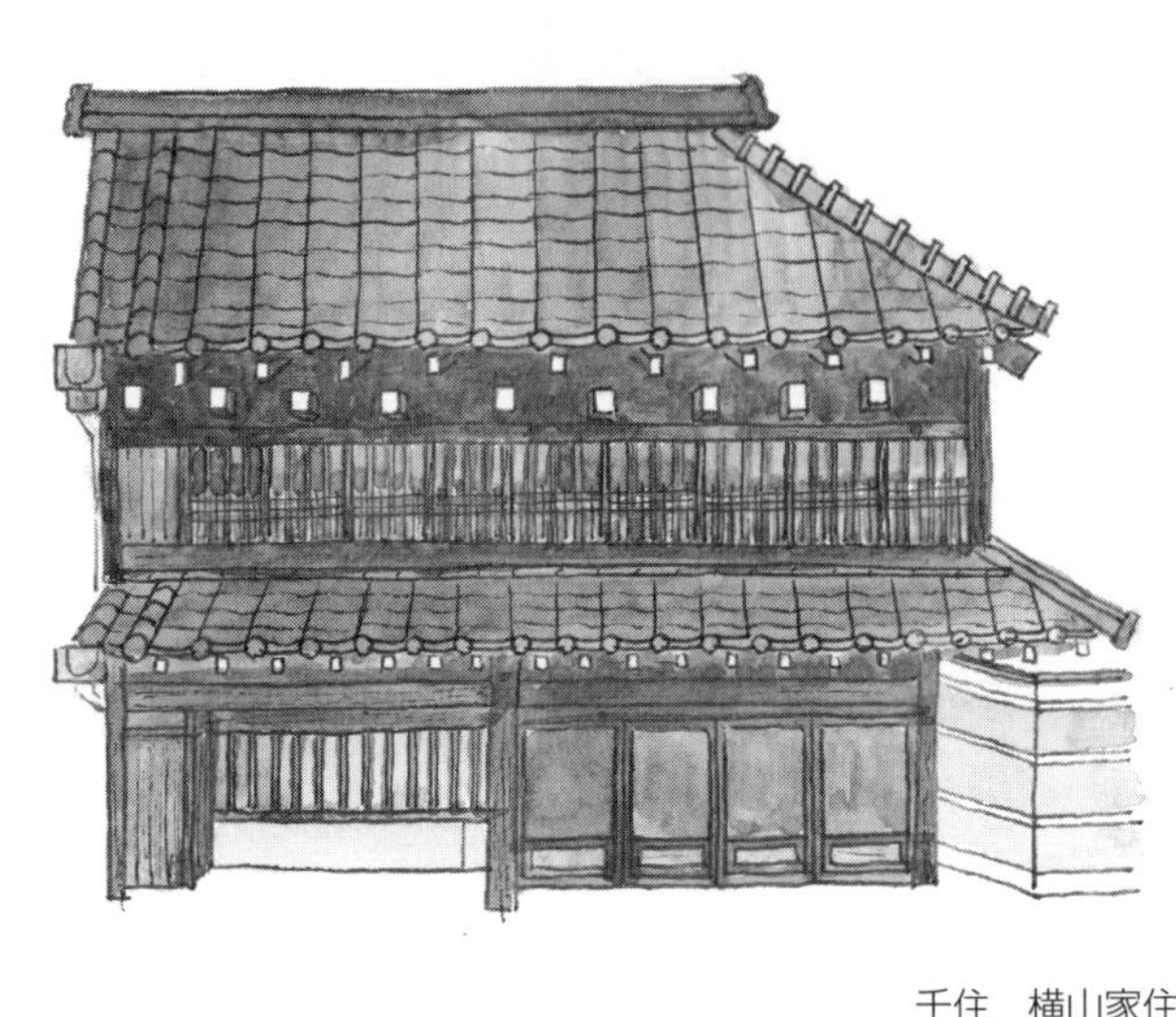
千住　横山家住宅

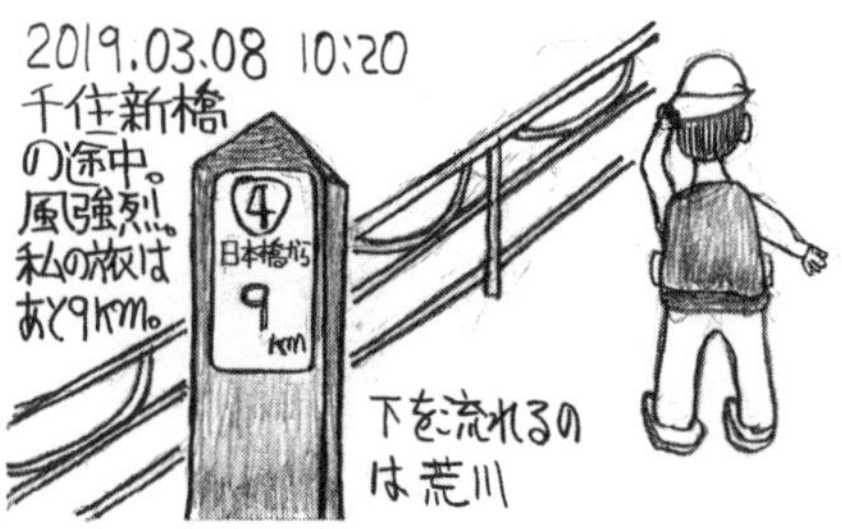

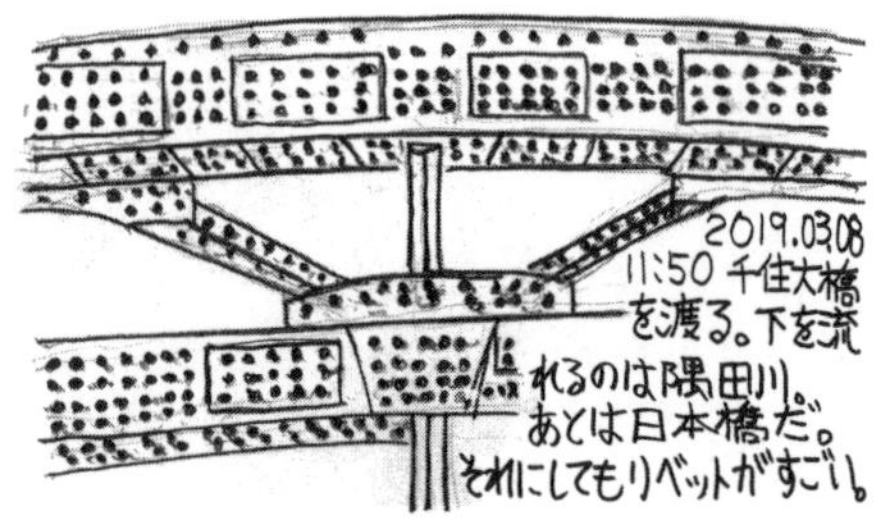

2019.03.08
11:50 千住大橋
を渡る。下を流
れるのは隅田川。
あとは日本橋だ。
それにしてもリベットがすごい。

千住

２０１９年３月８日

日光街道最後の宿場町である千住宿に到着。商店街の名前は「宿場町通り」で、レトロな雰囲気に満ちていた。

千住新橋を歩き出すと風が強烈に吹き抜けていて、帽子を飛ばされそうになった。橋の中央付近まで来ると、日本橋から9㎞との標示がある。私の長かった旅も最終の第4コーナーを廻った。

千住宿に入ると、通りの両側に昔からの街道筋の雰囲気を漂わせる店舗が並んでいた。松尾芭蕉は「おくのほそ道」の中で、「千住といふ所にて船を上がれば、前途三千里の思ひ胸にふさがりて、幻の巷（ちまた）に離別の涙をそそぐ。『行く春や鳥啼き魚の目は涙』これを矢立の初めとして、行く道なほ進まず。人々は途中に立ち並びて、後影の見ゆるまではと、見送るなるべし」と記述している。芭蕉は弥生も末の七日（現代の5月16日）に大勢の人に見送られて千住を旅立った。今日ではそれにちなんで、5月16日を「旅の日」と定めている。芭蕉が旅をした300年程前は、みちのくへの旅は命がけだったに違いないが、「前途三千里」の言い方は少々大袈裟だと思う。このくらい誇張しないと迫力ある名文にはならないのかも知れないが。

さて千住宿である。歩いている通りの名前は「宿場町通り」で、日光街道へのこだわりが感じられるのがいい。先ずは横山家住宅という旧家をスケッチ。そして腹が減ったので、まだ11時だが昼食休憩にする。鷲神社で思いついた「一富士・二鷹・三茄子」を実行しようと思い、明治37年創業の老舗蕎麦屋に入った。しかし茄子の天ぷらが入ったメニューが見当たらない。おめでたいことは簡単に手に入らないようだ。それに鷲と鷹は違うので、こじつけが過ぎた気がする。安易な発想で縁起を担ごうとしたのがよくなかった。鷲神社で今日は真面目に歩くことを誓い反省したことを思い出す。最後まで気を引き締めて日本橋を目差さなくてはいけない。

日本橋

日本橋　浅草　雷門

日本橋

日本橋に到着。「日光街道徒歩の旅」及び「日本縦断徒歩の旅」は終わった。次は四国を歩いて、「日本列島縦断徒歩の旅」に格上げしたい。旅はまだまだ続く。

２０１９年３月８日

2019.03.08 12:50 はれ
吾妻橋交差点
すごい人混みになった。浅草がこんなにも変わったとは！外国人の観光客が多い。

隅田川に架かる千住大橋を渡り都心へと近づいて行く。「日光街道徒歩の旅」と「日本縦断徒歩の旅」は最後の大詰めに入った。浅草に近づくにつれて、東京スカイツリーはどんどん大きくなってきた。通りを歩く人は平日にもかかわらず益々多くなりすごい賑わいだ。浅草に来たのは20年振りくらいだが、この様に変わっているとは思いもしなかった。ほとんどが外国人観光客である。浅草は古い街からインターナショナルな街に様変わりしていた。そんな中、吾妻橋交差点から東京スカイツリーとアサヒビール本社ビルが見える風景は、現代を通り越して近未来都市のように感じられる。この時の私は完全に浦島太郎状態だった。

雷門が見えた。ここで人の数はピークに達した。私も通行人に負けまいと雷門の下に行く。その直ぐ横にある交番の前に陣取り大きな提灯をスケッチしたが、ここを通って仲見世に入る勇気はなかった。本当は浅草寺まで行きたかったが、この人垣の中に入れば二度と出て来られない気がした。

雷門で人の波にもまれて私の方向感覚に狂いが生じたのだろう。日光街道を忠実に歩こうと駒形橋西詰交差点に着いたが、ここで歩く方向を間違えた。交差点に戻ることを二度繰り返してようやく正しい道へと進むことができた。

天文台跡に寄る。ここは伊能忠敬の師である高橋至時（よしとき）が天文観測をしていた場所である。井上ひさし氏の小説『四千万歩の男』の中で、高橋至時が「浅草先生」と呼ばれていたのは浅草が活動拠点だったからだろう。本の中で、忠敬が深川黒江町から司天台までの距離を歩測して、「子午線一度の長さを実測しました」と言ったのに対し、至時は「この司天台から浅草の雷門までの距離を基にして出した答えと、蝦夷地（北海道）までの距離を基にして求めた答えとは精度において大いに違う」と言っていた。私は北海道から奥州街道を歩き、さらに雷門を通ってここまで来たので、至時の要望を実行したと思い誇らしかった。しかし測量等の役立つ事は何もしていない。高橋至時は実に無駄なことに時間を費やしたと呆れていることだろう。

浅草橋の交差点を横断しようとして地下道に入った時、再び方向感覚が狂った。地上に出ると日光街道と違う道を歩いていた。地図で確認すると、このまま歩いても国道4号線に合流して日本橋に着くようだ。国道4号線とは青森市を出てから８００㎞以上の長い付き合いだ。最後はこの道を歩いて旅を終えたい。

ついに日本橋が見えた。そして人の流れに押されるように到着。時は２０１９年3月8日14時50分。これで「日光街道徒歩の旅」及び「日本縦断徒歩の旅」は終了した。今までの思い出が走馬灯のように頭を駆け巡ることはなく、これで楽しい旅が終わってしまう寂しい思いが強い。中山道を歩き終えた後、仕事から一旦離れて２０１７年4月から2年間限定で歩き始めた「日本縦断徒歩の旅」だが、予定通りに終えることが出来た。日本橋を渡り終えても直ぐには立ち去り難く、橋に鎮座している獅子の像を眺めていた。獅子は「東京市」の守護を表しているとのこと。旅の最後に描く一枚はこの獅子像とした。

来月からは本職である建築設備設計の仕事に戻ることが決まっている。「日本縦断徒歩の旅」は終わったが、その中に四国が含まれていない。私は旅のタイトルを「日本列島縦断徒歩の旅」に格上げしたい。旅はまだまだ続く。

日本橋　日本橋の獅子像

春風と
歩いて描いて
日本橋

旅回数	年月日	歩程	宿泊場所	備考
2	2018.09.29	宮野宿→築館宿→高清水宿→荒谷宿→古川宿	古川	プラザホテル古川
	09.30	古川宿→三本木宿→吉岡宿	吉岡	ホテルルートイン仙台大和インター
	10.01	吉岡宿→富谷宿→七北田宿→仙台宿	仙台	コンフォートホテル仙台西口
	10.02	仙台宿→長町宿→中田宿→増田宿→岩沼宿→槻木宿	白石	電車で槻木駅から白石駅へ移動 パシフィックホテル白石
	10.03	槻木宿→船迫宿→大河原宿→金ケ瀬宿→宮宿→白石宿	白石	電車で白石駅から槻木駅へ移動 パシフィックホテル白石
	10.04	白石宿→[白石蔵王駅]	帰宅	
3	2018.11.13	[白石蔵王駅]→白石宿→斎川宿→越河宿→貝田宿→藤田宿	福島	電車で藤田駅から福島駅へ移動 アパホテル福島駅前
	11.14	藤田宿→桑折宿→瀬上宿→福島宿	福島	電車で福島駅から藤田駅へ移動 アパホテル福島駅前
	11.15	福島宿→清水町宿→若宮宿→八丁目宿→二本柳宿→二本松宿	郡山	電車で二本松駅から郡山駅へ移動 ホテルクラウンヒルズ郡山
	11.16	二本松宿→北杉田宿→南杉田宿→本宮宿→高倉宿→日和田宿→福原宿→郡山宿	郡山	電車で郡山駅から二本松駅へ移動 ホテルクラウンヒルズ郡山
	11.17	郡山宿→小原田宿→日出山宿→[安積永盛駅]	帰宅	
4	2018.12.03	[安積永盛駅]→笹川宿→須賀川宿→笠石宿	鏡石 (笠石)	鏡石第一ホテル
	12.04	笠石宿→久来石宿→矢吹宿→中畑新田宿→大和久宿→踏瀬宿→太田川宿→小田川宿→根田宿→白河宿	白河	プレミアイン白河
	12.05	白河宿→白坂宿→(奥州と関東の境)→芦野宿→越堀宿→鍋掛宿	那須塩原 (鍋掛)	那珂川温泉ホテルアライ
	12.06	鍋掛宿→大田原宿	大田原	那須プラザホテル
	12.07	大田原宿→佐久山宿→喜連川宿	喜連川	喜連川温泉ホテルニューさくら
	12.08	喜連川宿→氏家宿→白沢宿→宇都宮宿	宇都宮	ホテルセレクトイン宇都宮
	12.09	宇都宮宿→[宇都宮駅]	帰宅	

※1．奥州街道の宿場があった街は「○○宿」と記載
※2．(　　　)は宿場以外の場所で本文に取り上げた項目
※3．[　　　]は駅、バス停等の交通機関

奥州街道徒歩の旅概略一覧

旅回数	年月日	歩程	宿泊場所	備考
1	2018.05.10	(龍飛岬)	龍飛岬	バスで奥津軽いまべつ駅から三厩駅へ移動 タクシーで三厩駅から龍飛岬へ移動 ホテル竜飛
	05.11	(龍飛岬)→三厩宿	三厩	龍飛旅館
	05.12	三厩宿→(今別)→平舘宿→(蟹田)	蟹田	中村旅館
	05.13	(蟹田)→(蓬田)→油川宿→青森宿	青森	ホテルルートイン青森駅前
	05.14	青森宿→野内宿→(浅虫温泉)→小湊宿	浅虫温泉	電車で小湊駅から浅虫温泉駅へ移動 ホテル秋田屋
	05.15	小湊宿→馬門宿→野辺地宿	野辺地	電車で浅虫温泉駅から小湊駅へ移動 松山旅館
	05.16	野辺地宿→七戸宿→(十和田)	十和田	富士屋ホテル
	05.17	(十和田)→藤島宿→伝法寺宿→五戸宿→浅水宿→三戸宿	三戸	清水屋旅館
	05.18	三戸宿→金田一宿→福岡宿→一戸宿	二戸	電車で一戸駅から二戸駅へ移動 二戸パークホテル
	05.19	一戸宿→沼宮内宿	沼宮内	電車で二戸駅から一戸駅へ移動 丹野旅館
	05.20	沼宮内宿→渋民宿→盛岡宿	盛岡	ホテルエース盛岡
	05.21	盛岡宿→[盛岡駅]	帰宅	
2	2018.09.23	[盛岡駅]→盛岡宿→[紫波中央駅]	花巻	電車で紫波中央駅から花巻駅へ移動 ホテルグランシェール花巻
	09.24	[紫波中央駅]→日詰郡山宿→石鳥谷宿→花巻宿	花巻	電車で花巻駅から紫波中央駅へ移動 ホテルグランシェール花巻
	09.25	花巻宿→黒沢尻宿→鬼柳宿→金ケ崎宿	水沢	電車で金ケ崎駅から水沢駅へ移動 青木旅館
	09.26	金ケ崎宿→水沢宿→前沢宿→(平泉)	平泉	電車で水沢駅から金ケ崎駅へ移動 国民宿舎サンホテル衣川荘
	09.27	(平泉)→山目宿→一関宿	一関	蔵ホテル一関
	09.28	一関宿→有壁宿→金成宿→沢辺宿→宮野宿	宮野	ホテルグランドプラザ浦島

日光街道徒歩の旅概略一覧

旅回数	年月日	歩程	宿泊場所	備考
1	2019.03.01	(日光)→鉢石宿→今市宿	今市	ホテル村上
	03.02	今市宿→大沢宿→徳次郎宿→宇都宮宿	宇都宮	宇都宮東武ホテルグランデ
	03.03	宇都宮宿→雀宮宿→石橋宿→小金井宿→新田宿→小山宿	小山	イーホテル小山
	03.04	小山宿→間々田宿→野木宿→古河宿	古河	ホテル津賀屋
	03.05	古河宿→中田宿→(利根川)→栗橋宿→幸手宿→杉戸宿→粕壁宿	春日部(粕壁)	ホテルカスカベ
	03.06	粕壁宿→越ケ谷宿→草加宿→[草加駅]	帰宅	
2	2019.03.08	[草加駅]→草加宿→(荒川)→千住宿→(日本橋)	帰宅	

※1．日光街道の宿場があった街は「〇〇宿」と記載
※2．(　　　)は宿場以外の場所で本文に取り上げた項目
※3．[　　　]は駅、バス停等の交通機関

おわりに

奥州街道の旅は津軽半島の龍飛岬から宇都宮宿までを4回に分けて、95の宿場を32泊36日かけて歩き、日光街道は2回に亘り5泊7日をかけて21の宿場を通りました。印象に残ることは多々ありますが、龍飛岬で息が出来ないくらいの強烈な風に見舞われたこと、小繋の一里塚付近の坂道で雨水が流れ下る中を足首まで泥に埋まりながら歩いたことなどが思い浮かびます。きれいな景色や楽しかった思い出より、苦しかったことの方がよく覚えていますが、旅をしている時に人から受けた親切は一生忘れることはないでしょう。

「中山道六十九次徒歩の旅」を終えた時61歳になっていた私は、２０１７年の3月に一旦職場を離れて、2年間と期間を決めて街道を中心に日本を縦断するように歩こうと思い立ちました。それは北海道から九州、沖縄まで順番に歩くのではなく、季節に合わせて日本の各地を訪れ、最終的に歩いた道がつながっていればよいという大まかな旅です。最初に中山道という本州の真ん中に位置する街道を歩いて東京の日本橋から京都まで行ったので、その続きをするかのように２０１７年4月に京都を出発して九州の小倉まで西国街道・山陽道を歩きました。次に日本最北端の宗谷岬から千歳まで北海道の北側半分を歩いた後に、小倉から長崎街道・天草・薩摩街道を歩き九州本土最南端の佐多岬まで行きました。沖縄県はたくさんの島が点在しているので、代表として沖縄本島を歩きました。その後、北海道の南半分を歩き、東北と関東を通る奥州街道と日光街道を歩いて日本橋に到着したのが２０１９年の3月です。当初の予定通り2年間で「日本縦断徒歩の旅」を終えました。

旅を通して一貫してこだわった事が2つあります。ひとつは歩く方向を常に北から南、若しくは東から西に統一したことです（唯一の例外が沖縄本島辺土名から本島最北端の辺戸岬へ歩いた区間）。これは旅を終えた地点から次の旅を始めることで、旅の連続性を保ちたかったからです。もうひとつは、デジカメ及びスマホを持たないで、手帳とシャープペンシルだけで記録をし、見た風景等を絵日記にまとめながら歩き続けました。そして山陽道を歩いている時に、「日本縦断徒歩の旅」を全て終えたらその記録を一冊の本にしたいと考えました。しかし絵日記の数が余りにも多くなり、一括して本にするのは無理なので、地域や街道ごとに5つに分けて歩き終えた順に本にしました。最後の5冊目がこの『奥州街道・日光街道 徒歩の旅絵日記』です。

旅を終えて2019年4月から本業である建物の設備設計業務に就業した私は、同年7月に病のため約1ヶ月間入院を余儀なくされました。そして同年の後半から新型コロナウイルスのまん延が始まり、自由に旅や外出が出来ない期間が続きました。この様な状況を考えると、旅を開始する決心が少しでも遅れていたら、「日本縦断徒歩の旅」の実現は難しかったでしょう。街道を歩いて何度も追分（分岐点）を通りましたが、2017年3月は私の人生の追分のひとつだった思います。

最後に感謝したい人達がいます。奥州街道・日光街道を歩くに当たり、私が参考にしたのはインターネットに掲載されている先人達の紀行文や写真及び地図の情報でした。これらを基に、道路マップを拡大コピーした台紙に歩く道をマーカーで色付けした地図を作成してこれを基に歩きました。旧道をあまり外れることなく歩くことが出来たのは、この先人達のおかげです。ここに御礼申し上げます。

著者プロフィール

長坂 清臣（ながさか きよおみ）

1956年（昭和31）北海道歌志内市出身。現在は埼玉県に在住。
建築の設備設計、現場監理の業務に携わる。趣味として登山をしていたが、東海道を歩いたことをきっかけに街道歩きに興味を持つ。その延長として日本縦断歩きをして2019年に達成。引き続き四国一周徒歩の旅を継続中。

資格
　設備設計一級建築士　技術士（衛生工学部門）
著書
　『中山道六十九次 徒歩の旅絵日記』（2018年　文芸社）
　『西国街道・山陽道 徒歩の旅絵日記』（2020年　文芸社）
　『九州・沖縄縦断 徒歩の旅絵日記』（2021年　文芸社）
　『北海道縦断 徒歩の旅絵日記』（2022年　文芸社）

奥州街道・日光街道 徒歩の旅絵日記

2023年３月15日　初版第１刷発行

著　者　長坂 清臣
発行者　瓜谷 綱延
発行所　株式会社文芸社
　　　　〒160-0022　東京都新宿区新宿1－10－1
　　　　　　　　　　電話　03-5369-3060（代表）
　　　　　　　　　　　　　03-5369-2299（販売）

印刷所　株式会社フクイン

ISBN978-4-286-27097-5